Klaus Lachwitz
Walter Schellhorn
Felix Welti

SGB IX – Rehabilitation

Lachwitz/Schellhorn/Welti
SGB IX – Rehabilitation

Textausgabe des Sozialgesetzbuches – Neuntes Buch (SGB IX) – Rehabilitation und Teilhabe behinderter Menschen – mit einer systematischen Einführung

Luchterhand

Die Deutsche Bibliothek – CIP-Einheitsaufnahme

SGB IX – Rehabilitation:
Textausgabe des Sozialgesetzbuches – Neuntes Buch (SGB IX) – Rehabilitation und Teilhabe behinderter Menschen; mit einer systematischen Einführung /
Hrsg.: Walter Schellhorn ... –
Neuwied; Kriftel: Luchterhand, 2001
Einheitssacht.: Sozialgesetzbuch
ISBN 3-472-04842-5

www.luchterhand.de

Alle Rechte vorbehalten.
© 2001 by Hermann Luchterhand Verlag GmbH Neuwied, Kriftel.
Das Werk einschließlich aller seiner Teile ist urheberrechtlich geschützt.
Jede Verwertung außerhalb der engen Grenzen des Urheberrechtsgesetzes ist ohne Zustimmung des Verlages unzulässig und strafbar. Das gilt insbesondere für Vervielfältigungen, Übersetzungen, Mikroverfilmungen und die Einspeicherung und Verarbeitung in elektronischen Systemen.
Umschlag: arttec grafik simon & wagner, St. Goar
Satz: LHF Satzstudie GmbH, Düsseldorf
Papier: Permaplan von Arjo Wiggins Spezialpapiere, Dettingen
Druck: Betz Druck GmbH, Darmstadt
Printed in Germany, September 2001

∞ Gedruckt auf säurefreiem, alterungsbeständigem und chlorfreiem Papier

Inhaltsverzeichnis

Abkürzungsverzeichnis   VII

Entstehungsgeschichte des SGB IX und systematische Darstellung der allgemeinen Regelungen des Teils 1 des SGB IX   1

1. Erste Ansätze für die Vereinheitlichung des Rehabilitationsrechts   1
2. Vorbereitung des Gesetzgebungsverfahrens zur Schaffung eines Sozialgesetzbuchs – Neuntes Buch   6
3. Das Gesetzgebungsverfahren zum Sozialgesetzbuch – Neuntes Buch   10
4. Zielsetzung des Sozialgesetzbuchs – Neuntes Buch   13
5. Regelungen für behinderte und von Behinderung bedrohte Menschen (Art. 1 Teil 1 SGB IX)   15
   5.1 Rehabilitation, Teilhabe, Leistungen zur Teilhabe   15
   5.2 Behinderung   17
6. Leistungsgruppen, Rehabilitationsträger   19
7. Vorbehalt abweichender Regelungen   23
8. Vorrang von Leistungen zur Teilhabe   25
   8.1 Erfolgsaussicht von Teilhabeleistungen   25
   8.2 Rehabilitation vor Rente   27
   8.3 Rehabilitation vor Pflege   27
9. Wunsch- und Wahlrecht der Leistungsberechtigten   28
   9.1 Wunschrecht   28
   9.1.1 Leistungsberechtigung   29
   9.1.2 Wunschrecht bezüglich der Auswahl der Leistungen   30
   9.1.3 Wunschrecht bezüglich der Ausführung der Leistungen   31
   9.2 Wahlrecht, Persönliches Budget   33
   9.3 Sicherung des Wunsch- und Wahlrechts   35

Inhaltsverzeichnis

10. Zusammenarbeit der Rehabilitationsträger 35
11. Zuständigkeitsklärung 36
    11.1 Verfahrensablauf nach § 14 SGB IX 37
    11.2 Weiterleitung von Anträgen 39
    11.3 § 14 SGB IX und vorläufige Leistungen 40
    11.4 Vorläufige Leistungserbringung und Selbstbeschaffung der Leistung 41
    11.5 Einschränkung des Rechts auf Selbstbeschaffung der Leistung 43
    11.6 Zuständigkeit mehrer Rehabilitationsträger 44
12. Zusammenwirken der Leistungen 45
13. Anpassung und durchgehende Sicherung von Rehabilitationsleistungen 45
14. Zuständigkeitsklärung und Wahl der Gerichtsbarkeit 47
15. Gemeinsame Servicestellen 49
16. Sicherung von Beratung und Auskunft 52
17. Klagerecht der Verbände 53
18. Übergangsvorschriften 54

Sozialgesetzbuch – Neuntes Buch (SGB IX) 55

Stichwortverzeichnis 309

Abkürzungsverzeichnis

a. F.	alter Fassung
AFG	Arbeitsförderungsgesetz
ALG	Gesetz über Alterssicherung der Landwirte
ANBA	Amtliche Nachricht der Bundesanstalt für Arbeit
AuslG	Ausländergesetz
BAG	Bundesarbeitsgericht
BAföG	Bundesausbildungsförderungsgesetz
BDSG	Bundesdatenschutzgesetz
BErzGG	Bundeserziehungsgeldgesetz
BfA	Bundesanstalt für Arbeit
BGB	Bürgerliches Gesetzbuch
BGBl.	Bundesgesetzblatt
BGH	Bundesgerichtshof
BKGG	Bundeskindergeldgesetz
BMA	Bundesministerium für Arbeit und Sozialordnung
BMF	Bundesministerium der Finanzen
BMG	Bundesministerium für Gesundheit
BMI	Bundesministerium des Innern
BR	Bundesrat
BSG	Bundessozialgericht
BSHG	Bundessozialhilfegesetz
BT	Bundestag
BVerfG	Bundesverfassungsgericht
BVerwG	Bundesverwaltungsgericht
BVG	Bundesversorgungsgesetz
Drucks.	Drucksache
DVO	Durchführungsverordnung
GAL	Gesetz über eine Altershilfe für Landwirte
GG	Grundgesetz
GMBl.	Gemeinsames Ministerialblatt der Bundesministerien
i. d. F.	in der Fassung
KfürsV	Verordnung zur Kriegsopferfürsorge
KVLG	Gesetz über die Krankenversicherung der Landwirte

Abkürzungsverzeichnis

NZS	Neue Zeitschrift für Sozialrecht
RdErl.	Runderlaß
RdSchr.	Rundschreiben
RdL	Rechtsdienst der Lebenshilfe
RehaAnglG	Rehabilitations-Angleichsgesetz
SchwbG	Schwerbehindertengesetz
SchwbWV	Werkstättenverordnung Schwerbehindertengesetz
SGB	Sozialgesetzbuch
SGB I	Sozialgesetzbuch – Allgemeiner Teil – (Erstes Buch)
SGB III	Sozialgesetzbuch – Arbeitsförderung – (Drittes Buch)
SGB IV	Sozialgesetzbuch – Gemeinsame Vorschriften für die Sozialversicherung – (Viertes Buch)
SGB V	Sozialgesetzbuch – Gesetzliche Krankenversicherung – (Fünftes Buch)
SGB VI	Sozialgesetzbuch – Gesetzliche Rentenversicherung – (Sechstes Buch)
SGB VII	Sozialgesetzbuch – Gesetzliche Unfallversicherung – (Siebtes Buch)
SGB VIII	Sozialgesetzbuch – Kinder- und Jugendhilfe – (Achtes Buch)
SGB IX	Sozialgesetzbuch – Rehabilitation und Teilhabe behinderter Menschen – (Neuntes Buch)
SGB X	Sozialgesetzbuch – Sozialverwaltungsverfahren und Sozialdatenschutz – (Zehntes Buch)
SGB XI	Sozialgesetzbuch – Soziale Pflegeversicherung – (Elftes Buch)
SGG	Sozialgerichtsgesetz
StGB	Strafgesetzbuch
USG	Unterhaltssicherungsgesetz
UVG	Unterhaltsvorschußgesetz
VO	Verordnung
VWGO	Verwaltungsgerichtsordnung
WOGG	Wohngeldgesetz
ZPO	Zivilprozeßordnung
ZRP	Zeitschrift für Rechtspolitik

Entstehungsgeschichte des SGB IX und systematische Darstellung der allgemeinen Regelungen des Teils 1 SGB IX

1. Erste Ansätze für die Vereinheitlichung des Rehabilitationsrechts

Das Vorhaben, das Rehabilitationsrecht zusammenzufassen und zu harmonisieren, reicht weit zurück. Ein wichtiger Ausgangspunkt ist das Gesetz über die Angleichung der Leistungen zur Rehabilitation (Rehabilitations-Angleichungsgesetz, RehaAnglG) vom 15.8.1974 (BGBl. I S. 1881). Dieses Gesetz war Teil einer ganzen Reihe von rehabilitationspolitischen Initiativen, die Anfang der 70er Jahre darauf zielten, die Situation behinderter Menschen zu verbessern.

Als wichtige Grundlage dieser Initiativen diente das »Aktionsprogramm der Bundesregierung zur Förderung der Rehabilitation« (April 1970), das in elf Punkten die wichtigsten Probleme der Rehabilitation in Deutschland benannte und insbesondere die Notwendigkeit der Verbesserung der gesetzlichen Grundlagen der Rehabilitation betonte. Dabei standen insbesondere drei Anliegen im Vordergrund *(vgl. dazu K. Jung/B. Preuß: Rehabilitation. Die Angleichung der Leistungen; Kommentar zum RehaAnglG, 2. Auflage 1975, S. 6 f.)*:

- »Die Nachteile des gegliederten Systems (Anm.: der sozialen Sicherung) sollen überwunden werden, ohne allerdings das System selbst in Frage zu stellen. Das bedeutet eine bessere Orientierung der Behinderten, umfassende Beratung und ein nahtlos und zügig ablaufendes Rehabilitationsverfahren; das bedeutet ferner eine Angleichung der unterschiedlichen Leistungen bei den verschiedenen Rehabilitationsträgern.
- Die Hilfen zur Rehabilitation sollen unabhängig von der Ursache der Behinderung allen Behinderten erreichbar sein; nicht die Ursache der Behinderung, sondern allein die Tatsache der

Systematische Darstellung

Behinderung ist ausschlaggebend für das Maß der Rehabilitationshilfen; das bedeutet eine finale Ausgestaltung der Rehabilitationsleistungen.
– Diejenigen Behinderten, die bisher außerhalb der Sozialversicherung stehen, sollen weitgehend in den Schutz der Versichertengemeinschaft einbezogen werden und Rehabilitationsleistungen als Versicherungsleistungen erhalten.«

Das am 1.10.1974 in Kraft getretene RehaAnglG spiegelte zwar die Bemühungen wider, die genannten Anliegen umzusetzen; es zeigte sich jedoch schon im Verlauf des Gesetzgebungsverfahrens, dass es nicht gelingen würde, die Zersplitterung des Rehabilitationsrechts zu beseitigen und ein funktionsfähiges Rehabilitationssystem zu schaffen, das allen behinderten Menschen unabhängig von der Ursache ihrer Behinderung offen steht.

Letztlich beschränkte der Gesetzgeber den Anwendungsbereich des RehaAnglG auf die gesetzliche Krankenversicherung, die gesetzliche Unfallversicherung, die gesetzliche Rentenversicherung, die Altershilfe für Landwirte, die Kriegsopferversorgung einschließlich der Kriegsopferfürsorge und die Arbeitsförderung (§ 2 RehaAnglG). Die Eingliederungshilfe für Behinderte (§§ 39 ff. BSHG), die über viele Jahre hinweg insbesondere für von Geburt an behinderte Menschen die wichtigste Rechtsgrundlage für Rehabilitationsleistungen war, wurde nicht erfasst. Stattdessen begnügte sich der Gesetzgeber mit dem Hinweis, die Bundesregierung zu verpflichten, »den gesetzgebenden Körperschaften des Bundes bis zum 31.12.1975 über die Möglichkeiten einer Einbeziehung von Leistungen nach dem Bundessozialhilfegesetz zu berichten und Vorschläge für die danach zu treffenden Maßnahmen zu machen« (§ 2 Abs. 3 RehaAnglG).

Der Ausklammerung der Sozialhilfe aus dem RehaAnglG lag insbesondere die Erwägung zugrunde, dass das Bundessozialhilfegesetz im System der öffentlichen Fürsorge (vgl. Art. 74 Abs. 1 Ziffer 7 GG) verhaftet ist: Die Leistungen der Sozialhilfe sollen jedem Einzelnen die Führung eines menschenwürdigen Lebens ermöglichen und werden zur Deckung des in der jeweiligen konkreten individuellen Lage notwendigen Bedarfs erbracht (Grund-

Systematische Darstellung

satz der individuellen Bedarfsdeckung). Sie werden deshalb gem. § 2 Abs. 1 BSHG nicht gewährt, wenn sich der Hilfesuchende durch die Mobilisierung eigener Kräfte bzw. finanzieller Mittel selbst helfen (Bedürftigkeitsprinzip) oder die erforderliche Hilfe von anderen, besonders von Angehörigen oder von Trägern anderer Sozialleistungen, erlangt werden kann (Grundsatz des Nachrangs der Sozialhilfe).

Demgegenüber leisten die Sozialversicherungsträger – Kranken-, Unfall-, Rentenversicherung und Bundesanstalt für Arbeit – auf der Grundlage des Versicherungsprinzips, d.h. Leistungen der Versicherungsträger stehen Beiträge der Versicherten gegenüber. Aus diesem Gegenseitigkeitsverhältnis zwischen Versicherten und Träger der Versicherung folgt einerseits die Notwendigkeit, die Leistungen an den Beitragseinnahmen zu orientieren und damit zu begrenzen. Andererseits ergibt sich aus der Beitragszahlung, dass der Leistungsanspruch prinzipiell nicht mit einer Prüfung der individuellen Bedürftigkeit verknüpft ist (Ausnahme: z. B. die Zuzahlungsregelungen in der gesetzlichen Krankenversicherung, §§ 61 f. SGB V). Dieses Merkmal trifft auch auf die Träger zu, die – wie z.B. die Träger der Kriegsopferversorgung nach dem Bundesversorgungsgesetz – nach Maßgabe des Versorgungsprinzips leisten. Danach ist nicht die Beitragsleistung Voraussetzung für die Begründung eines Leistungsanspruchs (Versicherungsprinzip), sondern das vorangegangene Opfer für die Allgemeinheit oder ein sonstiger entschädigungswürdiger Nachteil.

An diesen Grundstrukturen sollte das RehaAnglG letztlich nicht rütteln. Zwar wurde insbesondere im Bundestagsausschuss für Arbeit und Sozialordnung (AuS-Ausschuss) bis zuletzt um die Frage der Einbeziehung von Leistungen der Sozialhilfe in das RehaAnglG gerungen (vgl. dazu die BT-Drucks. 7/1237 vom 9.11. 1973 S. 52; 7/2245 und 7/2256 vom 12.6.1974 S. 7). Zwar gab es schon in den 70er Jahren Überlegungen, die scheinbar unüberwindbaren Hindernisse, die sich einer Zusammenführung der Sozialversicherung und des Versorgungsrechts mit der in der öffentlichen Fürsorge verhafteten Sozialhilfe entgegenstellten, zu überwinden, indem die Eingliederungshilfe für Behinderte aus der Fürsorge herausgelöst werden sollte. So hatte die Bundes-

Systematische Darstellung

tagsfraktion der CDU/CSU bereits am 11.05.1973 die Bundesregierung ersucht, den Entwurf eines Leistungsgesetzes für Behinderte vorzulegen mit dem Ziel, das Leistungsrecht für Behinderte aus dem Bundessozialhilfegesetz herauszunehmen und Leistungen unabhängig vom Einkommen und Vermögen der Betroffenen und ihrer Familien zu gewähren (BT-Drucks. 7/553). Es blieb jedoch dabei, dass die Sozialhilfe nicht in das RehaAnglG integriert wurde. Damit wurde deutlich, dass das »neue Gesetz zwar ein Meilenstein, nicht aber Endpunkt der Bemühungen um eine bessere Eingliederung der Behinderten« sein konnte (K. Jung und P. Preuß a.a.O., S. 11).

In den Folgejahren forderte der Bundestag die Bundesregierung mehrfach auf, einen Gesetzentwurf zur Weiterentwicklung des Behindertenrechts vorzulegen (vgl. BT-Drucks. 8/4286 vom 24.6.1980, S. 3; BT-Drucks. 9/1753 vom 7.6.1982, S. 4).

In ihrem Ersten Bericht über die Lage der Behinderten und die Entwicklung der Rehabilitation vom 4.4.1984 kündigte die Bundesregierung eine Novellierung des RehaAnglG und seine »Fortentwicklung zusammen mit dem Schwerbehindertengesetz und anderen Vorschriften über die Rehabilitation zu einem einheitlichen und übersichtlichen Gesetz zur Eingliederung Behinderter« an. Die »Harmonisierung der Leistungen müsse fortgeführt werden, um dem Ziel des RehaAnglG noch besser als bisher Rechnung zu tragen, dass alle gleich Betroffenen gleichwertige Rehabilitationsleistungen erhalten« (BT-Drucks. 10/1233 Ziff. 144, S. 47). Auch in ihren Zweiten Bericht über die Lage der Behinderten und die Entwicklung der Rehabilitation vom 2.5.1985 nahm die Bundesregierung ein Kapitel zur »Weiterentwicklung des Rechts zur Eingliederung Behinderter« auf (Ziff. 12) und führte dazu aus: »Die Einordnung der Rechtsvorschriften zur Eingliederung Behinderter und von Behinderung Bedrohter im Sozialgesetzbuch soll allen gleich Betroffenen unabhängig von Art und Ursache der Behinderung gleichwertige Leistungen und sonstige Hilfen zukommen lassen, und zwar unter möglichst weitgehender Bereinigung, Vereinheitlichung und damit auch Vereinfachung der einschlägigen Rechtsvorschriften.« Dementsprechend beauftragte die Regierungskoalition der CDU/CSU und

FDP den Bundesminister für Arbeit und Sozialordnung (BMA), einen entsprechenden Gesetzentwurf vorzulegen. Mit dem Ersten Gesetz zur Änderung des Schwerbehindertengesetzes vom 24.7. 1986 wurde in der Grundsatznorm § 10 SGB 1 der Anspruch verankert, die Hilfe »unabhängig von der Ursache der Behinderung« zu leisten (BGBl. I S. 1110).

Am 15.11.1993 wurde der »Referentenentwurf eines Sozialgesetzbuchs – Neuntes Buch – Rehabilitation und Eingliederung Behinderter« vorgestellt und zahlreichen Behindertenverbänden und Verbänden der Freien Wohlfahrtspflege zur Stellungnahme zugeschickt (vgl. zur Diskussion 1993: *Bertram Schulin, Kodifikatorische Anforderungen an ein Buch »Rehabilitationsrecht« – SGB IX – aus juristischer Sicht, NZS 1993, S. 185 ff. und SDSRV 37, S. 7 ff.*). Zu einer Anhörung kam es jedoch nicht, weil die Vorschläge des BMA im Bundeskabinett keine Mehrheit fanden.

Trotz des Scheiterns des Referentenentwurfs hielt die Bundesregierung auch in ihrem Dritten Bericht über die Lage der Behinderten und die Entwicklung der Rehabilitation vom 24.3.1994 an ihrem Vorhaben fest, das Recht zur Eingliederung Behinderter weiterzuentwickeln: »Die Einordnung des Rehabilitationsrechts muss sich ... auf die Vorschriften konzentrieren, die für die einzelnen Rehabilitationsträger gelten und entweder Rehabilitationsleistungen oder das Rehabilitationsverfahren zum Inhalt haben. Hierzu gehört auch die Eingliederungshilfe der Sozialhilfe, da die Sozialhilfeträger in der Sache auch Rehabilitationsträger sind« (BT-Drucks. 12/7148 Ziff. 14.11, S. 117). 1994 wurde das Verbot der Benachteiligung behinderter Menschen in Art. 3 Abs. 3 Satz 2 Grundgesetz eingefügt. Auch mit dieser Reform waren Hoffnungen auf Fortschritte im Sozialrecht verbunden.

In der neuen Wahlperiode wurde eine Arbeitsgruppe der Regierungskoalition einberufen, die sich mit der Frage befassen sollte, welche Inhalte im Rahmen eines Gesetzgebungsvorhabens zur Weiterentwicklung des Rechts zur Eingliederung Behinderter verwirklicht werden könnten. Diese Arbeitsgruppe hat im Frühjahr 1996 ein Eckpunktepapier erstellt und das BMA gebeten, auf dieser Grundlage das Gespräch mit Verbänden und Ländern über

Systematische Darstellung

das Gesetzesvorhaben zu suchen (vgl. den entsprechenden Hinweis im Vierten Bericht der Bundesregierung über die Lage der Behinderten und die Entwicklung der Rehabilitation vom 18.12. 1997, BT-Drucks. 13/9514 Ziff. 15.9; S. 145). Wegen anderer, vorrangiger Gesetzesvorhaben »wurde jedoch nicht festgelegt, in welcher Weise und in welchem zeitlichen Rahmen die Arbeiten an einem SGB IX fortgeführt« werden sollten (BT-Drucks. 13/9514 a.a.O.).

2. Vorbereitung des Gesetzgebungsverfahrens zur Schaffung eines Sozialgesetzbuchs – Neuntes Buch

Die Regierungskoalition von SPD und BÜNDNIS 90/DIE GRÜNEN schloss am 20.10.1998 eine Koalitionsvereinbarung ab *(»Aufbruch und Erneuerung – Deutschlands Weg ins 21. Jahrhundert«, ZRP 1998, S. 485 ff.)*, die unter Ziff. VI.6 die Ankündigung enthält, die Rechte von Menschen mit Behinderung zu stärken: »Menschen mit Behinderung brauchen den Schutz und die Solidarität der gesamten Gesellschaft. Die neue Bundesregierung wird alle Anstrengungen unternehmen, um ihre Selbstbestimmung und gleichberechtigte gesellschaftliche Teilhabe zu fördern und dem im Grundgesetz verankerten Benachteiligungsverbot für Behinderte Geltung zu verschaffen. Schwerpunkte dabei sind:

- Der grundgesetzliche Gleichstellungsauftrag wird in einem Gesetz umgesetzt.
- Das Recht der Rehabilitation wird in einem Sozialgesetzbuch IX zusammengefasst und weiterentwickelt.
- Die Vermittlung von Behinderten in den ersten Arbeitsmarkt hat Vorrang ...
- Es wird geprüft, wie die deutsche Gebärdensprache anerkannt und gleichbehandelt werden kann ...« (ZRP 1998, S. 485, 495).

Die Bundesregierung beauftragte den BMA, mit den Vorarbeiten für ein SGB IX zu beginnen. Dieser legte am 6.5.1999 »Diskussionspunkte für ein SGB IX« vor. Im Anschluss daran wurde eine »Koalitionsarbeitsgruppe Behindertenpolitik« berufen, die am 2.8.1999 den Entwurf von »Eckpunkten zum Sozialgesetzbuch

IX« präsentierte. Die Endfassung dieser Eckpunkte wurde von der Koalitionsarbeitsgruppe am 28.10.1999 nach intensiver Diskussion mit den Bundesländern, den Rehabilitationsträgern, den Behindertenverbänden und den Spitzenverbänden der Freien Wohlfahrtspflege verabschiedet und am 2.12.1999 anlässlich der Plenardebatte zum Weltbehindertentag im Bundestag vorgestellt (vgl. Stenographischen Bericht zur 76. Sitzung des Bundestages am 2.12.1999 Plenarprot. 14/76, S. 6926 ff., 6929).

Im Eckpunktepapier vom 28.10.1999 wurde festgehalten, dass »die Regelung des Rechts der Rehabilitation und der Eingliederung Behinderter in einem Sozialgesetzbuch IX unter folgenden Grundsätzen geschieht:

- Das SGB IX setzt das Benachteiligungsverbot des Art. 3, Abs. 3, Satz 2 des Grundgesetzes im Bereich der Sozialpolitik um.
- Das SGB IX beendet die Divergenz und Unübersichtlichkeit des bestehenden Rehabilitationsrechtes. Es wird angestrebt, dass
  - Regelungen, die für mehrere Sozialleistungsbereiche einheitlich sein können, nur an einer Stelle getroffen,
  - Vorschriften, die unterschiedlich sein müssen, nach den selben Gesichtspunkten angeordnet und
  - Begriffe und Abgrenzungskriterien aller einschlägigen Regelungen unabhängig von ihrem Standort vereinheitlicht werden.«

Über das Ziel der Harmonisierung des Rehabilitationsrechts hinaus kündigte das Eckpunktepapier auch »Leistungsausweitungen und Neuregelungen« an. Diese wurden jedoch unter den »Vorbehalt der Finanzierbarkeit« gestellt und sollten in »erster Linie durch Effizienzsteigerungen, Vereinfachungen und Kosteneinsparungen im bestehenden System realisiert werden.« Hinsichtlich des Kostenrahmens orientierte sich die Koalitionsarbeitsgruppe Behindertenpolitik am Ist-Stand 1998 und führte unter Ziff. 10 der Eckpunkte aus: »In der medizinischen, beruflichen und sozialen Rehabilitation werden insgesamt durch alle Träger etwa 50 Milliarden DM ausgegeben.«

Systematische Darstellung

Zu der schwierigen Frage der Einordnung der Sozialhilfe in das Rehabilitationsrecht wurde in den Eckpunkten unter Ziff. 3 ausgeführt: »Maßnahmenträger in der Behindertenhilfe und der Rehabilitation sind: Unfallversicherung, Soziale Entschädigung, Krankenversicherung, Pflegeversicherung, Rentenversicherung, Bundesanstalt für Arbeit, Jugendhilfe, Sozialhilfe (Eingliederungshilfe). Im bestehenden Recht nimmt die Eingliederungshilfe für Behinderte gegenüber den Versicherungssystemen eine Sonderstellung aufgrund der beiden Prinzipien der Nachrangigkeit und der Bedürftigkeit ein. Die Sozialhilfeträger werden in den Kreis der Rehabilitationsträger einbezogen. Bei Rehabilitationsleistungen der Sozialhilfe wird die Bedürftigkeit der behinderten Menschen und ihrer Unterhaltsverpflichteten nicht geprüft. In diesem Zusammenhang sind Lösungen für die Probleme des Nachrangs der Eingliederungshilfe im Verhältnis zu den anderen Trägern bei Leistungen nach dem SGB IX zu prüfen.«

Im Anschluss an die Bundestagsdebatte am 2.12.1999 wurde der Beauftragte der Bundesregierung für die Belange der Behinderten, Karl-Hermann Haack, MdB (SPD) beauftragt, gemeinsam mit der Koalitionsarbeitsgruppe Behindertenpolitik und dem BMA einen Gesetzentwurf zum SGB IX vorzulegen.

Bemerkenswert ist, dass sich alle im Bundestag vertretenen Fraktionen am 22.2.2000 im Bundestagsausschuss für Arbeit und Sozialordnung (AuS-Ausschuss) darauf verständigen konnten, einen gemeinsamen Entschließungsantrag in den Bundestag unter dem Titel »Die Integration von Menschen mit Behinderung ist eine dringliche politische und gesellschaftliche Aufgabe« einzubringen (Ausschuss-Drucks. 14/550 vom 22.2.2000).

In diesem Entschließungsantrag, der auf einen Antrag der Fraktionen SPD und BÜNDNIS 90/DIE GRÜNEN vom 30.11.1999 (BT-Drucks. 14/2237), einen Antrag der Fraktion der CDU/CSU (»Alte Versprechen nicht erfüllt und neue Wege nicht gegangen – Bilanz der Behindertenpolitik« – BT-Drucks. 14/2234 vom 30.11. 1999) und einen Antrag der Fraktion der PDS zur Vorlage eines Gesetzes zur Sicherung der vollen Teilhabe von Menschen mit Behinderungen oder chronischen Krankheiten am Leben der Ge-

Systematische Darstellung

meinschaft (BT-Drucks. 14/827 vom 23.4.1999) zurückgeht (vgl. die Beschlussempfehlung und den zusammenfassenden Bericht des AuS-Ausschusses vom 15.3.2000 – BT-Drucks. 14/2913), wurde Folgendes festgehalten:

»Der Deutsche Bundestag fordert die Bundesregierung mit Blick auf das Erfordernis einer zukunftsweisenden Behindertenpolitik ... auf, möglichst umgehend

1. das Benachteiligungsverbot des Art. 3 Abs. 3 Satz 2 GG gesetzlich umzusetzen ...;
2. das Recht der Rehabilitation von Menschen mit Behinderung in einem Sozialgesetzbuch IX zusammenzufassen und weiterzuentwickeln und damit die Umsetzung des Benachteiligungsverbotes im Bereich der Sozialpolitik zu gewährleisten ...;
3. die Beschäftigung von Menschen mit Behinderung zu fördern und ihre Chancen auf dem allgemeinen Arbeitsmarkt zu verbessern ...;
4. bzgl. der Probleme der Nachrangigkeit bei der Eingliederungshilfe an einer sachgerechten Lösung zu arbeiten, die die Interessen der behinderten Menschen und ihrer Angehörigen ausreichend berücksichtigt;
5. den Willen des Gesetzgebers nochmals klarzustellen, dass es nicht allein aus finanziellen Gründen zu einer Umwandlung von Einrichtungen der Eingliederungshilfe in Pflegeheime und zur Verlegung von Personen aus Eingliederungsplätzen in Pflegeheimen kommen darf;
6. die Mobilität von Menschen mit Behinderungen ... gemeinsam mit den Ländern weiterzuentwickeln;
7. die Anerkennung der deutschen Gebärdensprache gemeinsam mit den Ländern umzusetzen ....;
8. sich auch innerhalb der Europäischen Union für die Rechte und die Integration behinderter Menschen einzusetzen ...«

Diese Initiativen wurden begleitet von einer Großen Anfrage der Fraktionen der CDU/CSU zur Reform des Behindertenrechts (BT-Drucks. 14/3290 vom 1.12.1999 mit Antwort der Bundesregierung vom 28.6.2000 – BT-Drucks. 14/3681), der Forderung der Fraktion der PDS »nach einem Leistungsgesetz für Menschen mit

Systematische Darstellung

Behinderungen« (BT-Drucks. 14/2068 vom 10.11.1999 mit Antwort der Bundesregierung vom 2.12.1999 – BT-Drucks. 14/2308) und einer Kleinen Anfrage der Fraktion der CDU/CSU zur Schaffung eines Neunten Buches des Sozialgesetzbuchs (BT-Drucks. 14/2281 vom 1.12.1999 mit Antwort der Bundesregierung vom 21.12.1999 – BT-Drucks. 14/2447).

Im ersten Quartal des Jahres 2000 beriet das BMA zunächst in einer Arbeitsgruppe des Beirats für die Rehabilitation der Behinderten (vgl. § 35 SchwbG) drei Rohentwürfe eines Sozialgesetzbuchs – Neuntes Buch – (SGB IX). Daraus entstand ein Arbeitsentwurf (Stand: 25.4.2000), der schließlich in einen Diskussionsentwurf (Stand: 22.6.2000) einmündete und am 10.8.2000 unter Einbeziehung von Rehabilitationsträgern, Behindertenverbänden, Verbänden der Freien Wohlfahrtspflege usw. im BMA beraten wurde.

Am 27.9.2000 legte die für Rehabilitationsfragen zuständige Fachabteilung des BMA in enger Abstimmung mit der Koalitionsarbeitsgruppe Behindertenpolitik einen Vor-Referentenentwurf zum SGB IX vor, dem am 26.10.2000 ein Referentenentwurf folgte.

3. Das Gesetzgebungsverfahren zum Sozialgesetzbuch – Neuntes Buch

Am 16.1.2001 brachten die Fraktionen der SPD und BÜNDNIS 90/DIE GRÜNEN den Entwurf eines Sozialgesetzbuchs – Neuntes Buch – (SGB IX) unter dem Titel »Rehabilitation und Teilhabe behinderter Menschen« in den Bundestag ein (BT-Drucks. 14/5074 vom 16.1. 2001). In enger Anlehnung an die Eckpunkte der Koalitionsarbeitsgruppe Behindertenpolitik vom 28.10.1999 wurde angekündigt, das Rehabilitations- und Schwerbehindertenrecht durch Zusammenfassung in einem Neunten Buch des Sozialgesetzbuchs fortzuentwickeln. Hervorgehoben wurde »die Errichtung von Strukturen für die Zusammenarbeit von Leistungsträgern, Leistungserbringern und Leistungsempfängern und die Steuerung der Leistungen der Rehabilitation und der Teilha-

Systematische Darstellung

be behinderter Menschen« mit dem Ziel, »die Effizienz von Rehabilitationsleistungen bedeutend« zu erhöhen. Außerdem wurden die »Errichtung von gemeinsamen Servicestellen der Rehabilitationsträger in jedem Landkreis und in jeder kreisfreien Stadt« herausgestellt und die »rasche und parallele Klärung der Rehabilitationsbedürftigkeit und der sozialrechtlichen Zuständigkeit sowie der beschleunigte Zugang zur Rehabilitation« hervorgehoben. Schließlich wurde betont, dass »die Träger der Sozialhilfe nunmehr auch rechtlich in den Kreis der Rehabilitationsträger einbezogen werden. Diese Einbeziehung wird dadurch kostenneutral gestaltet, dass am Nachrang der Leistungen der Sozialhilfe gegenüber Rehabilitations- und Teilhabeleistungen anderer Rehabilitationsträger festgehalten wird und Mehrbelastungen der Sozialhilfe insbesondere aufgrund bedürftigkeitsunabhängiger Rehabilitations- und Teilhabeleistungen durch Einsparungen an anderer Stelle ausgeglichen werden« (BT-Drucks. 14/5074 unter E, S. 2).

Die erste Beratung des Gesetzentwurfs im Bundestag fand am 19.1.2001 statt (vgl. Stenographischen Bericht zur 144. Sitzung des Bundestages am 19.1.2001, S. 1431 ff.). Am 26.1. wurde der Gesetzentwurf der Bundesregierung an den Präsidenten des Bundesrates übersandt (BR-Drucks. 49/01 vom 26.1.2001). Am 19.2.2001 führte der federführende AuS-Ausschuss unter Beteiligung zahlreicher Sachverständiger eine Anhörung zum SGB IX – Gesetzentwurf durch (vgl. das Wortprotokoll zur 81. Sitzung des AuS-Ausschusses – Bundestag 14/81 vom 19.2.2001).

Parallel dazu wurde der Gesetzentwurf unter Federführung des Ausschusses für Arbeit und Sozialpolitik in mehreren Ausschüssen des Bundesrates beraten (vgl. die Empfehlungen der Bundesratsausschüsse vom 28.2.2001 – BR-Drucks. 49/1/01 zur Vorbereitung der 760. Sitzung des Bundesrates am 9.3.2001).

In seiner Sitzung am 9.3.2001 beschloss der Bundesrat, zum Gesetzentwurf der Bundesregierung eine Stellungnahme abzugeben. Diese Stellungnahme ist Bestandteil des Gesetzentwurfs der Bundesregierung zum SGB IX vom 12.3.2001 (BT-Drucks. 14/5531 Anlage 2, S. 6 f.).

Systematische Darstellung

Am 23.3.2001 gab die Bundesregierung eine Gegenäußerung zur Stellungnahme des Bundesrates vom 9.3.2001 ab (Unterrichtung durch die Bundesregierung BT-Drucks. 14/5639 vom 23.3.2001).

Im Verlauf des Monats März wurden im AuS-Ausschuss zahlreiche Änderungsanträge der im Deutschen Bundestag vertretenen Fraktionen behandelt, u.a. der CDU/CSU (Ausschuss-Drucks. 15/1374 vom 14.3.2001 und Ausschuss-Drucks. 14/1376 vom 15.3. 2001) und der Fraktion der PDS (Ausschuss-Drucks. 14/1403 vom 27.3.2001). Auch die Fraktionen der SPD und BÜNDNIS 90/DIE GRÜNEN brachten einen umfangreichen Änderungsantrag in den AuS-Ausschuss ein (Ausschuss-Drucks. 14/1406 (neu) vom 27.3.2001).

Die Beratungen im AuS-Ausschuss führten zu einer Beschlussempfehlung mit zahlreichen Änderungsvorschlägen zum SGB IX – Gesetzentwurf der Bundesregierung. Diese Beschlussempfehlung (BT-Drucks. 14/5786 vom 4.4.2001) wurde dem Deutschen Bundestag am 4.4.2001 zusammen mit einem Bericht (BT-Drucks. 14/5800) vorgelegt.

Einen Tag zuvor – am 3.4.20001 – hatte die Fraktion der CDU/CSU einen Entschließungsantrag in den Bundestag eingebracht (BT-Drucks. 14/5804), indem einerseits festgestellt wurde, dass »der vorgelegte Gesetzentwurf ... ein erster Schritt in die richtige Richtung ist«, der »aber den hochgesteckten Erwartungen und berechtigten Ansprüchen der Betroffenen nicht ausreichend gerecht« werde (Ziff. 3). Eine »umfassende Lösung mit Verbesserungen für behinderte Menschen« könne »nur in einem eigenständigen und einheitlichen Leistungsgesetz für Behinderte erreicht werden, das vom Bund zu finanzieren ist. Dieses Gesetz müsste vermögens- und einkommensunabhängig ausgestaltet sein und die Leistungen, die derzeit in der Eingliederungshilfe des Bundessozialhilfegesetzes (BSHG) enthalten sind, zusammenfassen und den Behinderten zur Verfügung stellen« (Ziff. 6).

Am 6.4.2001 fand im Bundestag die zweite und dritte Beratung des SGB IX – Gesetzentwurfs statt (Stenographischer Bericht des Bundestages zur 165. Sitzung am 6.4.2001 Plenarprot. 14/165 S. 16113 f.). Nach Beendigung der Aussprache wurde der Gesetz-

Systematische Darstellung

entwurf der Bundesregierung in der Fassung des AuS-Ausschusses (vgl. Beschlussempfehlung vom 4.4.2001 BT-Drucks. 14/5786) mit den Stimmen von SPD, CDU/CSU, BÜNDNIS 90/DIE GRÜNEN und FDP bei Stimmenthaltung der PDS angenommen (Plenarprot. des Bundestages 14/165 S. 16126).

Die am 6.4.2001 vom Bundestag verabschiedete Fassung des Gesetzentwurfs wurde am 20.4.2001 als BR-Drucks. 278/01 veröffentlicht.

Am 11.5.2001 stimmte der Bundesrat dem SGB IX zu (vgl. Stenographischen Bericht zur 763. Sitzung des Bundesrates am 11.5. 2001 – Plenarprot. 763, S. 205). Der Gesetzestext wurde am 19.6. 2001 verkündet und am 22.6.2001 im Bundesgesetzblatt veröffentlicht (BGBl. I S. 1046 f.).

Von wenigen Ausnahmen abgesehen, ist das SGB IX am 1.7.2001 in Kraft getreten (Art. 68 SGB IX). Gemäß Art. 63 SGB IX sind zugleich das RehaAnglG und das SchwbG aufgehoben worden.

4. Zielsetzung des Sozialgesetzbuchs – Neuntes Buch

Das SGB IX strebt an, das Rehabilitations- und Schwerbehindertenrecht durch Zusammenfassung in einem Neunten Buch des Sozialgesetzbuchs fortzuentwickeln.

Es schafft keinen neuen Sozialleistungszweig, sondern ordnet sich ein in das gegliederte System der sozialen Sicherung, das zwischen Sozialversicherungsleistungen, Leistungen der sozialen Entschädigung, Fürsorgeleistungen u.a. unterscheidet.

Zwar werden die Träger der Sozialhilfe und der Jugendhilfe rechtlich in den Kreis der Rehabilitationsträger einbezogen; das SGB IX hält jedoch im Bereich der Eingliederungshilfe für behinderte Menschen (§§ 39 ff. BSHG) prinzipiell am Nachrang der Sozialhilfe gegenüber Rehabilitations- und Teilhabeleistungen anderer Rehabilitationsträger fest. Insbesondere der allgemeine Teil des SGB IX (Art. 1 Teil 1: Regelungen für Behinderte und von Behinderung bedrohte Menschen) versucht, die Divergenz und Un-

Systematische Darstellung

Übersichtlichkeit des bestehenden Rechts zur Rehabilitation und Teilhabe behinderter Menschen zu beenden, indem Vorschriften, die bisher in unterschiedlichen Leistungsgesetzen – z.B. im SGB V für die Träger der gesetzlichen Krankenversicherung und im SGB VI für die Träger der gesetzlichen Rentenversicherung – enthalten waren, vereinheitlicht und zusammengefasst werden.

Neben diese ordnungsrechtliche Funktion tritt die Zielsetzung, die Abläufe des Rehabilitationsverfahrens zu straffen und zu koordinieren. Dies soll insbesondere erreicht werden durch Verbesserung der Strukturen für die Zusammenarbeit von Leistungsträgern, Leistungserbringern und Leistungsempfängern.

Die Effizienz von Rehabilitationsleistungen soll erhöht werden, indem neue Instrumente zur Wahrung und Durchsetzung von Rechtsansprüchen eingeführt werden. Dies gilt z.B. für die Errichtung von gemeinsamen Servicestellen aller Rehabilitationsträger in jedem Landkreis und in jeder kreisfreien Stadt und für die Einführung eines neuen Verfahrens zur Klärung der Zuständigkeit, mit deren Hilfe der rasche bzw. beschleunigte Zugang zur Rehabilitation sichergestellt werden soll.

Art. 1 Teil 1 SGB IX enthält darüber hinaus Vorschriften, mit denen Einfluss auf Inhalt, Art, Umfang, Qualität und Qualitätssicherung der Leistung und Leistungserbringung genommen werden soll (Vereinbarung von Empfehlungen).

Aus dem SGB IX ergeben sich keine direkten Vorgaben für die Soziale Pflegeversicherung (SGB XI) und das Schulwesen (Schulgesetzgebung der Länder), obwohl auch in diesen Bereichen Aufgaben der Rehabilitation erfüllt werden. Ob sich eine Annäherung durch die Umsetzung der Vorgaben integrierter Leistungen für Kinder (§ 4 Abs. 3, 30 SGB IX) und des Vorrangs von Rehabilitation vor Pflege (§ 8 Abs. 3 SGB IX) ergibt, werden Verwaltungs- und Rechtspraxis zeigen müssen.

Systematische Darstellung

5. Regelungen für behinderte und von Behinderung bedrohte Menschen (Art. 1 Teil 1 SGB IX)

Die nachfolgende Darstellung bemüht sich zunächst um eine Klärung der Begriffe und orientiert sich überwiegend an der Gliederung der einzelnen Kapitel und der Reihenfolge der Vorschriften in Art. 1 Teil 1 SGB IX.

5.1 Rehabilitation, Teilhabe, Leistungen zur Teilhabe

Das SGB IX trägt den Titel »Rehabilitation und Teilhabe behinderter Menschen«. Der Begriff der Rehabilitation wird im Gesetz nicht definiert. Im allgemeinen Sprachgebrauch versteht man unter Rehabilitation (Habilitation) die Wieder-(Herstellung) eines Zustandes, hier durch Heilung einer Krankheit bzw. Behebung oder Minderung einer Behinderung mit dem Ziel der möglichst uneingeschränkten Teilnahme am gesellschaftlichen Leben.

Im Sozialrecht hat man mit dem Begriff der Rehabilitation die Maßnahmen zur Eingliederung Behinderter bezeichnet (vgl. § 10 SGB I a.F.).

In § 1 SGB IX werden die Ziele der Rehabilitation neu definiert und im Vergleich zum alten Recht präzisiert: Ziel der Rehabilitation ist die »Selbstbestimmung und Teilhabe am Leben in der Gesellschaft«. Leistungen, die nach dem SGB IX und nach den für die einzelnen Rehabilitationsträger geltenden Leistungsgesetzen (SGB V, SGB VI, SGB VII, BSHG u.a.) gewährt werden, verfolgen den Zweck, die »Selbstbestimmung und gleichberechtigte Teilhabe« behinderter oder von Behinderung bedrohter Menschen »am Leben in der Gesellschaft zu fördern, Benachteiligungen zu vermeiden oder ihnen entgegenzuwirken«.

Der Begriff der »Eingliederung« wird durch den Begriff der »Teilhabe« als Ziel der Rehabilitation behinderter Menschen ersetzt. Dementsprechend wird im Ersten Buch des Sozialgesetzbuchs – Allgemeiner Teil – die Vorschrift des § 10 SGB I, die sich bisher mit der Eingliederung Behinderter befasst hat, mit der Überschrift »Teilhabe behinderter Menschen« versehen.

Systematische Darstellung

Die Leistungen zur Teilhabe werden in § 4 SGB IX benannt. Sie umfassen die Sozialleistungen, die notwendig sind, um eine Behinderung abzuwenden, zu beseitigen, zu mindern, ihre Verschlimmerung zu verhüten oder ihre Folgen zu mildern (Abs. 1 Ziff. 1), Einschränkungen der Erwerbsfähigkeit oder Pflegebedürftigkeit zu vermeiden, zu überwinden, zu mindern oder eine Verschlimmerung zu verhüten sowie den vorzeitigen Bezug von Sozialleistungen zu vermeiden oder laufende Sozialleistungen zu mindern (Abs. 1 Ziff. 2), die Teilhabe am Arbeitsleben dauerhaft zu sichern (Abs. 1 Ziff. 3) oder die persönliche Entwicklung ganzheitlich zu fördern und die Teilhabe am Leben in der Gesellschaft sowie eine möglichst selbstständige und selbstbestimmte Lebensführung zu ermöglichen oder zu erleichtern (vgl. dazu auch die Neufassung des § 10 SGB I, die »Menschen, die körperlich, geistig oder seelisch behindert sind, oder denen eine solche Behinderung droht«, ein *Recht auf Hilfe* zuspricht und diese Hilfe in enger Anlehnung an § 4 Abs. 1 SGB IX umschreibt).

Wichtig ist, dass die Leistungen zur Teilhabe unabhängig von der Ursache der Behinderung gewährt werden (§ 4 Abs. 1 Satz 1 erster Halbsatz). Damit folgt der Gesetzgeber dem Finalprinzip, das in der Rehabilitation weitgehende Anerkennung gefunden hat *(BSGE 44, 234)* und mit dem zum Ausdruck gebracht werden soll, dass »die einzelne Leistung zur Teilhabe ohne Rücksicht auf die Ursache der Behinderung ausgerichtet am jeweiligen Bedarf erbracht wird« *(Mrozynski, Rehabilitationsrecht 3. Auflage 1992 Rdn. 2).*

Man könnte daraus folgern, dass Menschen, die schon seit ihrer Geburt in gleicher Weise behindert sind wie die Opfer eines Unfalls, der zur Geltendmachung von Leistungen der gesetzlichen Unfallversicherung berechtigt, grundsätzlich gleiche Leistungen erhalten sollen. Tatsächlich hält der Gesetzgeber jedoch daran fest, dass Leistungen, die der gesetzlichen Unfallversicherung oder der sozialen Entschädigung zuzuordnen sind, als »typische Ausnahmen vom Finalprinzip« (Mrozynski Rdn. 2) eigenen Maßstäben unterliegen, die für die gesetzliche Unfallversicherung im SGB VII und für das soziale Entschädigungsrecht insbesondere im Bundesversorgungsgesetz (BVG) geregelt sind. Wie noch im

Einzelnen zu zeigen sein wird, (s.u. Ziffer 7), ist dies eine Folge des Festhaltens an den gewachsenen Strukturen des gegliederten Systems der sozialen Sicherung in Deutschland, das mit dem SGB IX nicht infrage gestellt werden soll.

5.2 Behinderung

Das SGB IX enthält in § 2 Abs. 1 einen neuen Begriff der Behinderung. Danach sind »Menschen behindert, wenn ihre körperliche Funktion, geistige Fähigkeit oder seelische Gesundheit mit hoher Wahrscheinlichkeit länger als sechs Monate von dem für das Lebensalter typischen Zustand abweichen und daher ihre Teilhabe am Leben in der Gesellschaft beeinträchtigt ist. Sie sind von Behinderung bedroht, wenn die Beeinträchtigung zu erwarten ist«.

Der Gesetzgeber orientiert sich damit an der von der Weltgesundheitsorganisation (World Health Organisation – WHO) entwickelten Internationalen Klassifikation der Funktionsfähigkeit, Behinderung und Gesundheit (International Classification of Functioning, Disability and Health – ICF). Diese wurde im Mai 2001 von der Vollversammlung der WHO beschlossen und hat die Internationale Klassifikation der Schädigungen, Fähigkeitsstörungen und Beeinträchtigungen (ICIDH) aus dem Jahre 1980 abgelöst. Diese ging davon aus, dass eine Behinderung vorliegt, wenn eine *Schädigung* (Impairment) festgestellt wird, die mit einer *Fähigkeitsstörung* (Disability) verbunden ist und zu einer *Beeinträchtigung* der allgemeinen Lebensführung (Handicap) führt. Dieses Konzept hatte auch Eingang in den Behindertenbegriff nach § 3 SchwbG gefunden, der vor dem SGB IX die einzige Legaldefinition von Behinderung darstellte. Vor allem die internationalen Verbände behinderter Menschen hatten die ICIDH kritisiert, weil ihr ein Menschenbild zugrunde liege, das in einer Behinderung nur ein Defizit sieht und die vorhandenen Fähigkeiten eines behinderten Menschen ausblendet. Die WHO hat darauf mit dem Diskussionsprozess reagiert, der zur ICF hingeführt hat und der lange Zeit unter dem Arbeitstitel »ICIDH-2« diskutiert wurde. In der ICF steht die Erkenntnis im Mittelpunkt, dass sich eine Behinderung aus einem Zusammenwirken von umwelt- und personenbezogenen Faktoren ergibt. Danach kann eine *Be-*

Systematische Darstellung

einträchtigung der körperlichen Funktionen, der geistigen Fähigkeit oder der seelischen Gesundheit zu einer *Aktivitätseinschränkung* (Beispiel: Einschränkung der Gehfähigkeit) führen, die sich als *Partizipationsstörung* (Teilhabestörung) auswirkt, wenn die Gesellschaft nicht durch entsprechende infrastrukturelle Maßnahmen (z.B. »barrierefreie« Gestaltung der Umwelt), technische Hilfsmittel usw. dafür sorgt, dass die uneingeschränkte Teilhabe am Leben in der Gesellschaft trotz Behinderung möglich ist.

Der Diskussionsprozess zur ICIDH-2/ICF liegt auch der Definition der Behinderung in § 2 SGB IX zugrunde.

Abweichend vom ICF-Konzept sieht § 2 Abs. 1 SGB IX einen Menschen allerdings nur dann als behindert an, wenn die körperliche Funktion, geistige Fähigkeit oder seelische Gesundheit »mit hoher Wahrscheinlichkeit länger als 6 Monate von dem für das Lebensalter typischen Zustand« abweicht. Damit folgt der Gesetzgeber dem bisherigen Konzept in § 3 SchwbG und den Bestimmungen der Eingliederungshilfe-Verordnung nach § 47 BSHG, die in § 4 a.F. eine Behinderung als »nicht nur vorübergehend« i.S.d. § 39 Abs. 1 BSHG bezeichnet, die »mehr als 6 Monate andauert«.

Die Feststellung, ob ein körperlicher, geistiger oder seelischer Zustand alterstypisch ist oder nicht, kann im Einzelfall zahlreiche Zweifelsfragen hervorrufen. Dies gilt insbesondere für den Entwicklungszustand von Kleinkindern und die Beurteilung des Lebenszuschnitts alter Menschen und die Leistungsfähigkeit älterer Beschäftigter *(vgl. Welti, RsDE 49, 40 ff.; ders. SozSich 2001, 146 ff.).*

In welchem Maß die Neudefinition des Begriffs der Behinderung zu einer Veränderung oder Ausweitung des Kreises der leistungsberechtigten Personen führen wird, ist fraglich. Für einzelne Leistungsbereiche ist der Kreis der Anspruchsberechtigten durch zusätzliche Anforderungen eingeschränkt. So stehen z.B. Leistungen der Eingliederungshilfe für behinderte Menschen nur Personen zu, die wesentlich behindert sind (vgl. § 39 Abs. 1 BSHG). Zwar ist die Vorschrift des § 39 BSHG, die den Personenkreis bestimmt, der Leistungen der Eingliederungshilfe beanspruchen kann, mit dem SGB IX neu gefasst worden: Sie bezieht die Definition des Begriffs der Behinderung in § 2 Abs. 1 SGB IX ausdrücklich ein, indem es heißt, dass Personen Eingliederungshilfe zu gewähren ist, »die durch eine Behinderung *i.S. von § 2 Abs. 1 Satz 1 des Neunten Buches Sozialgesetzbuch* wesentlich in ihrer Fähigkeit, an der Gesellschaft teilzuhaben, eingeschränkt oder von einer solchen wesentlichen Behinderung bedroht sind«. Das Festhalten an dem Begriff »wesentlich« macht jedoch deutlich, dass der Gesetzgeber den Kreis der Leistungsberechtigten i.S.d. §§ 39 ff. BSHG nicht erheblich verändern wollte. Die Gesetzesbegründung enthält dazu die Feststellung, dass »in § 39 Abs. 1 BSHG auf den Behindertenbegriff in § 2 des Neunten Buches Sozialgesetzbuch unter Beibehaltung der nach geltendem Recht für die Eingliederungshilfe für behinderte Menschen geltenden Regelungen Bezug genommen wird«. Es ist abzuwarten, ob die Rechtsprechung aus dieser Neudefinition eine Veränderung des Personenkreises ableitet, der Leistungen der Eingliederungshilfe geltend machen kann.

Art. 1 Teil 2 SGB IX enthält darüber hinaus besondere Regelungen zur Teilhabe schwerbehinderter Menschen, die vor allem auf die Eingliederung in das Arbeitsleben und die Gewährung von Nachteilsausgleichen zielen. Gemäß § 68 Abs. 1 SGB IX gelten die Regelungen des Teils 2 nur für »Schwerbehinderte und diesen gleichgestellte behinderte Menschen«. Dabei handelt es sich um Menschen, bei denen »ein Grad der Behinderung von wenigstens 50« vorliegt (§ 2 Abs. 2 SGB IX) oder bei denen ein Grad der Behinderung von wenigstens 30 gegeben ist (§ 2 Abs. 3 SGB IX). Der Gesetzgeber übernimmt damit die Definition des Schwerbehindertengesetzes (SchwbG), das gem. Art. 63 SGB IX im Zeitpunkt des Inkrafttretens des Neunten Buches Sozialgesetzbuch aufgehoben und in Teil 2 des Art. 1 SGB IX integriert worden ist.

6. Leistungsgruppen, Rehabilitationsträger

Die Leistungen zur Teilhabe werden nach § 5 SGB IX in insgesamt vier Leistungsgruppen aufgeteilt:

Systematische Darstellung

- Leistungen zur medizinischen Rehabilitation (Kapitel 4 – §§ 26 ff. SGB IX),
- Leistungen zur Teilhabe am Arbeitsleben (Kapitel 5 – §§ 33 ff. SGB IX),
- unterhaltssichernde und andere ergänzende Leistungen (Kapitel 6 – §§ 44 ff. SGB IX),
- Leistungen zur Teilhabe am Leben in der Gemeinschaft (Kapitel 7 – §§ 55 ff. SGB IX).

Träger der Leistungen zur Teilhabe sind gem. § 6 Abs. 1 SGB IX folgende Rehabilitationsträger:

- die gesetzlichen Krankenkassen,
- die Bundesanstalt für Arbeit,
- die Träger der gesetzlichen Unfallversicherung,
- die Träger der gesetzlichen Rentenversicherung und die Träger der Alterssicherung der Landwirte,
- die Träger der Kriegsopferversorgung und die Träger der Kriegsopferfürsorge im Rahmen des Rechts der sozialen Entschädigung bei Gesundheitsschäden,
- die Träger der öffentlichen Jugendhilfe,
- die Träger der Sozialhilfe.

Während die Träger der gesetzlichen Unfallversicherung und die Träger der Kriegsopferversorgung bzw. die Träger der Kriegsopferfürsorge für alle vier der in § 5 SGB IX aufgeführten Leistungsgruppen sachlich zuständig sind, ergibt sich aus § 6 Abs. 1 SGB IX, dass anderen Rehabilitationsträgern lediglich zwei oder drei der insgesamt vier Leistungsgruppen des § 5 zugeordnet werden. So sind z.B. die gesetzlichen Krankenkassen gem. § 6 Abs. 1 Ziff. 1 SGB IX nur Träger der Leistungen zur medizinischen Rehabilitation und der unterhaltssichernden und anderen ergänzenden Leistungen gem. §§ 44 ff. SGB IX.

Eine weitere Besonderheit folgt daraus, dass Leistungen zur Teilhabe am Leben in der Gemeinschaft nach § 55 Abs. 1 nicht gewährt werden, wenn sie bereits im Rahmen der Leistungen zur medizinischen Rehabilitation, zur Teilhabe am Arbeitsleben oder als unterhaltssichernde und andere ergänzende Leistungen mit erbracht werden.

Systematische Darstellung

Die Begründung der Bundesregierung zum SGB IX – Entwurf (BR-Drucks. 49/01 S. 276 ff.) enthält keinen Hinweis dafür, warum der Gesetzgeber diesen Nachrang der Leistungen zur Teilhabe am Leben in der Gemeinschaft im Verhältnis zu anderen Teilhabeleistungen in § 55 Abs. 1 SGB IX verankert hat. Möglicherweise hat die Überlegung Pate gestanden, dass z.b. Leistungen zur medizinischen Rehabilitation auch dazu beitragen sollen, die Teilhabe am Leben in der Gemeinschaft zu ermöglichen bzw. zu erleichtern. Dies gilt u.a. für die Bestimmung des § 30 Abs. 3 SGB IX, die regelt, dass z.b. die Förderung der sozialen Kompetenz (Ziff. 5) und das Training lebenspraktischer Fähigkeiten (Ziff. 6) Bestandteile der Leistungen zur medizinischen Rehabilitation sind. Da diese Leistungsbestandteile gerade darauf gerichtet sind, die Teilhabe am Leben in der Gemeinschaft zu ermöglichen, überschneiden sie sich teilweise mit den in den §§ 55 ff. SGB IX geregelten Teilhabeleistungen. Zur Vermeidung von Zuständigkeitsstreitigkeiten zwischen den Trägern der einzelnen Leistungsgruppen sollen zunächst die in den Kapiteln vier bis sechs zusammengefassten Leistungen zur Teilhabe in Anspruch genommen werden, bevor Leistungen zur Teilhabe am Leben in der Gemeinschaft nach Maßgabe der §§ 55 ff. SGB IX geltend gemacht werden können.

Soweit Leistungen zur Teilhabe am Leben in der Gemeinschaft vom Träger der gesetzlichen Unfallversicherung oder von den Trägern der Kriegsopferversorgung bzw. der Kriegsopferfürsorge erbracht werden, dürften sich aus der Vorschrift des § 55 Abs. 1 letzter Halbsatz kaum praktische Probleme ergeben, da die genannten Träger für alle Teilhabeleistungen (Leistungsgruppen) des SGB IX sachlich zuständig sind. Sie gewähren gewissermaßen »Leistungen aus einer Hand« und können selbst Vorkehrungen treffen, wie sie mit den im SGB IX angelegten Leistungsüberschneidungen umgehen und ob sie bestimmte Leistungsbestandteile den Leistungen zu medizinischen Rehabilitationen oder den Leistungen zur Teilhabe am Leben in der Gemeinschaft zuordnen. Diese Zuordnung darf allerdings nicht zu Leistungskürzungen führen, denn ein Leistungsberechtigter, der die Voraussetzungen für eine Leistungsgewährung nach den §§ 55 ff. SGB IX erfüllt, hat grundsätzlich das Recht, die Leistungen zur Teilhabe am

Systematische Darstellung

Leben in der Gemeinschaft ohne Einschränkungen geltend zu machen.

Soweit der Träger der Sozialhilfe gem. § 6 Abs. 1 Ziff. 7 SGB IX Leistungen zur Teilhabe am Leben in der Gemeinschaft gewähren soll, ergeben sich aus § 55 Abs. 1 letzter Halbsatz SGB IX ebenfalls keine Veränderungen für die Rechtspraxis: Der Nachranggrundsatz der Sozialhilfe (§ 2 Abs. 1 BSHG) ist durch das SGB IX nicht aufgehoben worden, sondern gilt unverändert fort (vgl. dazu auch unter Ziffer 7), d.h. der Sozialhilfeträger gewährt keine Leistung zur Teilhabe, wenn der Hilfesuchende »die erforderliche Hilfe von Trägern anderer Sozialleistungen erhält«. Insoweit kann sich der Sozialhilfeträger – unabhängig von der Regelung des § 55 Abs. 1 letzter Halbsatz SGB IX – ohnehin darauf berufen, dass bei Überschneidungen zwischen einzelnen Leistungsgruppen des § 5 SGB IX vorrangig die in den Kapiteln 4-6 SGB IX geregelten Leistungen gegenüber den jeweils sachlich zuständigen Rehabilitationsträgern geltend zu machen sind, bevor der Sozialhilfeträger nach Maßgabe der §§ 6 Abs. 1 Ziff. 7, 55 ff. leistungspflichtig ist.

Dennoch wird abzuwarten sein, wie sich die Fortgeltung des Nachranggrundsatzes der Sozialhilfe auf die einzelnen Leistungsbereiche des SGB IX auswirkt. Nicht auszuschließen ist, dass einige Sozialhilfeträger in Zukunft die Erbringung von Teilhabeleistungen verweigern werden, wenn sie im SGB IX Ansatzpunkte dafür erkennen, dass der Leistungsrahmen für die einzelnen Leistungsgruppen (§ 5 SGB IX) im Vergleich zu dem vor Inkrafttreten des Neunten Buches Sozialgesetzbuch geltenden Recht erweitert worden ist.

Erste Hinweise für derartige Auseinandersetzungen ergeben sich im Hinblick auf die Auslegung des § 26 SGB IX, der in Abs. 2 Ziff. 2 die »Früherkennung und Frühförderung behinderter und von Behinderung bedrohter Kinder« den Leistungen zur medizinischen Rehabilitation zuordnet, obwohl wesentliche Anteile der Frühförderung bisher in einigen Bundesländern als »heilpädagogische Maßnahmen für Kinder, die noch nicht im schulpflichtigen Alter sind« (vgl. § 40 Abs. 1 Ziff. 2 a BSHG a.F.), überwiegend vom Träger der Sozialhilfe finanziert wurden.

Systematische Darstellung

7. Vorbehalt abweichender Regelungen

Zu den zentralen Regelungen des SGB IX zählt § 7. Mit dieser Bestimmung versucht der Gesetzgeber, zwei an sich gegeneinander wirkende Ordnungsprinzipien so aufeinander abzustimmen, dass ein für Leistungsträger, Leistungserbringer und Leistungsberechtigte überschaubares und handhabbares Gesetz entsteht: Zum einen soll das SGB IX einen wichtigen Beitrag dazu leisten, das bislang zersplitterte Rehabilitationsrecht zu vereinheitlichen und so zu strukturieren, dass die Rehabilitationsträger möglichst nahtlos zusammenarbeiten und den ihrer Zuständigkeit zugeordneten Anteil an Rehabilitation und Hilfe zur Teilhabe am Leben in der Gemeinschaft nicht isoliert betrachten.

Zum anderen hält das SGB IX jedoch am gegliederten System der sozialen Sicherung fest, indem es die Selbstständigkeit der einzelnen Rehabilitationsträger betont und den speziell auf sie zugeschnittenen Leistungsgesetzen weiterhin Geltung verschafft. Dementsprechend heißt es in § 4 Abs. 2 SGB IX, dass »die Leistungen zur Teilhabe ... nach Maßgabe« des SGB IX »*und* der für die zuständigen Leistungsträger geltenden besonderen Vorschriften *neben anderen* Sozialleistungen erbracht werden«. Außerdem ist in § 5 Abs. 2 SGB IX geregelt, dass die Rehabilitationsträger »ihre Aufgaben selbstständig und eigenverantwortlich wahrnehmen«.

Während das RehaAnglG sich weitgehend damit begnügt hat, Grundsätze für eine verbesserte Zusammenarbeit der Rehabilitationsträger zu formulieren und die besonderen Leistungsgesetze im Wesentlichen nicht verändert hat, schreibt § 7 SGB IX vor, dass »die Vorschriften dieses Buches für die Leistungen zur Teilhabe gelten, soweit sich aus den für die jeweiligen Rehabilitationsträger geltenden Leistungsgesetze nichts Abweichendes ergibt«. Die unmittelbare Anwendung der Regelungen des SGB IX ist damit für alle Rehabilitationsträger verbindlich als *Regelfall* vorgeschrieben. Nur *ausnahmsweise* kann der Rehabilitationsträger auf Sonderregelungen in dem für ihn geltenden besonderen Leistungsgesetz zurückgreifen. Er muss dartun, dass eine abweichende Sonderregelung besteht. Andernfalls gelten die für mehrere Rehabilitationsträger vereinheitlichten Regelungen des SGB IX.

Systematische Darstellung

So müssen seit dem Inkrafttreten des SGB IX alle Rehabilitationsträger mangels abweichender Regelung in den für sie geltenden Leistungsgesetzen § 14 SGB IX anwenden, der vorgibt, dass innerhalb von zwei Wochen nach Eingang eines Antrags beim Rehabilitationsträger geklärt werden muss, ob dieser für die Leistung zuständig ist (s. unten Ziff. 11).

Andererseits regelt § 7 Satz 2 SGB IX, dass sich »die Zuständigkeit und die Voraussetzungen für die Leistungen zur Teilhabe nach dem für den jeweiligen Rehabilitationsträger geltenden Leistungsgesetzen richten«. So kann »beispielsweise Leistungen der gesetzlichen Krankenversicherung grundsätzlich nur erwarten, wer dort *versichert* ist« (Gemeinsames Rundschreiben der Spitzenverbände der Krankenkassen zu den Auswirkungen des Sozialgesetzbuchs Neuntes Buch in der gesetzlichen Krankenversicherung vom 18.6.2001, Anm. 1 zu § 7 SGB IX). Der Sozialhilfeträger wiederum kann sich darauf berufen, dass er nur zur Leistung verpflichtet ist, wenn sich der Hilfesuchende nicht selbst helfen kann oder kein anderer Rehabilitationsträger vorrangig zur Leistung verpflichtet ist (§ 2 Abs. 1 BSHG).

Um die Durchschlagskraft des SGB IX zu erhöhen, hat der Gesetzgeber allerdings nicht nur in § 7 Satz 1 bestimmt, dass die Vorschriften des Neunten Buches in der Regel unmittelbar und originär zur Anwendung kommen. Er hat darüber hinaus in einzelnen Leistungsgesetzen abweichende Bestimmungen, die einer Vereinheitlichung des Rehabilitationsrechts entgegenstanden, beseitigt. Entsprechende Vorschriften sind in den Art. 2-55 SGB IX, die zahlreiche Sozialgesetze ändern, enthalten. Eine genaue Analyse zeigt jedoch, dass der Gesetzgeber unterschiedlich vorgegangen ist. So ist z.B. mit Art. 5 Nr. 6 SGB IX die für die Träger der gesetzlichen Krankenversicherung maßgebende Vorschrift des § 11 Abs. 2 SGB V so geändert worden, dass Leistungen zur medizinischen Rehabilitation sowie unterhaltsichernde und andere ergänzende Leistungen »*unter Beachtung* des Neunten Buches erbracht werden, soweit in diesem Buch (Anmerkung: SGB V) nichts anderes bestimmt ist«.

Demgegenüber gilt für den Träger der gesetzlichen Rentenversicherung aufgrund der Neuregelung in Art. 6 Nr. 13 SGB IX, dass

Systematische Darstellung

dieser Leistungen zur medizinischen Rehabilitation uneingeschränkt »nach den §§ 26-31 des Neunten Buches, *ausgenommen* Leistungen nach § 26 Abs. 2 Nr. 2 und 30 des Neunten Buches (Anmerkung: Früherkennung und Frühförderung Behinderter und von Behinderung bedrohter Kinder) erbringt«.

Es ist also juristische Detailarbeit notwendig, um festzustellen, ob die Bestimmungen des Sozialgesetzbuchs Neuntes Buch oder die Sonderregelungen der einzelnen Leistungsgesetze Anwendung finden. Unklarheiten müssen möglicherweise gerichtlich geklärt werden. Dabei kann nicht nur die Regelung des § 14 SGB IX (Zuständigkeitsklärung) zur Beschleunigung der verfahrensrechtlichen Schritte, die vor Einleitung eines Gerichtsverfahrens notwendig sind, beitragen (siehe unten Ziff. 11), sondern auch das mit dem SGB IX neu eingeführte *Verbandsklagerecht* (§ 63 SGB IX). Bislang sind Rechtsstreitigkeiten, die Rehabilitations- und Teilhabeleistungen betreffen, relativ selten vor Gericht ausgetragen worden, u.a. deshalb, weil es den betroffenen behinderten Menschen häufig nicht gelungen ist, ihre Ansprüche rechtzeitig gegenüber dem Rehabilitationsträger geltend zu machen.

Verbände, die nach ihrer Satzung behinderte Menschen auf Bundes- oder Landesebene vertreten, können künftig unter den in § 63 SGB IX genannten Voraussetzungen an Stelle der behinderten Menschen, die in ihren Rechten nach dem SGB IX verletzt sind, Klage vor dem jeweils zuständigen Gericht erheben (siehe unten Ziff. 17). Dies kann nicht nur dazu beitragen, die an sich zur Klage befugten Menschen zu entlasten, sondern auch bewirken, dass die Zahl der Klagen in Verfahren, die das SGB IX betreffen, erheblich zunimmt.

8. Vorrang von Leistungen zur Teilhabe

8.1 Erfolgsaussicht von Teilhabeleistungen

Selbstbestimmung und gleichberechtigter Teilhabe am Leben in der Gesellschaft kommen nach dem Willen des Gesetzgebers oberste Priorität zu. Wer behindert oder von einer Behinderung

Systematische Darstellung

bedroht ist, soll von den Rehabilitationsträgern so gestellt werden, dass er möglichst uneingeschränkt am allgemeinen gesellschaftlichen Leben teilnehmen kann. Für die einzelnen Lebensphasen eines Menschen bedeutet dies, dass dieser als Kind und Jugendlicher die Möglichkeit erhalten soll, Kindergarten und Schule zu besuchen und eine berufliche Ausbildung zu absolvieren. Das SGB IX betont in diesem Zusammenhang, dass »Leistungen für behinderte oder von Behinderung bedrohte Kinder so geplant und gestaltet werden, dass nach Möglichkeit Kinder nicht von ihrem sozialen Umfeld getrennt und gemeinsam mit nichtbehinderten Kindern betreut werden können« (§ 4 Abs. 3 Satz 1 SGB IX).

Für erwachsene Menschen heißt Teilhabe insbesondere, am allgemeinen Arbeitsmarkt einen Beruf ausüben oder einer sonstigen Beschäftigung gegen Entgelt nachgehen zu können. Für alte Menschen schließlich steht im Rentenalter vor allem der uneingeschränkte Zugang zum sozialen und kulturellen Geschehen im Vordergrund des Lebensalltags.

Die Rehabilitationsträger werden deshalb in § 8 Abs. 1 verpflichtet, in jedem Fall, in dem Sozialleistungen erbracht oder beantragt werden, zu prüfen, ob unabhängig von der Entscheidung über die konkret begehrte bzw. durchgeführte Sozialleistung »Leistungen zur Teilhabe voraussichtlich erfolgreich sind«. Damit soll sichergestellt werden, dass niemand von Teilhabeleistungen abgeschnitten wird. Das SGB IX ist ein »offenes System«, das alle Menschen, die Hilfe zur Teilhabe benötigen, erreichen (vgl. dazu auch die Aufgabenstellung für die gemeinsamen Servicestellen nach § 22 SGB IX) und rechtzeitig die notwendigen Weichenstellungen für die im Einzelfall erforderlichen Teilhabeleistungen vornehmen will.

Stellt ein Rehabilitationsträger bei einer Prüfung nach § 8 Abs. 1 fest, dass es angezeigt ist, Leistungen zur Teilhabe zu gewähren, gelten für die Leistungen zur Teilhabe die Vorschriften des SGB IX nach Maßgabe des Vorbehalts abweichender Regelungen (§ 7 SGB IX – siehe oben Ziff. 7). Trotz des von § 8 Abs. 1 SGB IX ausgehenden Impulses, möglichst vielen behinderten oder von Be-

Systematische Darstellung

hinderung bedrohten Menschen die Teilhabe am gesellschaftlichen Leben zu sichern, sollen Teilhabeleistungen niemandem aufgezwungen werden. Das neu gefasste Rehabilitationsrecht geht von einem mündigen Bürger aus, der sein Leben selbst bestimmt und schreibt deshalb in § 9 Abs. 4 SGB IX vor, dass »die Leistungen zur Teilhabe der Zustimmung der Leistungsberechtigten bedürfen«.

8.2 Rehabilitation vor Rente

Rentenleistungen wegen Erwerbsminderung sind für viele behinderte Menschen unverzichtbar. Sie gehen von der Grundannahme aus, dass eine Person, die diese Rente beantragt oder erhält, wegen einer Krankheit bzw. Behinderung nicht (mehr) in der Lage ist, die zur Sicherung der Existenz erforderlichen finanziellen Mittel durch den Einsatz der eigenen Arbeitskraft in ausreichendem Maß zu erwirtschaften. Teilhabe am allgemeinen gesellschaftlichen Leben bedeutet aber gerade für die Personen, die sich im erwerbsfähigen Alter befinden, Teilnahme am Arbeitsleben. Deshalb verpflichtet § 8 Abs. 2 SGB IX alle Rehabilitationsträger, nicht nur bei einer Beantragung von Rentenleistungen, sondern auch während des Bezugs einer Rente immer zu prüfen, ob Rentenzahlungen nicht vermieden oder auf einen späteren Zeitpunkt verschoben werden können, indem der behinderte bzw. von einer Behinderung bedrohte Antragsteller bzw. Bezugsberechtigte Leistungen zur Teilhabe erhält. Die Vorrangregelung des § 8 Abs. 2 SGB IX gilt auch dann, wenn die Leistung zur Teilhabe wie die Rentenzahlung eine Geldleistung ist, z.B. eine ergänzende Leistung i.S.d. § 44 Abs. 1 Ziff. 1 SGB IX (Krankengeld, Übergangsgeld usw.).

8.3 Rehabilitation vor Pflege

Pflegeleistungen werden in aller Regel gewährt, wenn für die gewöhnlichen und regelmäßig wiederkehrenden Verrichtungen im Ablauf des täglichen Lebens *auf Dauer, voraussichtlich für mindestens 6 Monate*, Hilfe benötigt wird (vgl. § 14 Abs. 1 SGB XI, § 68 Abs. 1 BSHG). Das Kriterium der Dauerhaftigkeit des Bedarfs zeigt, dass Sozialleistungen, die auf Pflege ausgerichtet sind,

Systematische Darstellung

einsetzen sollen, wenn sich eine Krankheit oder eine Behinderung so verfestigt hat, dass eine Gesundung bzw. Beseitigung der Behinderung auf absehbare Zeit nicht zu erwarten ist. Demgegenüber zielen Teilhabeleistungen auf Abwendung, Beseitigung oder Minderung einer Behinderung (vgl. § 4 Abs. 1 Ziff. 1 SGB IX) und können gerade dazu beitragen, Pflegeleistungen überflüssig zu machen oder zu begrenzen. Deshalb verpflichtet § 8 Abs. 3 SGB IX zur Prüfung, ob durch Leistungen zur Teilhabe Pflegebedürftigkeit vermieden, überwunden, gemindert oder eine Verschlimmerung der Pflegebedürftigkeit verhütet werden kann.

Häufig wird ein unmittelbarer Rehabilitationsbedarf nicht von einem Rehabilitationsträger, sondern von einem anderen Sozialleistungsträger ermittelt. Im Regelfall sind es die Pflegekassen bzw. die in ihrem Auftrag tätigen Medizinischen Dienste der Krankenversicherung (vgl. § 18 SGB XI), die durch die Kontaktaufnahme zu einem pflegebedürftigen Menschen feststellen, ob Maßnahmen zur Teilhabe notwendig und sinnvoll sind. § 32 SGB XI ist deshalb durch Art. 10 Nr. 14 SGB IX so gefasst worden, dass »die Pflegekasse vorläufige Leistungen zur medizinischen Rehabilitation erbringt, wenn eine sofortige Leistungserbringung erforderlich ist, um eine unmittelbar drohende Pflegebedürftigkeit zu vermeiden, eine bestehende Pflegebedürftigkeit zu überwinden, zu mindern oder eine Verschlimmerung der Pflegebedürftigkeit zu verhüten und sonst die sofortige Einleitung der Leistungen gefährdet wäre«.

9. Wunsch- und Wahlrecht der Leistungsberechtigten

9.1 Wunschrecht

Ausweislich der Überschrift zu § 9 SGB IX unterscheidet das SGB IX zwischen Wunsch- und Wahlrechten. Aus dem allgemeinen Teil der Begründung des Regierungsentwurfs zum SGB IX ergibt sich, dass es sich dabei im Vergleich zu dem bis zum 30.6.2001 geltenden Rehabilitationsrecht um »*erweiterte* Wunsch- und Wahlrechte« handeln soll (BR-Drucks. 49/01 S. 283 unter Ziff. 4).

Systematische Darstellung

9.1.1 Leistungsberechtigung

Gem. § 9 Abs. 1 wird »bei der *Entscheidung über die Leistungen* und bei der *Ausführung der Leistungen zur Teilhabe* berechtigten Wünschen der *Leistungsberechtigten* entsprochen«. Die Ausübung des Wunschrechts setzt also voraus, dass eine Leistungsberechtigung vorliegt.

Ein behinderter oder von Behinderung bedrohter Mensch ist leistungsberechtigt i.S.d. Vorschriften des SGB IX, wenn er einen Rechtsanspruch auf Leistungen zur Teilhabe hat. Das SGB IX fasst auf der Grundlage der in § 5 SGB IX genannten Leistungsgruppen in den Kapiteln vier – sieben (§§ 26-59 SGB IX) eine Vielzahl von – zum Teil sehr detailliert ausgestalteten – Leistungsansprüchen zusammen. Ob diese Leistungen im konkreten Einzelfall von einem Hilfesuchenden gegenüber einem bestimmten Rehabilitationsträger (Leistungsträger) geltend gemacht werden können, richtet sich gem. § 4 Abs. 2, § 7 nach den Rechtsvorschriften des SGB IX *und* den für den jeweiligen Rehabilitationsträger geltenden Leistungsgesetzen. Wie ausgeführt (siehe oben Ziff. 7), ist in einem ersten Schritt festzustellen, ob die Voraussetzungen für die Leistungen nach dem für den Rehabilitationsträger maßgebenden Leistungsgesetz vorliegen (§ 7 Satz 2 SGB IX). Ist dies der Fall, ist in einem zweiten Schritt zu prüfen, ob die übrigen Tatbestandsmerkmale der für den behinderten bzw. Behinderung bedrohten Menschen in Betracht kommenden Anspruchsgrundlage erfüllt sind. Dabei gilt der Grundsatz, dass die Vorschriften des SGB IX für die Leistungen zur Teilhabe gemäß § 7 Satz 1 SGB IX unmittelbar Anwendung finden, »soweit sich aus den für den jeweiligen Rehabilitationsträger geltenden Leistungsgesetzen *nichts Abweichendes* ergibt«. Zu beachten ist insbesondere, dass Leistungen der Rehabilitation in der Kranken- und Rentenversicherung nach dem Wortlaut des § 40 SGB V und des § 13 SGB VI in das Ermessen der Träger gestellt sind. Versicherte haben danach keinen Rechtsanspruch auf die Leistung, es besteht aber ein Anspruch auf pflichtgemäße Ermessensausübung (§ 39 Abs. 1 SGB I). Diese Ermessensausübung kann im Einzelfall dazu führen, dass der geltend gemachte Anspruch auf Leistung zur Teilhabe abgelehnt wird. Beruht diese Entscheidung auf einer

Systematische Darstellung

pflichtgemäßen Ermessensausübung, kommt das Wunschrecht nach § 9 Abs. 1 Satz 1 SGB IX nicht zum Tragen, weil der Hilfesuchende nicht *leistungsberechtigt* ist.

9.1.2 Wunschrecht bezüglich der Auswahl der Leistungen

Liegt eine Leistungsberechtigung vor, muss der Rehabilitationsträger *entscheiden*, welche Leistung er gewährt. Dabei ist gem. § 9 Abs. 1 Satz 1 SGB IX berechtigten Wünschen des Leistungsberechtigten zu entsprechen. Die Entscheidung kann sich zunächst auf die *Auswahl der Leistungen* erstrecken. Dabei ist zu berücksichtigen, dass die Leistungen zur Teilhabe in den einzelnen Leistungsgruppen zum Teil nicht abschließend geregelt sind. So benennt § 55 Abs. 2 SGB IX zwar einige Leistungen zur Teilhabe am Leben in der Gemeinschaft. Da es jedoch im Einleitungssatz dieses Absatzes heißt,»Leistungen ... *sind insbesondere* ...«, kann der Katalog der Teilhabeleistungen des § 55 erweitert werden. Bei dieser Auswahlentscheidung können die Leistungsberechtigten gem. § 9 Abs. 1 Satz 1 SGB IX Wünsche äußern.

Beispiel: Ein Leistungsberechtigter möchte trotz einer mehrfachen Behinderung selbstbestimmt wohnen und benötigt dazu Hilfen, die ihm eine eigenständige Lebensführung ermöglichen. Will er das selbstständige Wohnen in einer betreuten Wohngruppe verwirklichen, sieht § 55 Abs. 2 Ziff. 6 SGB IX dazu»Hilfen zu selbstbestimmtem Leben in betreuten Wohnmöglichkeiten« vor.

Will der Hilfesuchende nicht in einer Wohngruppe betreut werden, sondern weiterhin mit seinen Angehörigen zusammenleben, benötigt er möglicherweise in erster Linie familienentlastende Hilfen, um die Kenntnisse und Fähigkeiten zu erlangen, die erforderlich sind, um sich selbstständig versorgen zu können (vgl. dazu § 19 Abs. 2 SGB IX).

Der Rehabilitationsträger muss dem vom Leistungsberechtigten geäußerten Wunsch auf Hilfe zu selbstbestimmtem Leben durch Inanspruchnahme familienentlastender Dienste entsprechen, wenn der Wunsch »berechtigt« ist. Dieses Tatbestandsmerkmal ist gem. § 9 Abs. 1 Satz 2 SGB IX vor allem dann erfüllt, wenn sich der Wunsch insbesondere auf die »persönliche Lebenssituation,

Systematische Darstellung

das Alter, das Geschlecht, die Familie sowie die religiösen und weltanschaulichen Bedürfnisse der Leistungsberechtigten« stützen lässt.

Letztlich hängt die Auswahlentscheidung gem. § 7 Satz 1 SGB IX allerdings davon ab, ob sie sich auf das für den jeweiligen Rehabilitationsträger geltenden Leistungsgesetz stützen lässt.

Macht der Leistungsberechtigte z.b. seinen Anspruch auf Hilfe zu selbstbestimmtem Leben in betreuten Wohnmöglichkeiten gem. § 40 Abs. 1 Ziff. 8 BSHG i.V.m. § 55 Abs. 2 Ziff. 6 SGB IX (vgl. Art. 15 Nr. 9 SGB IX) gegenüber dem Träger der Sozialhilfe als Rehabilitationsträger i.S.d. § 6 Abs. 1 Ziff. 7 SGB geltend, hat dieser das Recht zu prüfen, ob der vom Hilfeempfänger geäußerte Wunsch, Hilfe zu selbstbestimmtem Leben in einer betreuten Wohngruppe zu erhalten, »angemessen« i.S.d. § 3 Abs. 1 BSHG ist. Dabei gilt gem. § 3a Satz 2 BSHG die Besonderheit, dass ein Anspruch auf offene Hilfe in einer betreuten Wohnform außerhalb von Anstalten, Heimen oder gleichartigen Einrichtungen nicht besteht, »wenn eine geeignete stationäre Hilfe zumutbar und eine ambulante Hilfe mit unverhältnismäßigen Mehrkosten verbunden ist«.

Soweit der Sozialhilfeträger die Vorschrift des § 3a Satz 2 BSHG als Rehabilitationsträger anwendet, muss er allerdings seine zentrale Aufgabenstellung gem. § 1 SGB IX beachten, die Selbstbestimmung und gleichberechtigte Teilhabe des Hilfesuchenden am Leben in der Gesellschaft fördern. Insofern besteht zwischen den Vorschriften des Art. 1 Teil 1 SGB IX und den Bestimmungen der besonderen Leistungsgesetze eine Wechselwirkung. Insbesondere bei der Auslegung und Anwendung unbestimmter Rechtsbegriffe in den Leistungsgesetzen (z.B. »angemessene« Wünsche des Hilfeempfängers i.S.d. § 3 Abs. 2 Satz 1 BSHG) können sich Veränderungen in der Rechtsanwendung ergeben, weil diese Rechtsbegriffe auch im Lichte des SGB IX auszulegen sind.

9.1.3 Wunschrecht bezüglich der Ausführung der Leistungen

Das Wunschrecht nach § 9 Abs. 1 Satz 1 SGB IX bezieht sich auch auf die »Ausführung der Leistungen zur Teilhabe«. In der Praxis

Systematische Darstellung

möchte der Leistungsberechtigte vor allem die Entscheidung beeinflussen, über welche Leistungserbringer (Rehabilitationsdienste, Rehabilitationseinrichtungen) die Leistung ausgeführt wird. Diese Entscheidung zur Leistungsausführung wiederum ist eng verknüpft mit der Bestimmung des Leistungsorts, denn Dienste und Einrichtungen der Rehabilitation sind nicht überall und in gleicher Qualität vorhanden.

Äußert der Leistungsberechtigte Wünsche, die sich auf die Ausführung der Leistungen beziehen, ist zunächst zu berücksichtigen, dass die Ausführung von Leistungen zur Teilhabe im Einzelnen in Kapitel 2 des Art. 1 Teil 1 SGB IX (§§ 17 ff. SGB) geregelt ist. Nach § 17 Abs. 1 SGB IX kann der zuständige Rehabilitationsträger Leistungen zur Teilhabe allein oder gemeinsam mit anderen Leistungsträgern, durch andere Leistungsträger, unter Inanspruchnahme von geeigneten, insbesondere auch freien und gemeinnützigen oder privaten Rehabilitationsdiensten und -einrichtungen, oder durch ein persönliches Budget (siehe dazu unten Ziff. 9.2) ausführen. Entscheidet er sich dafür, Rehabilitationsdienste und Einrichtungen freier und gemeinnütziger oder privater Träger in Anspruch zu nehmen, erfolgt gem. § 19 Abs. 4 »die Auswahl danach, welcher Dienst oder welche Einrichtung die Leistung in der am besten geeigneten Form ausführt«.

Das auf die Ausführung von Leistungen zur Teilhabe gerichtete Wunschrecht des Leistungsberechtigten wird aufgrund dieser Vorschrift erheblich relativiert. Es erfährt auch dadurch eine Eingrenzung, dass das für den jeweiligen Rehabilitationsträger geltende Leistungsrecht in Betracht zu ziehen ist (§ 7 Satz 1 SGB IX). Für den Rentenversicherungsträger gilt z.B. die Besonderheit, dass Art, Dauer, Beginn und Durchführung der Leistungen gem. § 13 Abs. 1 SGB VI in seinem Ermessen stehen. Im Übrigen ergibt sich aus den für die Rehabilitationsträger geltenden Leistungsgesetzen, dass Leistungen nur von Diensten und Einrichtungen erbracht werden dürfen, mit denen der Rehabilitationsträger einen Vertrag abgeschlossen hat (vgl. z.B. §§ 93 ff. BSHG; siehe auch § 21 SGB IX).

Das Wunschrecht nach § 9 Abs. 1 Satz 1 SGB IX unterliegt also erheblichen Einschränkungen. Es darf jedoch durch eine extensive

Systematische Darstellung

Anwendung insbesondere der §§ 17 Abs. 1, 19 Abs. 4 Satz 1 SGB IX bzw. der besonderen Leistungsgesetze nicht so ausgehöhlt werden, dass es ins Leere läuft und das Ziel gefährdet wird, Selbstbestimmung und Teilhabe am Leben in der Gesellschaft zu fördern (§ 1 SGB IX).

Ein wichtiges Kriterium für die Berücksichtigung der Wünsche der Leistungsberechtigten ist die Dauer der Teilhabeleistungen. Es macht aus der Sicht des Leistungsberechtigten einen erheblichen Unterschied, ob zur Minderung seiner Behinderung oder zur Verhütung einer Verschlimmerung der Behinderung z.B. eine 3-wöchige stationäre Kur erforderlich ist oder ob die Entscheidung ansteht, einen jungen Menschen mit schwerer geistiger und körperlicher Behinderung für mehrere Jahre in einer besonderen Rehabilitationseinrichtung, die weit vom Elternhaus entfernt ist, unterzubringen.

Hier gilt der Grundsatz, dass geäußerte Wünsche des Hilfeempfängers in ganz besonderem Maß Beachtung verdienen, wenn mit der Erbringung von Teilhabeleistungen gravierende Veränderungen des Lebensalltags eines behinderten Menschen verbunden sind.

Die in § 1 SGB IX umschriebenen Zielsetzungen für Rehabilitation und Teilhabe erfordern auf Seiten der Rehabilitationsträger ein hohes Maß an Flexibilität. Die Selbstbestimmung des behinderten oder von Behinderung bedrohten Menschen und seine möglichst uneingeschränkte Teilhabe am gesellschaftlichen Leben sind die obersten Gebote des Rehabilitationsgeschehens. Dementsprechend hat der Gesetzgeber in § 18 SGB IX festgeschrieben, dass Sachleistungen auch im Ausland erbracht und z.B. Leistungen zur Teilhabe am Arbeitsleben im grenznahen Ausland ausgeführt werden können.

9.2 Wahlrecht, Persönliches Budget

Das Sozialgesetzbuch Neuntes Buch gewährt Leistungsberechtigten erstmals ein Wahlrecht zwischen Sach- und Geldleistungen. Gem. § 9 Abs. 2 SGB IX können Sachleistungen zur Teilhabe, die nicht in Rehabilitationseinrichtungen auszuführen sind, also z.B.

Systematische Darstellung

durch ambulante Dienste erbracht werden, *auf Antrag* der Leistungsberechtigten als Geldleistung erbracht werden, wenn die Leistungen hierdurch voraussichtlich bei gleicher Wirksamkeit wirtschaftlich zumindest gleichwertig ausgeführt werden können.

Eine extensive Anwendung des Sachleistungsgrundsatzes, der vor allem das Sozialversicherungsrecht prägt, kann dazu führen, dass ein Hilfesuchender zwar die für ihn notwendige Leistung in qualitativ hochwertiger Form erhält, dafür aber einschneidende Veränderungen seiner individuellen Lebensführung in Kauf nehmen muss. Im Einzelfall kann dies die Zielsetzung des § 1 SGB IX konterkarieren, die Selbstbestimmung behinderter und von Behinderung bedrohter Menschen zu fördern. Es ist deshalb insbesondere von den Verbänden und Selbsthilfegruppen behinderter Menschen gefordert worden, Leistungen zur Teilhabe vermehrt auf der Grundlage des Geldleistungsprinzips zu gewähren, weil der Hilfesuchende mit der Wahl der Geldleistung Einfluss auf die konkrete Ausgestaltung der Hilfe nehmen kann.

Damit das Wahlrecht gem. § 9 Abs. 2 Satz 1 SGB IX auch in der Praxis zur Anwendung kommen kann, sind die für die gesetzliche Krankenversicherung maßgebenden Vorschriften der §§ 2 Abs. 2 und 13 Abs. 3 SGB V so verändert worden, dass die Krankenkasse an Stelle der Sach- oder Dienstleistung auch die Kosten erstatten darf, die entstehen, wenn der Leistungsberechtigte gem. § 9 Abs. 2 Satz 1 SGB IX statt der Sach- die Geldleistung wählt.

Eine Geldleistung ist auch das in § 17 Abs. 1 Ziff. 4 SGB IX vorgesehene persönliche Budget das in der sozialpolitischen Diskussion zur Reform des Behindertenrechts eine große Rolle spielt *(vgl. dazu die Beiträge in: Bundesvereinigung Lebenshilfe für Menschen mit geistiger Behinderung (u.a.) (Hrsg.), Paradigmenwechsel in der Behindertenhilfe, Freiburg i.Br. 2001)*. Persönlichen Budgets liegt der Gedanke zugrunde, Menschen in die Lage zu versetzen, weitgehend über die für sie erforderlichen Leistungen selbst zu entscheiden. Um der Befürchtung entgegenzutreten, dass die von den Rehabilitationsträgern gewährten »Budgets dazu missbraucht werden, qualitativ hochwertige und damit teure Leistungsangebote vom Markt zu verdrängen, schreibt § 17 Abs. 2

SGB IX vor, persönliche Budgets so zu bemessen, »dass eine Deckung des festgestellten Bedarfs unter Beachtung der Grundsätze der Wirtschaftlichkeit und Sparsamkeit möglich ist«.

Da es in Deutschland bislang weitgehend an Erfahrungen mit persönlichen Budgets fehlt, sollen diese gem. § 17 Abs. 3 SGB IX von den Rehabilitationsträgern zunächst durch Modellvorhaben erprobt werden.

9.3 Sicherung des Wunsch- und Wahlrechts

Sowohl für das Wunschrecht nach § 9 Abs. 1 SGB IX als auch das Wahlrecht nach § 9 Abs. 2 SGB IX gilt, dass der Rehabilitationsträger, der einem geäußerten Wunsch nicht nachkommen bzw. trotz der vom Leistungsberechtigten beantragten Geldleistung an der Gewährung von Sachleistungen festhalten will, seine Ablehnung durch *Bescheid* begründen muss. Die betroffenen Leistungsberechtigten erhalten auf diese Weise Gelegenheit, im Verwaltungsverfahren überprüfen zu lassen, ob die Entscheidung rechtmäßig war.

10. Zusammenarbeit der Rehabilitationsträger

Die mit dem SGB IX bezweckte Harmonisierung des Rehabilitationsrechts setzt voraus, dass die Zusammenarbeit der Rehabilitationsträger verbessert wird. Gem. § 12 Abs. 1 SGB IX sind alle Rehabilitationsträger gemeinsam dafür verantwortlich, dass die im Einzelfall erforderlichen Leistungen zur Teilhabe nahtlos und zügig erbracht werden, Abgrenzungsfragen einvernehmlich geklärt, Begutachtungen möglichst nach einheitlichen Grundsätzen durchgeführt werden usw.

Das wirksamste Mittel zur Verbesserung der Zusammenarbeit der Rehabilitationsträger wäre die im SGB IX verankerte Verpflichtung, die Zusammenarbeit im Wege von Vereinbarungen vertraglich zu regeln und für alle Rehabilitationsträger verbindlich vorzuschreiben, welche Gegenstände der Zusammenarbeit vereinbart werden müssen. Das SGB IX begnügt sich stattdessen damit,

Systematische Darstellung

die Rehabilitationsträger zu *gemeinsamen Empfehlungen* zu verpflichten (§ 13 SGB IX). Es beschränkt sich außerdem darauf, den gesetzlichen Krankenkassen, der Bundesanstalt für Arbeit, den Trägern der gesetzlichen Unfallversicherung, den Trägern der gesetzlichen Rentenversicherung sowie den Trägern der Alterssicherung der Landwirte und den Trägern der Kriegsopferversorgung bzw. -fürsorge vorzugeben, gemeinsame Empfehlungen zu vereinbaren. Zwar sollen die Träger der Sozialhilfe und der öffentlichen Jugendhilfe über ihre Spitzenverbände an der Vorbereitung der gemeinsamen Empfehlungen beteiligt werden (§ 13 Abs. 5 SGB IX); letztlich stellt der Gesetzgeber aber den Beitritt zu den vereinbarten gemeinsamen Empfehlungen in das Ermessen der Sozialhilfe und Jugendhilfeträger (§ 13 Abs. 5 Satz 2 SGB IX). Diese Sonderstellung der Träger der Sozialhilfe und der öffentlichen Jugendhilfe ist Ausfluss des gegliederten Systems der sozialen Sicherung, an dem das SGB IX – wie ausgeführt – festhält. Vor allem in der Jugendhilfe wird das Prinzip der kommunalen Selbstverwaltung praktiziert, d.h. es ist außerordentlich schwierig – wenn nicht gar unmöglich – alle Träger der Jugendhilfe über Spitzenverbände bzw. Dachorganisationen an der Erarbeitung von gemeinsamen Empfehlungen zu beteiligen oder zu verpflichten, einheitlichen gemeinsamen Empfehlungen beizutreten.

Gemeinsame Empfehlungen sind nicht nur in § 13 SGB vorgesehen, sondern auch gem. § 20 SGB IX »zur Sicherung und Weiterentwicklung der Qualität der Leistungen, insbesondere zur barrierefreien Leistungserbringung« zu vereinbaren.

11. Zuständigkeitsklärung

Ein Kernstück der mit dem Sozialgesetzbuch IX bezweckten Reform des Rehabilitationsrechts ist die Vorschrift des § 14 SGB IX. Mit Hilfe dieser Regelung soll – so die Begründung (BR-Drucks. 49/01 S. 283 f. Ziff. 5) – erreicht werden, dass »Streitigkeiten über die Zuständigkeitsfrage bei ungeklärter Zuständigkeit oder bei Eilbedürftigkeit nicht mehr zu Lasten der behinderten Menschen bzw. der Schnelligkeit und Qualität der Leistungserbringung gehen«. § 14 SGB IX enthält eine abschließende Regelung, die für alle Rehabilitationsträger – also auch für die Träger der Jugendhilfe und die Träger der Sozialhilfe – gilt. Sie geht »den allgemeinen Regelungen zur vorläufigen Zuständigkeit oder Leistungserbringung im ersten Buch (Sozialgesetzbuch I) und den Leistungsgesetzen der Rehabilitationsträger vor« (Begründung a.a.O., S. 303 zu § 14).

Die zügige Abwicklung von Rehabilitationsverfahren ist in der Vergangenheit häufig daran gescheitert, dass trotz des bereits in § 6 Abs. 2 RehaAnglG verankerten Instruments der vorläufigen Leistungserbringung Zuständigkeitsstreitigkeiten zwischen den Leistungsträgern Entscheidungen über die Leistungen oft unnötig verzögert haben, ohne dass die davon Betroffenen sich wehren konnten.

11.1 Verfahrensablauf nach § 14 SGB IX

Um das Rehabilitationsverfahren zügig in Gang zu setzen, verpflichtet § 14 Abs. 1 Satz 1 SGB IX den Rehabilitationsträger, bei dem Leistungen zur Teilhabe beantragt werden, innerhalb von 2 Wochen nach Eingang des Antrags bei ihm zur Feststellung, ob er nach dem für ihn geltenden Leistungsgesetz für die Leistungen zuständig ist. Das Gleiche gilt gem. § 14 Abs. 3, wenn der Rehabilitationsträger Leistungen von Amts wegen erbringt. Dabei tritt an die Stelle des Tages der Antragstellung der Tag der Kenntnis des voraussichtlichen Rehabilitationsbedarfs.

Für die Prüfung der Zuständigkeit nach § 14 Abs. 1 Satz 1 SGB IX gilt gem. § 7 Satz 2 SGB IX das für den jeweiligen Rehabilitationsträger in Betracht kommende Leistungsgesetz.

Innerhalb der Frist von 2 Wochen gem. § 14 Abs. 1 Satz 1 SGB IX wird der Rehabilitationsträger vor allem prüfen, ob der Hilfesuchende leistungsberechtigt ist. Dabei ist gem. § 7 Abs. 2 SGB IX nach Maßgabe des für den jeweiligen Rehabilitationsträger geltenden Leistungsgesetzes festzustellen, ob die Voraussetzungen für die Leistungen zur Teilhabe erfüllt sind. Für den Träger der gesetzlichen Krankenversicherung bedeutet dies z.B., dass geprüft

Systematische Darstellung

wird, ob der Hilfesuchende versichert ist. Ein Sozialhilfeträger, der Leistungen der Eingliederungshilfe erbringen soll, wird prüfen, ob der Hilfesuchende wesentlich behindert i.S.d. § 39 Abs. 1 BSHG ist.

Die Prüfung der Zuständigkeit innerhalb der 2-Wochen Frist nach § 14 Abs. 1 Satz 1 SGB IX kann zu dem Ergebnis führen, dass der Rehabilitationsträger sich für zuständig hält. In diesem Fall muss er »den Rehabilitationsbedarf unverzüglich« feststellen (§ 14 Abs. 2 Satz 1 SGB IX).

»Stellt er bei der Prüfung fest, dass er für die Leistung nicht zuständig ist, leitet er den Antrag unverzüglich dem nach seiner Auffassung zuständigen Rehabilitationsträger zu«. (§ 14 Abs. 1 Satz 2 SGB IX).

Bei der Feststellung des Rehabilitationsbedarfs gem. § 14 Abs. 2 Satz 1 SGB IX wird sich häufig die Frage stellen, ob die Einholung eines Gutachtens erforderlich ist. »Muss für diese Feststellung ein Gutachten nicht eingeholt werden, entscheidet der Rehabilitationsträger innerhalb von 3 Wochen nach Antragseingang« (§ 14 Abs. 2 Satz 2 SGB IX) bzw. innerhalb von 3 Wochen nach Kenntnis des voraussichtlichen Rehabilitationsbedarfs (§ 14 Abs. 3 Satz 2 SGB IX). Ist hingegen für die Feststellung des Rehabilitationsbedarfs ein Gutachten erforderlich, »wird die Entscheidung innerhalb von 2 Wochen nach Vorliegen des Gutachtens getroffen«. (§ 14 Abs. 2 Satz 4 SGB IX). Zur Erstellung des Gutachtens beauftragt der Rehabilitationsträger einen »geeigneten Sachverständigen« (§ 14 Abs. 5 Satz 2 SGB IX). In der Regel benennt der Rehabilitationsträger »drei möglichst wohnortnahe Sachverständige« (§ 14 Abs. 5 Satz 3 SGB IX). Hat sich der Leistungsberechtigte für einen benannten Sachverständigen entschieden, ist seinem Wunsch Rechnung zu tragen (§ 14 Abs. 5 Satz 4 SGB IX).

Das Gutachten ist gem. § 14 Abs. 5 Satz 6 SGB IX von dem Sachverständigen *innerhalb von 2 Wochen* zu erstellen. Die in ihm getroffenen Feststellungen zum Rehabilitationsbedarf werden der Entscheidung des Rehabilitationsträgers zugrunde gelegt (§ 14 Abs. 5 Satz 7 SGB IX).

Systematische Darstellung

Für die gesetzliche Krankenversicherung hat § 14 Abs. 5 SGB IX mit Ausnahme der 2-Wochen Frist keine Relevanz; hier gelten gem. § 7 Satz 1 SGB IX die Sonderregelungen zur Begutachtung und Beratung durch den Medizinischen Dienst der Krankenkassen (MDK) nach § 275 SGB V *(Gemeinsames Rundschreiben der Spitzenverbände der Krankenkassen vom 18.06.01 Ziff. 4 zu § 14 SGB IX).*

Die Träger der Sozialhilfe haben § 62 Abs. 2 Ziff. 1 SGB IX zu beachten. Danach sind die Landesärzte »in besonders schwierig gelagerten Einzelfällen oder in Fällen von grundsätzlicher Bedeutung« mit Gutachten zu betrauen.

11.2 Weiterleitung von Anträgen

Wird ein Antrag von dem Rehabilitationsträger, der sich nach Prüfung gem. § 14 Abs. 1 Satz 1 SGB IX für unzuständig hält, gem. § 14 Abs. 1 Satz 2 dem nach seiner Auffassung zuständigen Rehabilitationsträger zugeleitet, stellt sich die Frage, wie dieser mit dem Antrag verfährt. *Mrozynski (SGb 2001, 277 ff., 281)* vertritt die Auffassung, dass der Rehabilitationsträger, der einen weitergeleiteten Antrag erhält, ebenfalls das Recht hat, seine Zuständigkeit entweder anzuerkennen oder den Antrag erneut an einen dritten – aus seiner Sicht zuständigen – Rehabilitationsträger weiterzuleiten. »Eine wiederholte Weiterleitung schließt das Gesetz an keiner Stelle aus« (Mrozynski a.a.O.).

Dieser Auffassung ist jedoch zu widersprechen: Wird ein Antrag weitergeleitet, gelten gem. § 14 Abs. 2 Satz 3 SGB IX die Sätze 1 und 2 (Anmerkung: *des Abs. 2*) für den Rehabilitationsträger, an den der Antrag weitergeleitet worden ist, entsprechend«. Mit dem Verweis auf § 14 Abs. 2 *Satz 1* wird der Rehabilitationsträger, an den ein Antrag weitergeleitet worden ist, zur unverzüglichen Feststellung des Rehabilitationsbedarfs verpflichtet. Mit dem Verweis auf § 14 Abs. 2 *Satz 2* geht die Verpflichtung einher, innerhalb von 3 Wochen nach Antragseingang zu entscheiden, wenn für die Feststellung des Rehabilitationsbedarfs ein Gutachten nicht eingeholt werden muss.

Systematische Darstellung

Wenn der Gesetzgeber auch dem Rehabilitationsträger, der einen weitergeleiteten Antrag erhält, das Recht hätte einräumen wollen, zunächst ebenfalls seine Zuständigkeit zu prüfen und bei Feststellung seiner Unzuständigkeit den Antrag an einen (dritten) Rehabilitationsträger weiterzuleiten, hätte die Formulierung des Gesetzgebers in § 14 Abs. 2 Satz 2 lauten müssen, dass bei einer Weiterleitung des Antrags nicht nur die Sätze 1 und 2 des *Abs. 2*, sondern auch die Sätze 1 und 2 des *Abs. 1* entsprechend gelten.

Die von Mrozynski geäußerte Kritik, dass § 14 SGB IX die wiederholte Weiterleitung von Anträgen ermöglicht und damit nur auf unzureichende Weise zur Beschleunigung des Rehabilitationsverfahrens beiträgt, ist also unberechtigt.

11.3 § 14 SGB IX und vorläufige Leistungen

Andererseits hat Mrozynski zu Recht die Frage aufgeworfen, ob § 14 SGB IX auch Regelungen dafür trifft, unter welchen Voraussetzungen ein Rehabilitationsträger *vorläufige Leistungen* erbringen muss und als Spezialvorschrift für das Recht der Rehabilitation und Teilhabe der Bestimmung des § 43 Abs. 1 SGB I (vorläufige Leistungen) vorgeht.

Richtig ist, dass § 14 SGB IX weder den Begriff der Vorleistung noch den der vorläufigen Leistung verwendet und keine konkreten Aussagen über die Vorleistungspflichten der Rehabilitationsträger macht (Mrozynski a.a.O.). Stattdessen verpflichtet § 14 SGB IX zur *unverzüglichen Feststellung* des Rehabilitationsbedarfs.

Die unverzügliche Bedarfsfeststellung ist nicht gleichzusetzen mit der vorläufigen Gewährung einer Leistung. Dies ergibt sich schon daraus, dass § 14 SGB IX begrifflich zwischen der *Feststellung des Bedarfs* (§ 14 Abs. 2 Satz 1 SGB IX), der Entscheidung nach Bedarfsfeststellung (vgl. § 14 Abs. 5 Satz 6 SGB IX) und der *Bewilligung der Leistung* (§ 14 Abs. 4 Satz 1 SGB IX) differenziert.

Die Entscheidung nach Bedarfsfeststellung muss innerhalb von 3 Wochen nach Antragseingang bzw. innerhalb von 2 Wochen nach Vorliegen des in Auftrag gegebenen Gutachtens getroffen werden (vgl. § 14 Abs. 2 SGB IX). Sie kann in der Bewilligung der beantragten Leistung bestehen (vgl. § 14 Abs. 4 Satz 1 SGB IX), aber auch in einer Modifizierung oder Ablehnung der Leistung. Stellt ein Rehabilitationsträger, an den ein Antrag gem. § 14 Abs. 1 Satz 2 – 4 SGB IX weitergeleitet worden ist, einen Rehabilitationsbedarf fest, soll er die Leistung bewilligen, auch wenn er sich für unzuständig hält. Er erlangt bei Nachweis seiner Unzuständigkeit gem. § 14 Abs. 4 Satz 1 SGB IX einen *Kostenerstattungsanspruch* gegen den eigentlich zuständigen Rehabilitationsträger in Höhe seiner Aufwendungen.

Lehnt der Rehabilitationsträger, an den ein Antrag weitergeleitet worden ist, die Leistung ab, z.B. weil die Prüfung des Rehabilitationsbedarfs nach Maßgabe eines Gutachtens gem. § 14 Abs. 5 SGB IX zu einem negativen Ergebnis geführt hat, bedeutet dies für einen Hilfesuchenden, dass vom Zeitpunkt der Antragstellung bis zur Entscheidung auf der Grundlage des eingeholten Gutachtens (mindestens) 6 Wochen vergangen sind. In einem derartigen Fall stellt sich die Frage, ob § 14 hinter der Regelung des § 43 Abs. 1 Satz 2 SGB I zurückbleibt, der bei Streitigkeiten zwischen mehreren Leistungsträgern zur Frage der Leistungspflicht vorsieht, dass der Sozialleistungsträger, der vom Leistungsberechtigten zuerst angegangen wird, vorläufige Leistungen erbringen muss, wenn der Berechtigte dies beantragt. Dabei beginnen die vorläufigen Leistungen »spätestens nach Ablauf eines Kalendermonats nach Eingang des Antrags« (§ 43 Abs. 1 Satz 2 SGB I).

11.4 Vorläufige Leistungserbringung und Selbstbeschaffung der Leistung

Der Gesetzgeber hält die Vorschrift des § 14 SGB IX – wie ausgeführt – nicht nur hinsichtlich der Regelung der vorläufigen Zuständigkeit, sondern auch mit Blick auf die vorläufige Leistungserbringung »für abschließend« und die Bezugnahme auf § 43 Abs. 1 SGB I somit für entbehrlich (Begr. a.a.O., S. 303).

In der Tat könnte ein Leistungsberechtigter möglicherweise schon deshalb nicht auf die Gewährung vorläufiger Leistungen gem. § 43 Abs. 1 Satz 2 SGB I angewiesen sein, weil das SGB IX ihn in

Systematische Darstellung

die Lage versetzt, sich die erforderlichen Leistungen der Rehabilitation und Teilhabe selbst zu besorgen und die dabei entstehenden Kosten erstatten zu lassen: § 15 Abs. 1 SGB IX geht von dem Grundsatz aus, dass die Rehabilitationsträger innerhalb der in § 14 Abs. 2 SGB IX genannten Fristen über »den Antrag auf Leistungen zur Teilhabe« entscheiden. Erfolgt diese Entscheidung nicht, so kann sich der Leistungsberechtigte die erforderliche Leistung unter den in § 15 AGB IX genannten Voraussetzungen selbst beschaffen. Nach Selbstbeschaffung der Leistung ist der zuständige Rehabilitationsträger dem Leistungsberechtigten »unter Beachtung der Grundsätze der Wirtschaftlichkeit und Sparsamkeit zur Erstattung der Aufwendungen verpflichtet« (§ 15 Abs. 1 Satz 3 SGB IX).

Das Druckmittel der Selbstbeschaffung mit anschließender Kostenerstattung steht dem Leistungsberechtigten auch zur Verfügung, wenn er z.B. die Vorlage eines Gutachtens zur Feststellung des Rehabilitationsbedarfs i.S.d. § 14 Abs. 2 Satz 4 SGB IX nicht abwarten will, weil die von ihm beantragte Leistung sofort benötigt wird oder wenn der Rehabilitationsträger die Leistung zu Unrecht abgelehnt hat (§ 15 Abs. 1 Satz 4 SGB IX). Der Leistungsberechtigte trägt allerdings das Risiko, dass eine Erstattungspflicht abgelehnt wird, z.B. weil der Rehabilitationsträger die Leistung wegen Fehlens der Leistungsvoraussetzungen (vgl. § 7 Satz 2 SGB IX) zu Recht verweigert hat. Im Übrigen ist die Selbstbeschaffung der Leistung auch deshalb riskant, weil der zuständige Rehabilitationsträger gem. § 15 Abs. 1 Satz 3 SGB IX zur Kostenerstattung nur unter Beachtung der Grundsätze der Wirtschaftlichkeit und der Sparsamkeit verpflichtet ist, dem Leistungsberechtigten jedoch häufig die »wirtschaftlichen Versorgungsmöglichkeiten nicht erkennbar sind und er daher aufwändigere, insoweit nicht erforderliche, Leistungen selbst beschafft« *(Rundschreiben der Krankenkassen a.a.O. Ziff. 2.2 zu § 15)*, deren Mehrkosten nicht erstattungsfähig sind.

Schon dieser Gesichtspunkt zeigt, dass ein Leistungsberechtigter auch nach Inkrafttreten des SGB IX weiterhin ein Interesse daran haben kann, dass § 43 Abs. 1 Satz 2 SGB I zur Anwendung kommt, indem der von ihm zuerst angegangene Rehabilitations-

Systematische Darstellung

träger vorläufige Leistungen spätestens einen Kalendermonat nach Antragstellung gewährt und dabei selbst darauf achtet, dass diese Leistung wirtschaftlich erbracht wird.

11.5 Einschränkung des Rechts auf Selbstbeschaffung der Leistung

Ein Anspruch auf Erstattung selbstbeschaffter Leistungen kann nach § 15 Abs. 1 Satz 5 SGB IX nicht gegenüber dem Träger der Sozialhilfe, der öffentlichen Jugendhilfe und der Kriegsopferfürsorge geltend gemacht werden, es sei denn, es handelt sich um die Selbstbeschaffung einer unaufschiebbaren oder zu Unrecht abgelehnten Leistung (§ 15 Abs. 1 Satz 5 SGB IX schließt nur die Geltung der Sätze 1-3 des § 15 Abs. 1 aus!).

Die Regelung des § 15 Abs. 1 Satz 5 SGB IX muss jedoch nicht zwangsläufig zu einer Benachteiligung der Antragsteller führen, die Leistungen von diesen Trägern beanspruchen. Die Notwendigkeit, in Einzelfällen ein Kostenerstattungsverfahren wegen selbstbeschaffter Leistungen gegen die genannten Träger zu betreiben, wird in der Praxis häufig deshalb entfallen, weil gegenüber diesen Trägern unter bestimmten – in den jeweiligen Leistungsgesetzen geregelten – Voraussetzungen auch vorläufige Leistungen geltend gemacht werden können (vgl. z.B. § 44 BSHG, § 86 d SGB VIII).

Vorläufige Leistungen zur medizinischen Rehabilitation sind gem. Art. 10 Nr. 14 SGB IX auch von der Pflegekasse zu erbringen, z.B. wenn eine sofortige Leistungserbringung erforderlich ist, um eine unmittelbar drohende Pflegebedürftigkeit zu vermeiden (§ 32 Abs. 1 SGB XI i.d.F. des SGB IX). Die Pflegekasse ist allerdings kein Rehabilitationsträger i.S.d. § 6 SGB IX, d.h. sie muss zwar unter den Voraussetzungen des § 32 SGB XI Leistungen der medizinischen Rehabilitation i.S.d. §§ 26 ff. SGB IX erbringen, kann sich jedoch nicht auf § 14 Abs. 1 Satz 1 SGB IX berufen und einen Antrag auf vorläufige Gewährung von Rehabilitationsleistungen an den aus ihrer Sicht zuständigen Rehabilitationsträger weiterleiten. Stattdessen muss sie nach Erhalt eines Antrags auf vorläufige Leistungen gem. § 32 SGB XI den aus ihrer Sicht zu-

Systematische Darstellung

ständigen Rehabilitationsträger unterrichten »und auf die Eilbedürftigkeit der Leistungsgewährung hinweisen; wird dieser nicht rechtzeitig, spätestens jedoch 4 Wochen nach Antragstellung, tätig, erbringt die Pflegekasse die Leistungen vorläufig« (32 Abs. 2 SGB IX i.d.F. des SGB IX).

11.6 Zuständigkeit mehrer Rehabilitationsträger

Eine Sonderregelung für die Weiterleitung von Anträgen enthält § 14 Abs. 6 SGB IX. Leistet ein Rehabilitationsträger entweder nach § 14 Abs. 1 Satz 1 SGB IX, weil er seine Zuständigkeit bejaht hat oder nach § 14 Abs. 1 Satz 2 SGB IX i.V.m. § 14 Abs. 2 Satz 2 SGB IX, weil er nach Weiterleitung an ihn einen Rehabilitationsbedarf festgestellt hat, so kann die Konstellation eintreten, dass bei der Prüfung des Bedarfs die Notwendigkeit weiterer Leistungen zur Teilhabe erkannt wird, die nicht in die Zuständigkeit des leistenden Rehabilitationsträgers fallen.

Beispiel: Die gesetzliche Krankenversicherung, die Leistungen der medizinischen Rehabilitation anerkannt hat und gewährt, hält Teilhabeleistungen nach § 55 SGB IX für erforderlich, die nicht in ihre Zuständigkeit fallen (vgl. § 6 Abs. 1 Satz 1 SGB IX). In einem derartigen Fall kann der Antrag erneut weitergeleitet werden mit der Maßgabe, »weitere Leistungen der Teilhabe« zu erbringen.

Für die Koordination von Rehabilitationsleistungen, die von verschiedenen Rehabilitationsträgern erbracht werden, kommt § 10 Abs. 1 Satz 1 SGB IX zur Anwendung. Danach »ist der nach § 14 leistende Rehabilitationsträger dafür verantwortlich, dass die beteiligten Rehabilitationsträger im Benehmen miteinander und in Abstimmung mit den Leistungsberechtigten die nach dem individuellen Bedarf voraussichtlich erforderlichen Leistungen funktionsbezogen feststellen und schriftlich so zusammenfassen, dass sie nahtlos ineinander greifen«. Kommt § 14 Abs. 6 SGB IX zur Anwendung, gibt es (mindestens) zwei Rehabilitationsträger, die nach § 14 SGB IX leisten und deshalb gem. § 10 Abs. 1 SGB IX für die Koordinierung der Leistungen verantwortlich sind.

Wie die Rehabilitationsträger ihrer Verantwortung nachkommen und welche Absprachen sie dabei treffen, ist in § 10 nicht geregelt

Systematische Darstellung

und fällt damit in den Aufgabenbereich der gemeinsamen Empfehlungen nach § 13 SGB IX, die sich auch auf die Ausgestaltung des Verfahrens nach § 14 und auf die Koordination von Leistungen zur Teilhabe zwischen verschiedenen Trägern beziehen sollen (vgl. § 13 Abs. 2 Ziff. 3 letzter Halbsatz und Ziff. 5 SGB IX).

12. Zusammenwirken der Leistungen

Während § 14 Abs. 6 SGB IX den Fall regelt, dass ein »leistender Rehabilitationsträger« weitere Leistungen der Teilhabe für erforderlich hält, die nicht in seinen Zuständigkeitsbereich fallen und deshalb den aus seiner Sicht zuständigen Rehabilitationsträger in entsprechender Anwendung des § 14 Abs. 1 SGB IX Satz 2 SGB IX einschaltet, schreibt § 11 Abs. 1 für den Bereich der Leistungen zur medizinischen Rehabilitation verbindlich vor, dass der zuständige Rehabilitationsträger – soweit es im Einzelfall geboten ist – gleichzeitig mit der Einleitung einer Leistung zur medizinischen Rehabilitation, während ihrer Ausführung und nach ihrem Abschluss, prüft, ob durch geeignete Leistungen zur Teilhabe am Arbeitsleben die Erwerbsfähigkeit des Behinderten oder von Behinderung bedrohten Menschen erhalten, gebessert oder wiederhergestellt werden kann.

Nach § 11 Abs. 2 SGB IX ist ein Zusammenwirken der Rehabilitationsträger auch dann vorgegeben, wenn während einer Leistung zur medizinischen Rehabilitation erkennbar wird, dass der bisherige Arbeitsplatz gefährdet ist. In diesem Fall »wird mit dem Betroffenen sowie dem zuständigen Rehabilitationsträger unverzüglich geklärt, ob Leistungen zur Teilhabe am Arbeitsleben erforderlich sind«.

13. Anpassung und durchgehende Sicherung von Rehabilitationsleistungen

Wie ausgeführt, sind die Rehabilitationsträger nach § 10 Abs. 1 Satz 1 SGB IX verpflichtet, Leistungen zu koordinieren, wenn

Systematische Darstellung

»Leistungen verschiedener Leistungsgruppen oder mehrerer Rehabilitationsträger erforderlich sind«. Neben der funktionsbezogenen Feststellung der voraussichtlich erforderlichen Leistungen und der schriftlichen Zusammenstellung sieht § 10 Abs. 1 Satz 2 SGB IX die Anpassung der Leistungen entsprechend dem Verlauf der Rehabilitation und die *durchgehende Sicherung des Verfahrens* entsprechend dem jeweiligen Bedarf durch die Rehabilitationsträger vor (vgl. § 10 Abs. 1 Satz 3 SGB IX).

§ 10 Abs. 1 SGB IX kommt dem *Gesamtplan* sehr nahe, der in der zum 1.7.2001 außer Kraft gesetzten Vorschrift des § 5 Abs. 3 RehaAnglG vorgesehen war und für den Bereich der Eingliederungshilfe für Menschen mit Behinderung in § 46 BSHG geregelt ist. Da es in der Vergangenheit kaum gelungen ist, diese Pläne zur Anwendung zu bringen, vermeidet das SGB IX den Begriff der *Planung* der Rehabilitationsleistungen und beschreibt stattdessen ein Verfahren, dass insbesondere dann praktiziert werden soll, wenn sich die Rehabilitation über einen längeren Zeitraum erstreckt, verschiedene Leistungen erfasst und der Zuständigkeit unterschiedlicher Rehabilitationsträger unterfällt.

Aus der Sicht der Leistungsberechtigten ist anzumerken, dass diese bei der Entscheidung über die Leistungen und bei der Ausführung der Leistungen zur Teilhabe Wünsche äußern können, denen zu entsprechen ist, soweit sie berechtigt sind (§ 9 Abs. 1 Satz 1 SGB IX). Sie sind zu unterrichten, wenn ein Rehabilitationsträger gemäß § 14 Abs. 6 einen anderen Rehabilitationsträger einschaltet, weil er »weitere Leistungen zur Teilhabe für erforderlich hält.«

Die *Anpassung* von Rehabilitationsleistungen kann auch dadurch beschleunigt werden, dass der Leistungsberechtigte bei einer sich ankündigenden Veränderung seines Rehabilitationsbedarfs frühzeitig *Neuanträge* stellt und auf diese Weise das Verfahren der Zuständigkeitsklärung nach § 14 SGB IX in Gang setzt.

Beispiel: Ein Mensch mit mehrfacher Behinderung erhält Leistungen zur Teilhabe am Arbeitsleben gem. § 39 SGB IX in Werkstätten für behinderte Menschen. Er lebt bei seinen Eltern und möchte mit Freunden in eine Wohngruppe ziehen. Er beantragt zunächst Hilfen bei der Beschaffung einer Wohnung gem. § 55 Abs. 2 Ziff. 5 SGB IX. Anschließend stellt er fest, dass er Unterstützung benötigt, um möglichst selbstständig in der Wohnung leben zu können. Er reicht deshalb einen weiteren Antrag auf Hilfe zum selbstbestimmten Leben in betreuten Wohnmöglichkeiten gem. § 55 Abs. 2 Satz 6 SGB IX ein. Ist er hörbehindert, kann er möglicherweise einen Antrag auf Hilfe zur Förderung der Verständigung mit der Umwelt stellen (§ 55 Abs. 2 Ziff. 5 SGB IX). In allen Fällen kommt, weil sich die Anträge auf eingegrenzte Leistungen beziehen, jeweils das Verfahren gem. § 14 SGB IX in Gang; mit Prüfung der Zuständigkeit und Feststellung des Rehabilitationsbedarfs innerhalb der in dieser Vorschrift vorgesehenen Fristen. Zwar kann der Leistungsberechtigte häufig auch darauf vertrauen, dass die Rehabilitationsträger von sich aus die notwendigen Vorkehrungen treffen, um ein Gesamtpaket der erforderlichen Leistungen rechtzeitig zu gewähren, z.B. nach Maßgabe des § 14 Abs. 6 SGB IX oder durch Koordinationsabsprachen auf der Grundlage gemeinsamer Empfehlungen nach § 13 Abs. 2 Ziff. 5 SGB IX. Neuanträge i.S.d. § 14 Abs. 1 Satz 1 SGB IX können jedoch in Einzelfällen die Verfahrensabläufe erheblich beschleunigen und sind deshalb aus Sicht des Leistungsberechtigten ein wichtiges Steuerungsinstrument.

14. Zuständigkeitsklärung und Wahl der Gerichtsbarkeit

Das Verfahren des § 14 SGB IX kann möglicherweise auch als Steuerungsinstrument eingesetzt werden, um Rechtsfragen, die mit Hilfe von Leistungsanträgen geklärt werden sollen, entweder der Verwaltungsgerichtsbarkeit oder der Sozialgerichtsbarkeit zuzuführen.

So ist bereits unmittelbar nach Inkrafttreten des SGB IX Streit darüber entstanden, ob Leistungen der Frühförderung für behinderte oder von Behinderung bedrohte Kinder künftig von den gesetzlichen Krankenkassen zu finanzieren sind. Insbesondere in Bayern haben sich einige Träger der Sozialhilfe zunächst auf den Standpunkt gestellt, dass die Krankenkassen ab 1.7.2001 auch die

Systematische Darstellung

Kosten der pädagogischen Anteile der Frühförderung, die bisher von der Sozialhilfe gem. § 40 Abs. 1 Ziff. 2 a BSHG a.F. (Heilpädagogische Maßnahmen für Kinder, die noch nicht im schulpflichtigen Alter sind) finanziert worden sind, tragen müssen. Sie haben deshalb den Frühförderstellen mitgeteilt, dass Anträge auf Frühförderung gem. § 26 Abs. 2 Ziff. 2 und § 30 SGB IX künftig an die gesetzlichen Krankenkassen zu richten sind (vgl. dazu im Einzelnen Rundschreiben des Bundesministeriums für Arbeit und Sozialordnung vom 21.8.2001 in: RdLh 3/01).

Stellt ein Leistungsberechtigter einen entsprechenden Antrag bei der gesetzlichen Krankenkasse, so kann diese den Antrag an den Träger der Sozialhilfe weiterleiten, wenn sie sich für unzuständig hält (§ 14 Abs. 1 Satz 2 SGB IX). Der Sozialhilfeträger wiederum kann den Antrag nicht erneut weiterleiten, sondern muss den Rehabilitationsbedarf feststellen und anschließend entscheiden. Kommt es aufgrund einer Entscheidung, mit der die Leistung abgelehnt wird, zu einem Widerspruchsverfahren, kann der Leistungsberechtigte nach dessen Abschluss Klage vor dem *Verwaltungsgericht* erheben.

Geht der Leistungsberechtigte den umgekehrten Weg, d.h. beantragt er Leistungen der Frühförderung gegenüber dem Träger der Sozialhilfe und hält sich dieser für unzuständig, so muss, wenn der Antrag an die gesetzliche Krankenkasse weitergeleitet wird, diese den Rehabilitationsbedarf feststellen. Legt der Leistungsberechtigte gegen eine auf der Grundlage dieser Bedarfsfeststellung getroffene negative Entscheidung Widerspruch ein, ist nach Abschluss des Widerspruchsverfahrens für eine Klage das *Sozialgericht* zuständig.

Ob sich aufgrund der dargestellten unterschiedlichen Rechtswege eine divergierende Rechtsprechung entwickelt, wird abzuwarten sein. Mit einer Zunahme rechtlicher Auseinandersetzungen in Streitfragen, die das SGB IX betreffen, ist schon deshalb zu rechnen, weil der Gesetzgeber nach § 63 SGB IX ein »Klagerecht der Verbände« eingeführt hat (s. dazu unten Ziffer 17).

Systematische Darstellung

15. Gemeinsame Servicestellen

Nach dem Willen des Gesetzgebers »stellen die Rehabilitationsträger unter Nutzung bestehender Strukturen sicher, dass in allen Landkreisen und kreisfreien Städten gemeinsame Servicestellen bestehen« (§ 23 Abs. 1 Satz 1 SGB IX). Diese sollen »unverzüglich eingerichtet werden« (§ 23 Abs. 2 SGB IX) und werden so ausgestattet, »dass sie ihre Aufgaben umfassend und qualifiziert erfüllen können, Zugangs- und Kommunikationsbarrieren nicht bestehen und Wartezeiten in der Regel vermieden werden« (§ 23 Abs. 3 Satz 1 SGB IX).

– Zentrale Aufgabe der gemeinsamen örtlichen Servicestellen ist gem. § 22 Abs. 1 SGB IX die *Beratung* und *Unterstützung* Behinderter und von Behinderung bedrohter Menschen insbesondere im Hinblick auf die Klärung der Leistungsvoraussetzungen, des Rehabilitationsbedarfs, der Zuständigkeit der Rehabilitationsträger u.a. und die Vorbereitung der zügigen Abwicklung des Rehabilitationsverfahrens. Die Servicestellen haben deshalb auf klare und sachdienliche Anträge hinzuwirken, diese an den aus ihrer Sicht zuständigen Rehabilitationsträger weiterzuleiten und diesen darüber zu informieren, dass voraussichtlich ein Gutachten erforderlich ist. Darüber hinaus soll die Servicestelle den Hilfesuchenden bis zur Entscheidung oder Leistung des Rehabilitationsträgers unterstützend begleiten.

Bereits vor Inkrafttreten des SGB IX haben alle Rehabilitationsträger, die als *Sozialversicherungsträger* Leistungen erbringen, eine »Rahmenempfehlung zu einrichtungsträgerübergreifender Servicestellen« für die Rehabilitation (Stand: 24.4.2001) abgeschlossen und diese Empfehlung am 14.5.2001 durch »Durchführungshinweise« ergänzt.

In § 1 Abs. 1 dieser Rahmenempfehlung wird ausgeführt, dass »die Auskunfts- und Beratungsstellen der Rehabilitationsträger auf regionaler Ebene untereinander vernetzt werden und gemeinsame Beratungsteams (vernetzte Servicestellen) für den Gesamtbereich der Rehabilitation bilden«. An »gemein-

Systematische Darstellung

schaftliche Auskunfts- und Beratungsstellen« ist nur gedacht, »soweit die Rehabilitationsträger es für erforderlich halten« (§ 1 Abs. 3).

In den Durchführungshinweisen heißt es, dass es die Aufgabe der Landesversicherungsanstalten (LVA) ist, die Organisation der regionalen Vernetzung der Servicestellen zu planen. Demgegenüber haben die kommunalen Spitzenverbände Nordrhein-Westfalen darauf hingewiesen, dass »die Sozialhilfeträger bereits vor Inkrafttreten des SGB IX faktisch der größte Rehabilitationsträger bei langfristigen Maßnahmen waren«. Sie haben deshalb vorgeschlagen, die Servicestellen in den Rathäusern oder Kreishäusern zu verorten (Eildienst Landkreistag Nordrhein-Westfalen Nr. 7/Juli 2001-5033-00).

- Gem. § 22 Abs. 1 Satz 4 werden die Pflegekassen »bei drohender oder bestehender Pflegebedürftigkeit an der Beratung und Unterstützung durch die gemeinsamen Servicestellen beteiligt. Verbände behinderter Menschen einschließlich der Verbände der Freien Wohlfahrtspflege, der Selbsthilfegruppen und der Interessenvertretungen behinderter Frauen werden mit Einverständnis der behinderten Menschen an der Beratung beteiligt« (§ 22 Abs. 1 Satz 5 SGB IX).

Was unter Beteiligung der Pflegekassen und der in § 22 Abs. 1 Satz 5 genannten Verbände und Selbsthilfegruppen zu verstehen ist, bedarf noch der Klärung. Beteiligen ist mehr als »mitwirken« und weniger als »mitbestimmen«. Beteiligen heißt »teilhaben«, Teil sein an einem Vorgang, den das Gesetz als »Beratung« bezeichnet.

In der Begründung des Regierungsentwurfs zu § 23 SGB IX heißt es: »Einzelheiten der Organisation wie z.B. die Vertretung der Rehabilitationsträger sowohl hinsichtlich des eingesetzten Personals als auch der Beratung und der anderen Serviceleistungen bleiben den Rehabilitationsträgern überlassen, desgleichen die Zusammenarbeit der Servicestellen mit den Beratern der einzelnen Rehabilitationsträger ... Verbände und Selbsthilfegruppen behinderter Menschen sowie Verbände der Freien Wohlfahrtspflege erhalten Gelegenheit, sich an den Servicestel-

Systematische Darstellung

len *und mit Einverständnis der Betroffen* an der Beratung zu beteiligen; Kostenerstattung dafür ist nicht vorgesehen« (BR-Drucks. 49/01 zu § 23, S. 314).

- Die Verbände der Freien Wohlfahrtspflege leisten häufig seit vielen Jahren gem. § 8 Abs. 2 BSHG nicht nur Beratung in Fragen der Sozialhilfe, sondern auch »in sonstigen sozialen Angelegenheiten«. Besteht ein entsprechendes Beratungsangebot der Freien Wohlfahrtspflege, ist ein Hilfesuchender, der bei einem Sozialhilfeträger um Rat nachsucht, zunächst über das Beratungsangebot der Freien Wohlfahrtspflege zu unterrichten (§ 8 Abs. 2 Satz 2 BSHG).

Gem. § 22 Abs. 2 Satz 1 bleibt § 8 BSHG »unberührt«, d.h. die Beratung durch die Servicestelle unter Beteiligung der Verbände der Freien Wohlfahrtspflege gem. § 22 Abs. 1 Satz 5 SGB IX soll die Beratung in sozialen Angelegenheiten gem. § 8 Abs. 2 BSHG weder verdrängen noch ersetzen. Stattdessen ist § 22 Abs. 1 Satz 5 dahin auszulegen, dass die dort genannten Verbände und Selbsthilfegruppen das Recht haben, mit Einverständnis des behinderten Menschen an dem konkreten Beratungsvorgang der Servicestelle aktiv mitzuwirken. Dieses Beteiligungsrecht kann sich im Einzelfall darauf beschränken, dass das in der Servicestelle beschäftigte Personal von sich aus auf Beratungsmaterialien, Broschüren, Adressen usw. der vor Ort ansässigen Behindertenorganisation und Selbsthilfegruppen hinweist. Der Begriff der Beteiligung lässt aber auch die Auslegung zu, dass fachkundige Vertreter eines Verbandes behinderter Menschen in der jeweiligen Servicestelle in den Beratungsvorgang eingeschaltet sind und als Ansprechpartner zur Verfügung stehen. Sie handeln in diesem Fall allerdings nicht als Beauftragte oder Erfüllungsgehilfen der Servicestellen und können deshalb in der Beratung eigene Akzente setzen. Die Mitarbeiter der Servicestellen wiederum sind nicht verpflichtet, den Inhalt und die Ausrichtung ihre Beratung mit den Vertretern der Verbände und Selbsthilfegruppen abzusprechen, denn für die Beurteilung der Leistungsvoraussetzungen und des Rehabilitationsbedarfs sind für sie ausschließlich die Vorschriften des SGB IX maßgeblich, soweit sich nicht gem. § 7 SGB IX Ab-

Systematische Darstellung

weichungen aus den für den jeweiligen Rehabilitationsträger geltenden Leistungsgesetzen ergeben.

Über die konkrete Ausgestaltung der Beratung der Servicestellen nach § 23 SGB IX unter Beteiligung der Verbände und Selbsthilfegruppen behinderter Menschen wird unter Federführung der Bundesarbeitsgemeinschaft für Rehabilitation (BAR), Frankfurt, verhandelt. Die Bundesarbeitsgemeinschaft der Spitzenverbände der Freien Wohlfahrtspflege hat ein umfassendes Teilhaberecht an der Beratung durch die Servicestellen eingefordert. Bei Abgabe des Manuskripts waren die Verhandlungen mit den Rehabilitationsträgern noch nicht abgeschlossen.

– Nach § 22 Abs. 2 SGB IX bleibt § 14 des Ersten Buches Sozialgesetzbuch »unberührt«. Diese Vorschrift sieht vor, dass »zuständig für die Beratung die Leistungsträger sind, denen gegenüber die Rechte geltend zu machen oder die Pflichten zu erfüllen sind«. § 22 Abs. 2 stellt mit dem Verweis auf § 14 SGB I klar, dass die Rehabilitationsträger unabhängig von der Beratung und Unterstützung der Servicestellen als Leistungsverpflichtete nach den jeweils für sie geltenden Leistungsgesetzen bzw. den Vorschriften des SGB I (§ 15) Auskunft und Beratung zur Verfügung zu stellen haben.

Damit wird deutlich, dass die gemeinsamen Servicestellen nicht die Beratungsangebote und Auskünfte der Rehabilitationsträger ersetzen sollen. Vielmehr treten die gemeinsamen Servicestellen neben die sonstigen Beratungsstellen der einzelnen Rehabilitationsträger.

16. Sicherung von Beratung und Auskunft

Von einem Nebeneinander der gemeinsamen Servicestellen und sonstigen Beratungsstellen für die Rehabilitation geht auch die Vorschrift des § 60 SGB IX aus. Danach sollen »Eltern, Vormünder, Pfleger und Betreuer«, die bei den Menschen, die ihrer Personensorge anvertraut sind, Behinderungen wahrnehmen, »im

Systematische Darstellung

Rahmen ihres Erziehungs- und Betreuungsauftrags die behinderten Menschen einer gemeinsamen Servicestelle oder einer sonstigen Beratungsstelle für Rehabilitation oder einem Arzt zur Beratung über die geeigneten Leistungen zur Teilhabe vorstellen«.

Besondere Beratungspflichten gelten für Ärzte. In Fortentwicklung des bis zum Inkrafttreten des SGB IX geltenden § 124 BSHG erstreckt sich gem. § 61 Abs. 1 die Beratung der Ärzte auf die »geeigneten Leistungen zur Teilhabe«. Diese Beratungspflicht gilt gem. § 61 Abs. 1 Satz 2 nicht nur für behinderte Menschen, sondern auch für Personen, »bei denen der Eintritt der Behinderung nach allgemeiner ärztlicher Erkenntnis zu erwarten ist«. Die Ärzte sind in diesen Fällen verpflichtet, die hilfebedürftigen Menschen »auf die Möglichkeit der Beratung durch eine gemeinsame Servicestelle oder eine sonstige Beratungsstelle für Rehabilitation« hinzuweisen (§ 61 Abs. 1 Satz 2 SGB IX).

17. Klagerecht der Verbände

Wie schon ausgeführt, wird mit dem SGB IX erstmals ein Verbandsklagerecht im Sozialrecht etabliert. Nach § 63 SGB IX können behinderte Menschen, die in ihren Rechten nach dem SGB IX »verletzt werden«, ihr Klagerecht an einen Verband übertragen, der nach seiner Satzung »behinderte Menschen auf Bundes- oder Landesebene« vertritt und »nicht selbst am Prozess beteiligt ist«. In diesem Fall müssen »alle Verfahrensvoraussetzungen wie bei einem Rechtsschutzersuchen durch den behinderten Menschen selbst vorliegen« (§ 63 Satz 2 SGB IX). Das Klagerecht nach § 63 SGB IX erweist sich damit als eine *Prozessstandschaft*, d.h. der Verband klagt »an Stelle« und »mit Einverständnis« des behinderten Menschen. Sein Klagerecht reicht nicht weiter als das Klagerecht des behinderten Menschen selbst, d.h. dass »z.B. bei einer abgelaufenen Rechtsmittelfrist den Verbänden keine weiterreichende Klagemöglichkeit eröffnet wird, als sie den Betroffenen selbst zur Verfügung steht« (BR-Drucks. 49/01 Begründung zu § 63 SGB IX).

Systematische Darstellung

18. Übergangsvorschriften

Gemäß Art. 67 Abs. 1 SGB IX sind auf Leistungen zur Teilhabe bis zum Ende der Leistungen oder der Maßnahme die Vorschriften in der vor dem Tag des Inkrafttretens des SGB IX geltenden Fassung weiter anzuwenden, wenn vor diesem Tag

- der Anspruch entstanden ist (d.h. nach Maßgabe des jeweils in Betracht kommenden Leistungsgesetzes eine Leistungsberechtigung vorgelegen hat),
- die Leistung zuerkannt worden ist (z.B. durch Leistungsbescheid des Rehabilitationsträgers) *oder*
- die Maßnahme (z.B. die Frühförderung eines Kindes) begonnen hat, wenn die Leistung bis zum Beginn der Maßnahme beauftragt worden ist.

Handelt es sich allerdings um eine Leistung, die nur für einen begrenzten Zeitraum zuerkannt worden ist (Beispiel: eine auf 3 Wochen begrenzte stationäre Rehabilitationsmaßnahme des Trägers der gesetzlichen Rentenversicherung), so richtet sich nach Art. 67 Abs. 2 SGB IX eine Verlängerung nach den zum Zeitpunkt der Entscheidung über die Verlängerung geltenden Vorschriften.

SGB IX

Sozialgesetzbuch – Neuntes Buch – (SGB IX)
Rehabilitation und Teilhabe behinderter Menschen

vom 19. Juni 2001 (BGBl. I S. 1046)

INHALTSÜBERSICHT

Artikel 1

Sozialgesetzbuch (SGB)
Neuntes Buch (IX)
– Rehabilitation und Teilhabe behinderter Menschen –

Teil 1

Regelungen für behinderte und von Behinderung bedrohte Menschen

Kapitel 1

Allgemeine Regelungen

	§§
Selbstbestimmung und Teilhabe am Leben in der Gesellschaft	1
Behinderung	2
Vorrang von Prävention	3
Leistungen zur Teilhabe	4
Leistungsgruppen	5
Rehabilitationsträger	6
Vorbehalt abweichender Regelungen	7
Vorrang von Leistungen zur Teilhabe	8
Wunsch- und Wahlrecht der Leistungsberechtigten	9
Koordinierung der Leistungen	10

SGB IX

Zusammenwirken der Leistungen	11
Zusammenarbeit der Rehabilitationsträger	12
Gemeinsame Empfehlungen	13
Zuständigkeitsklärung	14
Erstattung selbstbeschaffter Leistungen	15
Verordnungsermächtigung	16

Kapitel 2
Ausführung von Leistungen zur Teilhabe

Ausführung von Leistungen	17
Leistungsort	18
Rehabilitationsdienste und -einrichtungen	19
Qualitätssicherung	20
Verträge mit Leistungserbringern	21

Kapitel 3
Gemeinsame Servicestellen

Aufgaben	22
Servicestellen	23
Bericht	24
Verordnungsermächtigung	25

Kapitel 4
Leistungen zur medizinischenRehabilitation

Leistungen zur medizinischen Rehabilitation	26
Krankenbehandlung und Rehabilitation	27

Stufenweise Wiedereingliederung	28
Förderung der Selbsthilfe	29
Früherkennung und Frühförderung	30
Hilfsmittel	31
Verordnungsermächtigungen	32

Kapitel 5
Leistungen zur Teilhabe am Arbeitsleben

Leistungen zur Teilhabe am Arbeitsleben	33
Leistungen an Arbeitgeber	34
Einrichtungen der beruflichen Rehabilitation	35
Rechtsstellung der Teilnehmenden	36
Dauer von Leistungen	37
Beteiligung der Bundesanstalt für Arbeit	38
Leistungen in Werkstätten für behinderte Menschen	39
Leistungen im Eingangsverfahren und im Berufsbildungsbereich	40
Leistungen im Arbeitsbereich	41
Zuständigkeit für Leistungen in Werkstätten für behinderte Menschen	42
Arbeitsförderungsgeld	43

Kapitel 6
Unterhaltssichernde und andere ergänzende Leistungen

Ergänzende Leistungen	44
Leistungen zum Lebensunterhalt	45
Höhe und Berechnung des Übergangsgelds	46

SGB IX

Berechnung des Regelentgelts	47
Berechnungsgrundlage in Sonderfällen	48
Kontinuität der Bemessungsgrundlage	49
Anpassung der Entgeltersatzleistungen	50
Weiterzahlung der Leistungen	51
Einkommensanrechnung	52
Reisekosten	53
Haushalts- oder Betriebshilfe und Kinderbetreuungskosten	54

Kapitel 7
Leistungen zur Teilhabe am Leben in der Gemeinschaft

Leistungen zur Teilhabe am Leben in der Gemeinschaft	55
Heilpädagogische Leistungen	56
Förderung der Verständigung	57
Hilfen zur Teilhabe am gesellschaftlichen und kulturellen Leben	58
Verordnungsermächtigung	59

Kapitel 8
Sicherung und Koordinierung der Teilhabe

Titel 1

Sicherung von Beratung und Auskunft

Pflichten Personensorgeberechtigter	60
Sicherung der Beratung behinderter Menschen	61
Landesärzte	62

SGB IX

Titel 2

Klagerecht der Verbände

Klagerecht der Verbände 63

Titel 3

Koordinierung der Teilhabe behinderter Menschen

Beirat für die Teilhabe behinderter Menschen 64

Verfahren des Beirats 65

Berichte über die Lage behinderter Menschen
und die Entwicklung ihrer Teilhabe 66

Verordnungsermächtigung 67

Teil 2

**Besondere Regelungen zur Teilhabe
schwerbehinderter Menschen (Schwerbehindertenrecht)**

Kapitel 1

Geschützter Personenkreis

Geltungsbereich 68

Feststellung der Behinderung, Ausweise 69

Verordnungsermächtigung 70

Kapitel 2

Beschäftigungspflicht der Arbeitgeber

Pflicht der Arbeitgeber zur Beschäftigung
schwerbehinderter Menschen 71

Beschäftigung besonderer Gruppen
schwerbehinderter Menschen 72

SGB IX

Begriff des Arbeitsplatzes	73
Berechnung der Mindestzahl von Arbeitsplätzen und der Pflichtarbeitsplatzzahl	74
Anrechnung Beschäftigter auf die Zahl der Pflichtarbeitsplätze für schwerbehinderte Menschen	75
Mehrfachanrechnung	76
Ausgleichsabgabe	77
Ausgleichsfonds	78
Verordnungsermächtigungen	79

Kapitel 3

Sonstige Pflichten der Arbeitgeber; Rechte der schwerbehinderten Menschen

Zusammenwirken der Arbeitgeber mit der Bundesanstalt für Arbeit und den Integrationsämtern	80
Pflichten des Arbeitgebers und Rechte schwerbehinderter Menschen	81
Besondere Pflichten der öffentlichen Arbeitgeber	82
Integrationsvereinbarung	83
Prävention	84

Kapitel 4

Kündigungsschutz

Erfordernis der Zustimmung	85
Kündigungsfrist	86
Antragsverfahren	87
Entscheidung des Integrationsamtes	88
Einschränkungen der Ermessensentscheidung	89

SGB IX

Ausnahmen	90
Außerordentliche Kündigung	91
Erweiterter Beendigungsschutz	92

Kapitel 5

Betriebs-, Personal-, Richter-, Staatsanwalts- und Präsidialrat, Schwerbehindertenvertretung, Beauftragter des Arbeitgebers

Aufgaben des Betriebs-, Personal-, Richter-, Staatsanwalts- und Präsidialrates	93
Wahl und Amtszeit der Schwerbehindertenvertretung	94
Aufgaben der Schwerbehindertenvertretung	95
Persönliche Rechte und Pflichten der Vertrauenspersonen der schwerbehinderten Menschen	96
Konzern-, Gesamt-, Bezirks- und Hauptschwerbehindertenvertretung	97
Beauftragter des Arbeitgebers	98
Zusammenarbeit	99
Verordnungsermächtigung	100

Kapitel 6

Durchführung der besonderen Regelungen zur Teilhabe schwerbehinderter Menschen

Zusammenarbeit der Integrationsämter und der Bundesanstalt für Arbeit	101
Aufgaben des Integrationsamtes	102
Beratender Ausschuss für behinderte Menschen bei dem Integrationsamt	103
Aufgaben der Bundesanstalt für Arbeit	104

SGB IX

Beratender Ausschuss für behinderte Menschen
bei der Bundesanstalt für Arbeit — 105

Gemeinsame Vorschriften — 106

Übertragung von Aufgaben — 107

Verordnungsermächtigung — 108

Kapitel 7
Integrationsfachdienste

Begriff und Personenkreis — 109

Aufgaben — 110

Beauftragung und Verantwortlichkeit — 111

Fachliche Anforderungen — 112

Finanzielle Leistungen — 113

Ergebnisbeobachtung — 114

Verordnungsermächtigung — 115

Kapitel 8
Beendigung der Anwendung der besonderen Regelungen zur Teilhabe schwerbehinderter und gleichgestellter behinderter Menschen

Beendigung der Anwendung der besonderen
Regelungen zur Teilhabe schwerbehinderter Menschen — 116

Entziehung der besonderen Hilfen für
schwerbehinderte Menschen — 117

Kapitel 9
Widerspruchsverfahren

Widerspruch — 118

SGB IX

Widerspruchsausschuss bei dem Integrationsamt	119
Widerspruchsausschuss beim Landesarbeitsamt	120
Verfahrensvorschriften	121

Kapitel 10

Sonstige Vorschriften

Vorrang der schwerbehinderten Menschen	122
Arbeitsentgelt und Dienstbezüge	123
Mehrarbeit	124
Zusatzurlaub	125
Nachteilsausgleich	126
Beschäftigung schwerbehinderter Menschen in Heimarbeit	127
Schwerbehinderte Beamte und Beamtinnen, Richter und Richterinnen, Soldaten und Soldatinnen	128
Unabhängige Tätigkeit	129
Geheimhaltungspflicht	130
Statistik	131

Kapitel 11

Integrationsprojekte

Begriff und Personenkreis	132
Aufgaben	133
Finanzielle Leistungen	134
Verordnungsermächtigung	135

SGB IX

Kapitel 12
Werkstätten für behinderte Menschen

Begriff und Aufgaben der Werkstatt für behinderte Menschen	136
Aufnahme in die Werkstätten für behinderte Menschen	137
Rechtsstellung und Arbeitsentgelt behinderter Menschen	138
Mitwirkung	139
Anrechnung von Aufträgen auf die Ausgleichsabgabe	140
Vergabe von Aufträgen durch die öffentliche Hand	141
Anerkennungsverfahren	142
Blindenwerkstätten	143
Verordnungsermächtigungen	144

Kapitel 13
Unentgeltliche Beförderung schwerbehinderter Menschen im öffentlichen Personenverkehr

Unentgeltliche Beförderung, Anspruch auf Erstattung der Fahrgeldausfälle	145
Persönliche Voraussetzungen	146
Nah- und Fernverkehr	147
Erstattung der Fahrgeldausfälle im Nahverkehr	148
Erstattung der Fahrgeldausfälle im Fernverkehr	149
Erstattungsverfahren	150
Kostentragung	151
Einnahmen aus Wertmarken	152
Erfassung der Ausweise	153
Verordnungsermächtigungen	154

SGB IX

Kapitel 14
Straf-, Bußgeld- und Schlussvorschriften

Strafvorschriften	155
Bußgeldvorschriften	156
Stadtstaatenklausel	157
Sonderregelung für den Bundesnachrichtendienst	158
Übergangsregelung	159
Überprüfungsregelung	160

Artikel 2 bis 68

Artikel 2 Änderung des Ersten Buches Sozialgesetzbuch

Artikel 3 Änderung des Dritten Buches Sozialgesetzbuch

Artikel 4 Änderung des Vierten Buches Sozialgesetzbuch

Artikel 5 Änderung des Fünften Buches Sozialgesetzbuch

Artikel 6 Änderung des Sechsten Buches Sozialgesetzbuch

Artikel 7 Änderung des Siebten Buches Sozialgesetzbuch

Artikel 8 Änderung des Achten Buches Sozialgesetzbuch

Artikel 9 Änderung des Zehnten Buches Sozialgesetzbuch

Artikel 10 Änderung des Elften Buches Sozialgesetzbuch

Artikel 11 Änderung des Bundesverfassungsgerichtsgesetzes[1]

Artikel 12 Änderung des Beamtenrechtsrahmengesetzes[1]

Artikel 13 Änderung des Bundesbeamtengesetzes[1]

Artikel 14 Änderung des Beamtenversorgungsgesetzes[1]

Artikel 15 Änderung des Bundessozialhilfegesetzes

Artikel 16 Änderung der Eingliederungshilfe-Verordnung

SGB IX

Artikel 17 Änderung der Verordnung zur Durchführung des § 76 Abs. 2a Nr. 3 Buchstabe b des Bundessozialhilfegesetzes

Artikel 18 Änderung der Verordnung zur Durchführung des § 88 Abs. 2 Nr. 8 des Bundessozialhilfegesetzes

Artikel 19 Änderung des Aufstiegsfortbildungsförderungsgesetzes

Artikel 20 Änderung des Gesetzes zur Reform und Verbesserung der Ausbildungsförderung[1]

Artikel 21 Aufhebung der Verordnung über die Gewährung der Kapitalentschädigung nach dem Strafrechtlichen Rehabilitierungsgesetz[1]

Artikel 22 Änderung des Deutschen Richtergesetzes[1]

Artikel 23 Änderung des Arbeitsgerichtsgesetzes

Artikel 24 Änderung des Sozialgerichtsgesetzes[2]

Artikel 25 Änderung des Gesetzes zur Beendigung der Diskriminierung gleichgeschlechtlicher Gemeinschaften

Artikel 26 Änderung des Wehrpflichtgesetzes[1]

Artikel 27 Änderung des Soldatenversorgungsgesetzes[1]

Artikel 28 Änderung des Zivildienstgesetzes[1]

Artikel 29 Änderung des Einkommensteuergesetzes[1]

Artikel 30 Änderung der Einkommensteuer-Durchführungsverordnung[1]

Artikel 31 Änderung des Kraftfahrzeugsteuergesetzes[1]

Artikel 32 Änderung des Stromsteuergesetzes[1]

Artikel 33 Änderung der Handwerksordnung[1]

Artikel 34 Änderung des Bundesurlaubsgesetzes[1]

Artikel 35 Änderung des Gesetzes über die Lohnstatistik[1]

SGB IX

Artikel 36 Änderung des Arbeitssicherstellungsgesetzes[1]

Artikel 37 Änderung des Lohnfortzahlungsgesetzes[1]

Artikel 38 Änderung des Entgeltfortzahlungsgesetzes[1]

Artikel 39 Änderung des Betriebsverfassungsgesetzes[1]

Artikel 40 Änderung des Berufsbildungsförderungsgesetzes[1]

Artikel 41 Änderung des Berufsbildungsgesetzes

Artikel 42 Änderung der Verordnung über die Prüfung zum anerkannten Abschluss Geprüfter Handelsassistent – Einzelhandel/Geprüfte Handelsassistentin – Einzelhandel[1]

Artikel 43 Änderung des Altersteilzeitgesetzes[1]

Artikel 44 Änderung des Gesetzes über die Alterssicherung der Landwirte

Artikel 45 Änderung des Zweiten Gesetzes über die Krankenversicherung der Landwirte

Artikel 46 Änderung des Anspruchs- und Anwartschaftsüberführungsgesetzes[1]

Artikel 47 Änderung des Bundesversorgungsgesetzes

Artikel 48 Änderung der Kriegsopferfürsorgeverordnung

Artikel 49 Änderung des Gesetzes über das Verwaltungsverfahren der Kriegsopferversorgung[1]

Artikel 50 Änderung des GKV-Solidaritätsstärkungsgesetzes[1]

Artikel 51 Änderung der Risikostruktur-Ausgleichsverordnung[1]

Artikel 52 Änderung des Gesetzes zur Ergänzung des Gesetzes zur Reform der gesetzlichen Rentenversicherung und zur Förderung eines kapitalgedeckten Altersvorsorgevermögens[1]

Artikel 53 Änderung der Kraftfahrzeughilfe-Verordnung

SGB IX

Artikel 54 Änderung der Wahlordnung Schwerbehindertengesetz

Artikel 55 Änderung der Werkstättenverordnung Schwerbehindertengesetz

Artikel 56 Änderung der Ausweisverordnung Schwerbehindertengesetz

Artikel 57 Änderung der Schwerbehinderten-Ausgleichsabgabeverordnung

Artikel 58 Änderung der Nahverkehrszügeverordnung[1]

Artikel 59 Änderung des Bundesanstalt-Post-Gesetzes[1]

Artikel 60 Änderung des Postpersonalrechtsgesetzes[1]

Artikel 61 Änderung des Personalrechtlichen Begleitgesetzes zum Telekommunikationsgesetz[1]

Artikel 62 Änderung des Gesetzes zur Zusammenführung und Neugliederung der Bundeseisenbahnen[1]

Artikel 63 Aufhebung des Schwerbehindertengesetzes und des Gesetzes über die Angleichung der Leistungen zur Rehabilitation

Artikel 64 Rückkehr zum einheitlichen Verordnungsrang[1]

Artikel 65 Neubekanntmachung[1]

Artikel 66 Umstellung auf Euro[3]

Artikel 67 Übergangsvorschriften

Artikel 68 Inkrafttreten

---

1 Hier nicht abgedruckt.
2 Hier nur teilweise abgedruckt.
3 Hier nicht abgedruckt. Die ab 1. 1. 2001 geltenden Änderungen sind jedoch in den Gesetzestext eingearbeitet.

Teil 1
Regelungen für behinderte und von Behinderung bedrohte Menschen

Kapitel 1
Allgemeine Regelungen

§ 1
Selbstbestimmung und Teilhabe am Leben in der Gesellschaft

Behinderte oder von Behinderung bedrohte Menschen erhalten Leistungen nach diesem Buch und den für die Rehabilitationsträger geltenden Leistungsgesetzen, um ihre Selbstbestimmung und gleichberechtigte Teilhabe am Leben in der Gesellschaft zu fördern, Benachteiligungen zu vermeiden oder ihnen entgegenzuwirken. Dabei wird den besonderen Bedürfnissen behinderter und von Behinderung bedrohter Frauen und Kinder Rechnung getragen.

§ 2
Behinderung

(1) Menschen sind behindert, wenn ihre körperliche Funktion, geistige Fähigkeit oder seelische Gesundheit mit hoher Wahrscheinlichkeit länger als sechs Monate von dem für das Lebensalter typischen Zustand abweichen und daher ihre Teilhabe am Leben in der Gesellschaft beeinträchtigt ist. Sie sind von Behinderung bedroht, wenn die Beeinträchtigung zu erwarten ist.

(2) Menschen sind im Sinne des Teils 2 schwerbehindert, wenn bei ihnen ein Grad der Behinderung von wenigstens 50 vorliegt und sie ihren Wohnsitz, ihren gewöhnlichen Aufenthalt oder ihre Beschäftigung auf einem Arbeitsplatz im Sinne des § 73 rechtmäßig im Geltungsbereich dieses Gesetzbuches haben.

(3) Schwerbehinderten Menschen gleichgestellt werden sollen behinderte Menschen mit einem Grad der Behinderung von weniger als 50, aber wenigstens 30, bei denen die übrigen Voraussetzungen des Absatzes 2 vorliegen, wenn sie infolge ihrer Behinderung ohne die Gleichstellung einen geeigneten Arbeitsplatz im Sinne des § 73 nicht erlangen oder nicht behalten können (gleichgestellte behinderte Menschen).

§ 3
Vorrang von Prävention

Die Rehabilitationsträger wirken darauf hin, dass der Eintritt einer Behinderung einschließlich einer chronischen Krankheit vermieden wird.

§ 4
Leistungen zur Teilhabe

(1) Die Leistungen zur Teilhabe umfassen die notwendigen Sozialleistungen, um unabhängig von der Ursache der Behinderung

1. die Behinderung abzuwenden, zu beseitigen, zu mindern, ihre Verschlimmerung zu verhüten oder ihre Folgen zu mildern,
2. Einschränkungen der Erwerbsfähigkeit oder Pflegebedürftigkeit zu vermeiden, zu überwinden, zu mindern oder eine Verschlimmerung zu verhüten sowie den vorzeitigen Bezug anderer Sozialleistungen zu vermeiden oder laufende Sozialleistungen zu mindern,
3. die Teilhabe am Arbeitsleben entsprechend den Neigungen und Fähigkeiten dauerhaft zu sichern oder
4. die persönliche Entwicklung ganzheitlich zu fördern und die Teilhabe am Leben in der Gesellschaft sowie eine möglichst selbstständige und selbstbestimmte Lebensführung zu ermöglichen oder zu erleichtern.

(2) Die Leistungen zur Teilhabe werden zur Erreichung der in Absatz 1 genannten Ziele nach Maßgabe dieses Buches und der

SGB IX § 4-6

für die zuständigen Leistungsträger geltenden besonderen Vorschriften neben anderen Sozialleistungen erbracht. Die Leistungsträger erbringen die Leistungen im Rahmen der für sie geltenden Rechtsvorschriften nach Lage des Einzelfalls so vollständig, umfassend und in gleicher Qualität, dass Leistungen eines anderen Trägers möglichst nicht erforderlich werden.

(3) Leistungen für behinderte oder von Behinderung bedrohte Kinder werden so geplant und gestaltet, dass nach Möglichkeit Kinder nicht von ihrem sozialen Umfeld getrennt und gemeinsam mit nicht behinderten Kindern betreut werden können. Dabei werden behinderte Kinder alters- und entwicklungsentsprechend an der Planung und Ausgestaltung der einzelnen Hilfen beteiligt und ihre Sorgeberechtigten intensiv in Planung und Gestaltung der Hilfen einbezogen.

§ 5
Leistungsgruppen

Zur Teilhabe werden erbracht

1. Leistungen zur medizinischen Rehabilitation,
2. Leistungen zur Teilhabe am Arbeitsleben,
3. unterhaltssichernde und andere ergänzende Leistungen,
4. Leistungen zur Teilhabe am Leben in der Gemeinschaft.

§ 6
Rehabilitationsträger

(1) Träger der Leistungen zur Teilhabe (Rehabilitationsträger) können sein

1. die gesetzlichen Krankenkassen für Leistungen nach § 5 Nr. 1 und 3,
2. die Bundesanstalt für Arbeit für Leistungen nach § 5 Nr. 2 und 3,
3. die Träger der gesetzlichen Unfallversicherung für Leistungen nach § 5 Nr. 1 bis 4,

4. die Träger der gesetzlichen Rentenversicherung für Leistungen nach § 5 Nr. 1 bis 3, die Träger der Alterssicherung der Landwirte für Leistungen nach § 5 Nr. 1 und 3,
5. die Träger der Kriegsopferversorgung und die Träger der Kriegsopferfürsorge im Rahmen des Rechts der sozialen Entschädigung bei Gesundheitsschäden für Leistungen nach § 5 Nr. 1 bis 4,
6. die Träger der öffentlichen Jugendhilfe für Leistungen nach § 5 Nr. 1, 2 und 4,
7. die Träger der Sozialhilfe für Leistungen nach § 5 Nr. 1, 2 und 4.

(2) Die Rehabilitationsträger nehmen ihre Aufgaben selbstständig und eigenverantwortlich wahr.

§ 7
Vorbehalt abweichender Regelungen

Die Vorschriften dieses Buches gelten für die Leistungen zur Teilhabe, soweit sich aus den für den jeweiligen Rehabilitationsträger geltenden Leistungsgesetzen nichts Abweichendes ergibt. Die Zuständigkeit und die Voraussetzungen für die Leistungen zur Teilhabe richten sich nach den für den jeweiligen Rehabilitationsträger geltenden Leistungsgesetzen.

§ 8
Vorrang von Leistungen zur Teilhabe

(1) Werden bei einem Rehabilitationsträger Sozialleistungen wegen oder unter Berücksichtigung einer Behinderung oder einer drohenden Behinderung beantragt oder erbracht, prüft dieser unabhängig von der Entscheidung über diese Leistungen, ob Leistungen zur Teilhabe voraussichtlich erfolgreich sind.

(2) Leistungen zur Teilhabe haben Vorrang vor Rentenleistungen, die bei erfolgreichen Leistungen zur Teilhabe nicht oder voraussichtlich erst zu einem späteren Zeitpunkt zu erbringen wären. Dies gilt während des Bezuges einer Rente entsprechend.

(3) Absatz 1 ist auch anzuwenden, um durch Leistungen zur Teilhabe Pflegebedürftigkeit zu vermeiden, zu überwinden, zu mindern oder eine Verschlimmerung zu verhüten.

§ 9
Wunsch- und Wahlrecht der Leistungsberechtigten

(1) Bei der Entscheidung über die Leistungen und bei der Ausführung der Leistungen zur Teilhabe wird berechtigten Wünschen der Leistungsberechtigten entsprochen. Dabei wird auch auf die persönliche Lebenssituation, das Alter, das Geschlecht, die Familie sowie die religiösen und weltanschaulichen Bedürfnisse der Leistungsberechtigten Rücksicht genommen; im Übrigen gilt § 33 des Ersten Buches. Den besonderen Bedürfnissen behinderter Mütter und Väter bei der Erfüllung ihres Erziehungsauftrages sowie den besonderen Bedürfnissen behinderter Kinder wird Rechnung getragen.

(2) Sachleistungen zur Teilhabe, die nicht in Rehabilitationseinrichtungen auszuführen sind, können auf Antrag der Leistungsberechtigten als Geldleistungen erbracht werden, wenn die Leistungen hierdurch voraussichtlich bei gleicher Wirksamkeit wirtschaftlich zumindest gleichwertig ausgeführt werden können. Für die Beurteilung der Wirksamkeit stellen die Leistungsberechtigten dem Rehabilitationsträger geeignete Unterlagen zur Verfügung. Der Rehabilitationsträger begründet durch Bescheid, wenn er den Wünschen des Leistungsberechtigten nach den Absätzen 1 und 2 nicht entspricht.

(3) Leistungen, Dienste und Einrichtungen lassen den Leistungsberechtigten möglichst viel Raum zu eigenverantwortlicher Gestaltung ihrer Lebensumstände und fördern ihre Selbstbestimmung.

(4) Die Leistungen zur Teilhabe bedürfen der Zustimmung der Leistungsberechtigten.

§ 10
Koordinierung der Leistungen

(1) Soweit Leistungen verschiedener Leistungsgruppen oder mehrerer Rehabilitationsträger erforderlich sind, ist der nach § 14 leistende Rehabilitationsträger dafür verantwortlich, dass die beteiligten Rehabilitationsträger im Benehmen miteinander und in Abstimmung mit den Leistungsberechtigten die nach dem individuellen Bedarf voraussichtlich erforderlichen Leistungen funktionsbezogen feststellen und schriftlich so zusammenstellen, dass sie nahtlos ineinander greifen. Die Leistungen werden entsprechend dem Verlauf der Rehabilitation angepasst und darauf ausgerichtet, den Leistungsberechtigten unter Berücksichtigung der Besonderheiten des Einzelfalls die den Zielen der §§ 1 und 4 Abs. 1 entsprechende umfassende Teilhabe am Leben in der Gesellschaft zügig, wirksam, wirtschaftlich und auf Dauer zu ermöglichen. Dabei sichern die Rehabilitationsträger durchgehend das Verfahren entsprechend dem jeweiligen Bedarf und gewährleisten, dass die wirksame und wirtschaftliche Ausführung der Leistungen nach gleichen Maßstäben und Grundsätzen erfolgt.

(2) Absatz 1 gilt entsprechend auch für die Integrationsämter in Bezug auf Leistungen und sonstige Hilfen für schwerbehinderte Menschen nach Teil 2.

(3) Den besonderen Bedürfnissen seelisch behinderter oder von einer solchen Behinderung bedrohter Menschen wird Rechnung getragen.

(4) Die datenschutzrechtlichen Regelungen dieses Gesetzbuchs bleiben unberührt.

§ 11
Zusammenwirken der Leistungen

(1) Soweit es im Einzelfall geboten ist, prüft der zuständige Rehabilitationsträger gleichzeitig mit der Einleitung einer Leistung zur medizinischen Rehabilitation, während ihrer Ausführung und nach ihrem Abschluss, ob durch geeignete Leistungen zur Teilha-

be am Arbeitsleben die Erwerbsfähigkeit des behinderten oder von Behinderung bedrohten Menschen erhalten, gebessert oder wiederhergestellt werden kann. Er beteiligt die Bundesanstalt für Arbeit nach § 38.

(2) Wird während einer Leistung zur medizinischen Rehabilitation erkennbar, dass der bisherige Arbeitsplatz gefährdet ist, wird mit den Betroffenen sowie dem zuständigen Rehabilitationsträger unverzüglich geklärt, ob Leistungen zur Teilhabe am Arbeitsleben erforderlich sind.

(3) Bei der Prüfung nach den Absätzen 1 und 2 wird zur Klärung eines Hilfebedarfs nach Teil 2 auch das Integrationsamt beteiligt.

§ 12
Zusammenarbeit der Rehabilitationsträger

(1) Im Rahmen der durch Gesetz, Rechtsverordnung oder allgemeine Verwaltungsvorschrift getroffenen Regelungen sind die Rehabilitationsträger verantwortlich, dass

1. die im Einzelfall erforderlichen Leistungen zur Teilhabe nahtlos, zügig sowie nach Gegenstand, Umfang und Ausführung einheitlich erbracht werden,
2. Abgrenzungsfragen einvernehmlich geklärt werden,
3. Beratung entsprechend den in §§ 1 und 4 genannten Zielen geleistet wird,
4. Begutachtungen möglichst nach einheitlichen Grundsätzen durchgeführt werden sowie
5. Prävention entsprechend dem in § 3 genannten Ziel geleistet wird.

(2) Die Rehabilitationsträger und ihre Verbände sollen zur gemeinsamen Wahrnehmung von Aufgaben zur Teilhabe behinderter Menschen insbesondere regionale Arbeitsgemeinschaften bilden. § 88 Abs. 1 Satz 1 und Abs. 2 des Zehnten Buches gilt entsprechend.

§ 13
Gemeinsame Empfehlungen

(1) Die Rehabilitationsträger nach § 6 Abs. 1 Nr. 1 bis 5 vereinbaren zur Sicherung der Zusammenarbeit nach § 12 Abs. 1 gemeinsame Empfehlungen.

(2) Die Rehabilitationsträger nach § 6 Abs. 1 Nr. 1 bis 5 vereinbaren darüber hinaus gemeinsame Empfehlungen,

1. welche Maßnahmen nach § 3 geeignet sind, um den Eintritt einer Behinderung zu vermeiden, sowie über die statistische Erfassung der Anzahl, des Umfangs und der Wirkungen dieser Maßnahmen,
2. in welchen Fällen und in welcher Weise rehabilitationsbedürftigen Menschen notwendige Leistungen zur Teilhabe angeboten werden, insbesondere um eine durch eine Chronifizierung von Erkrankungen bedingte Behinderung zu verhindern,
3. in welchen Fällen und in welcher Weise die Klärung der im Einzelfall anzustrebenden Ziele und des Bedarfs an Leistungen schriftlich festzuhalten ist sowie über die Ausgestaltung des in § 14 bestimmten Verfahrens,
4. in welcher Weise die Bundesanstalt für Arbeit von den übrigen Rehabilitationsträgern nach § 38 zu beteiligen ist,
5. wie Leistungen zur Teilhabe zwischen verschiedenen Trägern koordiniert werden,
6. in welcher Weise und in welchem Umfang Selbsthilfegruppen, -organisationen und -kontaktstellen, die sich die Prävention, Rehabilitation, Früherkennung und Bewältigung von Krankheiten und Behinderungen zum Ziel gesetzt haben, gefördert werden,
7. wie während der Ausführung ambulanter Leistungen zur Teilhabe Leistungen zum Lebensunterhalt (§ 45) untereinander und von anderen Entgeltersatzleistungen abzugrenzen sind, soweit für diesen Zeitraum Anspruch auf mehrere Entgeltersatzleistungen besteht,
8. in welchen Fällen und in welcher Weise der behandelnde Hausarzt oder Facharzt und der Betriebs- oder Werksarzt in die Einleitung und Ausführung von Leistungen zur Teilhabe einzubinden sind,

SGB IX **§ 13**

9. zu einem Informationsaustausch mit behinderten Beschäftigten, Arbeitgebern und den in § 83 genannten Vertretungen zur möglichst frühzeitigen Erkennung des individuellen Bedarfs voraussichtlich erforderlicher Leistungen zur Teilhabe sowie
10. über ihre Zusammenarbeit mit Sozialdiensten und vergleichbaren Stellen.

(3) Bestehen für einen Rehabilitationsträger Rahmenempfehlungen auf Grund gesetzlicher Vorschriften und soll bei den gemeinsamen Empfehlungen von diesen abgewichen werden oder sollen die gemeinsamen Empfehlungen Gegenstände betreffen, die nach den gesetzlichen Vorschriften Gegenstand solcher Rahmenempfehlungen werden sollen, stellt der Rehabilitationsträger das Einvernehmen mit den jeweiligen Partnern der Rahmenempfehlungen sicher.

(4) Die Träger der Renten-, Kranken- und Unfallversicherung sowie der Alterssicherung der Landwirte können sich bei der Vereinbarung der gemeinsamen Empfehlungen durch ihre Spitzenverbände vertreten lassen.

(5) An der Vorbereitung der gemeinsamen Empfehlungen werden die Träger der Sozialhilfe und der öffentlichen Jugendhilfe über die Bundesvereinigung der Kommunalen Spitzenverbände, die Bundesarbeitsgemeinschaft der überörtlichen Träger der Sozialhilfe, die Bundesarbeitsgemeinschaft der Landesjugendämter sowie die Integrationsämter in Bezug auf Leistungen und sonstige Hilfen für schwerbehinderte Menschen nach dem Teil 2 über die Arbeitsgemeinschaft, in der sich die Integrationsämter zusammengeschlossen haben, beteiligt. Die Träger der Sozialhilfe und der öffentlichen Jugendhilfe orientieren sich bei der Wahrnehmung ihrer Aufgaben nach diesem Buch an den vereinbarten Empfehlungen oder können diesen beitreten.

(6) Die Verbände behinderter Menschen einschließlich der Verbände der Freien Wohlfahrtspflege, der Selbsthilfegruppen und der Interessenvertretungen behinderter Frauen sowie die für die Wahrnehmung der Interessen der ambulanten und stationären Rehabilitationseinrichtungen auf Bundesebene maßgeblichen

Spitzenverbände werden an der Vorbereitung der gemeinsamen Empfehlungen beteiligt. Ihren Anliegen wird bei der Ausgestaltung der Empfehlungen nach Möglichkeit Rechnung getragen. Die Empfehlungen berücksichtigen auch die besonderen Bedürfnisse behinderter oder von Behinderung bedrohter Frauen und Kinder.

(7) Die beteiligten Rehabilitationsträger vereinbaren die gemeinsamen Empfehlungen im Rahmen der Bundesarbeitsgemeinschaft für Rehabilitation im Benehmen mit dem Bundesministerium für Arbeit und Sozialordnung und den Ländern auf der Grundlage eines von ihnen innerhalb der Bundesarbeitsgemeinschaft vorbereiteten Vorschlags. Der Bundesbeauftragte für den Datenschutz wird beteiligt. Hat das Bundesministerium für Arbeit und Sozialordnung zu einem Vorschlag aufgefordert, legt die Bundesarbeitsgemeinschaft für Rehabilitation den Vorschlag innerhalb von sechs Monaten vor. Dem Vorschlag wird gefolgt, wenn ihm berechtigte Interessen eines Rehabilitationsträgers nicht entgegenstehen. Einwände nach Satz 4 sind innerhalb von vier Wochen nach Vorlage des Vorschlags auszuräumen.

(8) Die Rehabilitationsträger teilen der Bundesarbeitsgemeinschaft für Rehabilitation jährlich ihre Erfahrungen mit den gemeinsamen Empfehlungen mit, die Träger der Renten-, Kranken- und Unfallversicherung sowie der Alterssicherung der Landwirte über ihre Spitzenverbände. Die Bundesarbeitsgemeinschaft für Rehabilitation stellt dem Bundesministerium für Arbeit und Sozialordnung und den Ländern eine Zusammenfassung zur Verfügung.

(9) Die gemeinsamen Empfehlungen können durch die regional zuständigen Rehabilitationsträger konkretisiert werden.

§ 14
Zuständigkeitsklärung

(1) Werden Leistungen zur Teilhabe beantragt, stellt der Rehabilitationsträger innerhalb von zwei Wochen nach Eingang des Antrages bei ihm fest, ob er nach dem für ihn geltenden Leistungs-

gesetz für die Leistung zuständig ist; bei den Krankenkassen umfasst die Prüfung auch die Leistungspflicht nach § 40 Abs. 4 des Fünften Buches. Stellt er bei der Prüfung fest, dass er für die Leistung nicht zuständig ist, leitet er den Antrag unverzüglich dem nach seiner Auffassung zuständigen Rehabilitationsträger zu. Muss für eine solche Feststellung die Ursache der Behinderung geklärt werden und ist diese Klärung in der Frist nach Satz 1 nicht möglich, wird der Antrag unverzüglich dem Rehabilitationsträger zugeleitet, der die Leistung ohne Rücksicht auf die Ursache erbringt. Wird der Antrag bei der Bundesanstalt für Arbeit gestellt, werden bei der Prüfung nach den Sätzen 1 und 2 Feststellungen nach § 11 Abs. 2a Nr. 1 des Sechsten Buches und § 22 Abs. 2 des Dritten Buches nicht getroffen.

(2) Wird der Antrag nicht weitergeleitet, stellt der Rehabilitationsträger den Rehabilitationsbedarf unverzüglich fest. Muss für diese Feststellung ein Gutachten nicht eingeholt werden, entscheidet der Rehabilitationsträger innerhalb von drei Wochen nach Antragseingang. Wird der Antrag weitergeleitet, gelten die Sätze 1 und 2 für den Rehabilitationsträger, an den der Antrag weitergeleitet worden ist, entsprechend; die in Satz 2 genannte Frist beginnt mit dem Eingang bei diesem Rehabilitationsträger. Ist für die Feststellung des Rehabilitationsbedarfs ein Gutachten erforderlich, wird die Entscheidung innerhalb von zwei Wochen nach Vorliegen des Gutachtens getroffen.

(3) Die Absätze 1 und 2 gelten sinngemäß, wenn der Rehabilitationsträger Leistungen von Amts wegen erbringt. Dabei tritt an die Stelle des Tages der Antragstellung der Tag der Kenntnis des voraussichtlichen Rehabilitationsbedarfs.

(4) Wird nach Bewilligung der Leistung durch einen Rehabilitationsträger nach Absatz 1 Satz 2 bis 4 festgestellt, dass ein anderer Rehabilitationsträger für die Leistung zuständig ist, erstattet dieser dem Rehabilitationsträger, der die Leistung erbracht hat, dessen Aufwendungen nach den für diesen geltenden Rechtsvorschriften. Die Bundesanstalt für Arbeit leitet für die Klärung nach Satz 1 Anträge auf Leistungen zur Teilhabe am Arbeitsleben zur Feststellung nach § 11 Abs. 2a Nr. 1 des Sechsten Buches an die

§ 14-15   SGB IX

Träger der Rentenversicherung nur weiter, wenn sie konkrete Anhaltspunkte dafür hat, dass der Träger der Rentenversicherung zur Leistung einer Rente unabhängig von der jeweiligen Arbeitsmarktlage verpflichtet sein könnte. Für unzuständige Rehabilitationsträger, die eine Leistung nach Absatz 2 Satz 1 und 2 erbracht haben, ist § 105 des Zehnten Buches nicht anzuwenden.

(5) Der Rehabilitationsträger stellt sicher, dass er Sachverständige beauftragen kann, bei denen Zugangs- und Kommunikationsbarrieren nicht bestehen. Ist für die Feststellung des Rehabilitationsbedarfs ein Gutachten erforderlich, beauftragt der Rehabilitationsträger unverzüglich einen geeigneten Sachverständigen. Er benennt den Leistungsberechtigten in der Regel drei möglichst wohnortnahe Sachverständige unter Berücksichtigung bestehender sozialmedizinischer Dienste. Haben sich Leistungsberechtigte für einen benannten Sachverständigen entschieden, wird dem Wunsch Rechnung getragen. Der Sachverständige nimmt eine umfassende sozialmedizinische, bei Bedarf auch psychologische Begutachtung vor und erstellt das Gutachten innerhalb von zwei Wochen. Die in dem Gutachten getroffenen Feststellungen zum Rehabilitationsbedarf werden den Entscheidungen der Rehabilitationsträger zugrunde gelegt. Die gesetzlichen Aufgaben der Gesundheitsämter bleiben unberührt.

(6) Hält der leistende Rehabilitationsträger weitere Leistungen zur Teilhabe für erforderlich und kann er für diese Leistungen nicht Rehabilitationsträger nach § 6 Abs. 1 sein, wird Absatz 1 Satz 2 entsprechend angewendet. Die Leistungsberechtigten werden hierüber unterrichtet.

§ 15
Erstattung selbstbeschaffter Leistungen

(1) Kann über den Antrag auf Leistungen zur Teilhabe nicht innerhalb der in § 14 Abs. 2 genannten Fristen entschieden werden, teilt der Rehabilitationsträger dies den Leistungsberechtigten unter Darlegung der Gründe rechtzeitig mit. Erfolgt die Mitteilung nicht oder liegt ein zureichender Grund nicht vor, können

SGB IX § 15-16

Leistungsberechtigte dem Rehabilitationsträger eine angemessene Frist setzen und dabei erklären, dass sie sich nach Ablauf der Frist die erforderliche Leistung selbst beschaffen. Beschaffen sich Leistungsberechtigte nach Ablauf der Frist eine erforderliche Leistung selbst, ist der zuständige Rehabilitationsträger unter Beachtung der Grundsätze der Wirtschaftlichkeit und Sparsamkeit zur Erstattung der Aufwendungen verpflichtet. Die Erstattungspflicht besteht auch, wenn der Rehabilitationsträger eine unaufschiebbare Leistung nicht rechtzeitig erbringen kann oder er eine Leistung zu Unrecht abgelehnt hat. Die Sätze 1 bis 3 gelten nicht für die Träger der Sozialhilfe, der öffentlichen Jugendhilfe und der Kriegsopferfürsorge.

(2) Die Rehabilitationsträger erfassen,

1. in wie vielen Fällen die Fristen nach § 14 nicht eingehalten wurden,
2. in welchem Umfang sich die Verfahrensdauer vom Eingang der Anträge bis zur Entscheidung über die Anträge verringert hat,
3. in wie vielen Fällen eine Kostenerstattung nach Absatz 1 Satz 3 und 4 erfolgt ist.

§ 16
Verordnungsermächtigung

Vereinbaren die Rehabilitationsträger nicht innerhalb von sechs Monaten, nachdem das Bundesministerium für Arbeit und Sozialordnung sie dazu aufgefordert hat, gemeinsame Empfehlungen nach § 13 oder ändern sie unzureichend gewordene Empfehlungen nicht innerhalb dieser Frist, kann das Bundesministerium für Arbeit und Sozialordnung Regelungen durch Rechtsverordnung mit Zustimmung des Bundesrates erlassen. Die Rechtsverordnung wird im Einvernehmen mit dem Bundesministerium für Gesundheit erlassen, soweit Rehabilitationsträger nach § 6 Abs. 1 Nr. 1 von ihr betroffen sind.

Kapitel 2
Ausführung von Leistungen zur Teilhabe

§ 17
Ausführung von Leistungen

(1) Der zuständige Rehabilitationsträger kann Leistungen zur Teilhabe

1. allein oder gemeinsam mit anderen Leistungsträgern,
2. durch andere Leistungsträger,
3. unter Inanspruchnahme von geeigneten, insbesondere auch freien und gemeinnützigen oder privaten Rehabilitationsdiensten und -einrichtungen (§ 19) oder
4. durch ein persönliches Budget

ausführen. Er bleibt für die Ausführung der Leistungen verantwortlich. Satz 1 Nr. 1 bis 3 gilt insbesondere dann, wenn der Rehabilitationsträger die Leistung dadurch wirksamer oder wirtschaftlicher erbringen kann.

(2) Budgets nach Absatz 1 Satz 1 Nr. 4 werden so bemessen, dass eine Deckung des festgestellten Bedarfs unter Beachtung der Grundsätze der Wirtschaftlichkeit und Sparsamkeit möglich ist.

(3) Die Rehabilitationsträger erproben die Einführung persönlicher Budgets durch Modellvorhaben.

§ 18
Leistungsort

Sachleistungen können auch im Ausland erbracht werden, wenn sie dort bei zumindest gleicher Qualität und Wirksamkeit wirtschaftlicher ausgeführt werden können. Leistungen zur Teilhabe am Arbeitsleben können im grenznahen Ausland auch ausgeführt werden, wenn sie für die Aufnahme oder Ausübung einer Beschäftigung oder selbstständigen Tätigkeit erforderlich sind.

§ 19
Rehabilitationsdienste und -einrichtungen

(1) Die Rehabilitationsträger wirken gemeinsam unter Beteiligung der Bundesregierung und der Landesregierungen darauf hin, dass die fachlich und regional erforderlichen Rehabilitationsdienste und -einrichtungen in ausreichender Zahl und Qualität zur Verfügung stehen. Dabei achten sie darauf, dass für eine ausreichende Zahl solcher Rehabilitationsdienste und -einrichtungen Zugangs- und Kommunikationsbarrieren nicht bestehen. Die Verbände behinderter Menschen einschließlich der Verbände der Freien Wohlfahrtspflege, der Selbsthilfegruppen und der Interessenvertretungen behinderter Frauen sowie die für die Wahrnehmung der Interessen der ambulanten und stationären Rehabilitationseinrichtungen auf Bundesebene maßgeblichen Spitzenverbände werden beteiligt.

(2) Soweit die Ziele nach Prüfung des Einzelfalls mit vergleichbarer Wirksamkeit erreichbar sind, werden Leistungen unter Berücksichtigung der persönlichen Umstände in ambulanter, teilstationärer oder betrieblicher Form und gegebenenfalls unter Einbeziehung familienentlastender und -unterstützender Dienste erbracht.

(3) Bei Leistungen an behinderte oder von einer Behinderung bedrohte Kinder wird eine gemeinsame Betreuung behinderter und nichtbehinderter Kinder angestrebt.

(4) Nehmen Rehabilitationsträger zur Ausführung von Leistungen besondere Dienste (Rehabilitationsdienste) oder Einrichtungen (Rehabilitationseinrichtungen) in Anspruch, erfolgt die Auswahl danach, welcher Dienst oder welche Einrichtung die Leistung in der am besten geeigneten Form ausführt; dabei werden Dienste und Einrichtungen freier oder gemeinnütziger Träger entsprechend ihrer Bedeutung für die Rehabilitation und Teilhabe behinderter Menschen berücksichtigt und die Vielfalt der Träger von Rehabilitationsdiensten oder -einrichtungen gewahrt sowie deren Selbstständigkeit, Selbstverständnis und Unabhängigkeit beachtet. § 35 Satz 2 Nr. 4 ist anzuwenden.

(5) Rehabilitationsträger können nach den für sie geltenden Rechtsvorschriften Rehabilitationsdienste oder -einrichtungen fördern, wenn dies zweckmäßig ist und die Arbeit dieser Dienste oder Einrichtungen in anderer Weise nicht sichergestellt werden kann.

(6) Rehabilitationsdienste und -einrichtungen mit gleicher Aufgabenstellung sollen Arbeitsgemeinschaften bilden.

§ 20
Qualitätssicherung

(1) Die Rehabilitationsträger nach § 6 Abs. 1 Nr. 1 bis 5 vereinbaren gemeinsame Empfehlungen zur Sicherung und Weiterentwicklung der Qualität der Leistungen, insbesondere zur barrierefreien Leistungserbringung, sowie für die Durchführung vergleichender Qualitätsanalysen als Grundlage für ein effektives Qualitätsmanagement der Leistungserbringer. § 13 Abs. 4 ist entsprechend anzuwenden. Die Rehabilitationsträger nach § 6 Abs. 1 Nr. 6 und 7 können den Empfehlungen beitreten.

(2) Die Erbringer von Leistungen stellen ein Qualitätsmanagement sicher, das durch zielgerichtete und systematische Verfahren und Maßnahmen die Qualität der Versorgung gewährleistet und kontinuierlich verbessert.

(3) Die Bundesarbeitsgemeinschaft für Rehabilitation bereitet die Empfehlungen nach Absatz 1 vor. Sie beteiligt die Verbände behinderter Menschen einschließlich der Verbände der Freien Wohlfahrtspflege, der Selbsthilfegruppen und der Interessenvertretungen behinderter Frauen sowie die nach § 19 Abs. 6 gebildeten Arbeitsgemeinschaften und die für die Wahrnehmung der Interessen der ambulanten und stationären Rehabilitationseinrichtungen auf Bundesebene maßgeblichen Spitzenverbände. Deren Anliegen wird bei der Ausgestaltung der Empfehlungen nach Möglichkeit Rechnung getragen.

(4) § 13 Abs. 3 ist entsprechend anzuwenden für Vereinbarungen auf Grund gesetzlicher Vorschriften für die Rehabilitationsträger.

§ 21
Verträge mit Leistungserbringern

(1) Die Verträge über die Ausführung von Leistungen durch Rehabilitationsdienste und -einrichtungen, die nicht in der Trägerschaft eines Rehabilitationsträgers stehen, enthalten insbesondere Regelungen über

1. Qualitätsanforderungen an die Ausführung der Leistungen, das beteiligte Personal und die begleitenden Fachdienste,
2. Übernahme von Grundsätzen der Rehabilitationsträger zur Vereinbarung von Vergütungen,
3. Rechte und Pflichten der Teilnehmer, soweit sich diese nicht bereits aus dem Rechtsverhältnis ergeben, das zwischen ihnen und dem Rehabilitationsträger besteht,
4. angemessene Mitwirkungsmöglichkeiten der Teilnehmer an der Ausführung der Leistungen,
5. Geheimhaltung personenbezogener Daten sowie
6. die Beschäftigung eines angemessenen Anteils behinderter, insbesondere schwerbehinderter Frauen.

(2) Die Rehabilitationsträger wirken darauf hin, dass die Verträge nach einheitlichen Grundsätzen abgeschlossen werden; sie können über den Inhalt der Verträge gemeinsame Empfehlungen nach § 13 sowie Rahmenverträge mit den Arbeitsgemeinschaften der Rehabilitationsdienste und -einrichtungen vereinbaren. Der Bundesbeauftragte für den Datenschutz wird beteiligt.

(3) Verträge mit fachlich nicht geeigneten Diensten oder Einrichtungen werden gekündigt.

(4) Absatz 1 Nr. 1 und 3 bis 6 wird für eigene Einrichtungen der Rehabilitationsträger entsprechend angewendet.

Kapitel 3
Gemeinsame Servicestellen

§ 22
Aufgaben

(1) Gemeinsame örtliche Servicestellen der Rehabilitationsträger bieten behinderten und von Behinderung bedrohten Menschen, ihren Vertrauenspersonen und Personensorgeberechtigten nach § 60 Beratung und Unterstützung an. Die Beratung und Unterstützung umfasst insbesondere,

1. über Leistungsvoraussetzungen, Leistungen der Rehabilitationsträger, besondere Hilfen im Arbeitsleben sowie über die Verwaltungsabläufe zu informieren,
2. bei der Klärung des Rehabilitationsbedarfs, bei der Inanspruchnahme von Leistungen zur Teilhabe und der besonderen Hilfen im Arbeitsleben sowie bei der Erfüllung von Mitwirkungspflichten zu helfen,
3. zu klären, welcher Rehabilitationsträger zuständig ist, auf klare und sachdienliche Anträge hinzuwirken und sie an den zuständigen Rehabilitationsträger weiterzuleiten,
4. bei einem Rehabilitationsbedarf, der voraussichtlich ein Gutachten erfordert, den zuständigen Rehabilitationsträger darüber zu informieren,
5. die Entscheidung des zuständigen Rehabilitationsträgers in Fällen, in denen die Notwendigkeit von Leistungen zur Teilhabe offenkundig ist, so umfassend vorzubereiten, dass dieser unverzüglich entscheiden kann,
6. bis zur Entscheidung oder Leistung des Rehabilitationsträgers den behinderten oder von Behinderung bedrohten Menschen unterstützend zu begleiten,
7. bei den Rehabilitationsträgern auf zeitnahe Entscheidungen und Leistungen hinzuwirken und
8. zwischen mehreren Rehabilitationsträgern und Beteiligten auch während der Leistungserbringung zu koordinieren und zu vermitteln.

SGB IX **§ 22-23**

Die Beratung umfasst unter Beteiligung der Integrationsämter auch die Klärung eines Hilfebedarfs nach Teil 2 dieses Buches. Die Pflegekassen werden bei drohender oder bestehender Pflegebedürftigkeit an der Beratung und Unterstützung durch die gemeinsamen Servicestellen beteiligt. Verbände behinderter Menschen einschließlich der Verbände der Freien Wohlfahrtspflege, der Selbsthilfegruppen und der Interessenvertretungen behinderter Frauen werden mit Einverständnis der behinderten Menschen an der Beratung beteiligt.

(2) § 14 des Ersten Buches und § 8 des Bundessozialhilfegesetzes bleiben unberührt. Auskünfte nach § 15 des Ersten Buches über Leistungen zur Teilhabe erteilen alle Rehabilitationsträger.

§ 23
Servicestellen

(1) Die Rehabilitationsträger stellen unter Nutzung bestehender Strukturen sicher, dass in allen Landkreisen und kreisfreien Städten gemeinsame Servicestellen bestehen. Gemeinsame Servicestellen können für mehrere kleine Landkreise oder kreisfreie Städte eingerichtet werden, wenn eine ortsnahe Beratung und Unterstützung behinderter und von Behinderung bedrohter Menschen gewährleistet ist. In den Ländern Berlin, Bremen und Hamburg werden die Servicestellen entsprechend dem besonderen Verwaltungsaufbau dieser Länder eingerichtet.

(2) Die zuständigen obersten Landessozialbehörden wirken mit Unterstützung der Spitzenverbände der Rehabilitationsträger darauf hin, dass die gemeinsamen Servicestellen unverzüglich eingerichtet werden.

(3) Die gemeinsamen Servicestellen werden so ausgestattet, dass sie ihre Aufgaben umfassend und qualifiziert erfüllen können, Zugangs- und Kommunikationsbarrieren nicht bestehen und Wartezeiten in der Regel vermieden werden. Hierfür wird besonders qualifiziertes Personal mit breiten Fachkenntnissen insbesondere des Rehabilitationsrechts und der Praxis eingesetzt. § 112 Abs. 3 ist sinngemäß anzuwenden.

§ 23-25   SGB IX

(4) In den Servicestellen dürfen Sozialdaten nur erhoben, verarbeitet und genutzt werden, soweit dies zur Erfüllung der Aufgaben nach § 22 Abs. 1 erforderlich ist.

§ 24
Bericht

(1) Die Rehabilitationsträger, die Träger der Renten-, Kranken- und Unfallversicherung über ihre Spitzenverbände, teilen der Bundesarbeitsgemeinschaft für Rehabilitation im Abstand von drei Jahren, erstmals im Jahre 2004, ihre Erfahrungen über die Einrichtung der gemeinsamen Servicestellen, die Durchführung und Erfüllung ihrer Aufgaben, die Einhaltung des Datenschutzes und mögliche Verbesserungen mit. Personenbezogene Daten werden anonymisiert.

(2) Die Bundesarbeitsgemeinschaft für Rehabilitation bereitet die Mitteilungen der Rehabilitationsträger auf, beteiligt hierbei die zuständigen obersten Landessozialbehörden, erörtert die Mitteilungen auf Landesebene mit den Verbänden behinderter Menschen einschließlich der Verbände der Freien Wohlfahrtspflege, der Selbsthilfegruppen und der Interessenvertretungen behinderter Frauen und berichtet unverzüglich dem Bundesministerium für Arbeit und Sozialordnung und den Ländern.

§ 25
Verordnungsermächtigung

Sind gemeinsame Servicestellen nach § 23 Abs. 1 nicht bis zum 31. Dezember 2002 in allen Landkreisen und kreisfreien Städten eingerichtet, bestimmt das Bundesministerium für Arbeit und Sozialordnung, soweit Rehabilitationsträger nach § 6 Abs. 1 Nr. 1 betroffen sind im Einvernehmen mit dem Bundesministerium für Gesundheit, durch Rechtsverordnung mit Zustimmung des Bundesrates das Nähere über den Ort der Einrichtung, den Rehabilitationsträger, bei dem die gemeinsame Servicestelle eingerichtet wird und der für die Einrichtung verantwortlich ist, den

SGB IX § 25-26

Zeitpunkt, zu dem die Einrichtung abgeschlossen sein muss, sowie über die Organisation, insbesondere entsprechend ihrem Anteil an den Leistungen zur Teilhabe über Art und Umfang der Beteiligung der Rehabilitationsträger in den gemeinsamen Servicestellen.

Kapitel 4
Leistungen zur medizinischen Rehabilitation

§ 26
Leistungen zur medizinischen Rehabilitation

(1) Zur medizinischen Rehabilitation behinderter und von Behinderung bedrohter Menschen werden die erforderlichen Leistungen erbracht, um

1. Behinderungen einschließlich chronischer Krankheiten abzuwenden, zu beseitigen, zu mindern, auszugleichen, eine Verschlimmerung zu verhüten oder
2. Einschränkungen der Erwerbsfähigkeit und Pflegebedürftigkeit zu vermeiden, zu überwinden, zu mindern, eine Verschlimmerung zu verhüten sowie den vorzeitigen Bezug von laufenden Sozialleistungen zu vermeiden oder laufende Sozialleistungen zu mindern.

(2) Leistungen zur medizinischen Rehabilitation umfassen insbesondere

1. Behandlung durch Ärzte, Zahnärzte und Angehörige anderer Heilberufe, soweit deren Leistungen unter ärztlicher Aufsicht oder auf ärztliche Anordnung ausgeführt werden, einschließlich der Anleitung, eigene Heilungskräfte zu entwickeln,
2. Früherkennung und Frühförderung behinderter und von Behinderung bedrohter Kinder,
3. Arznei- und Verbandmittel,
4. Heilmittel einschließlich physikalischer, Sprach- und Beschäftigungstherapie,

§ 26-27 SGB IX

5. Psychotherapie als ärztliche und psychotherapeutische Behandlung,
6. Hilfsmittel,
7. Belastungserprobung und Arbeitstherapie.

(3) Bestandteil der Leistungen nach Absatz 1 sind auch medizinische, psychologische und pädagogische Hilfen, soweit diese Leistungen im Einzelfall erforderlich sind, um die in Absatz 1 genannten Ziele zu erreichen oder zu sichern und Krankheitsfolgen zu vermeiden, zu überwinden, zu mindern oder ihre Verschlimmerung zu verhüten, insbesondere

1. Hilfen zur Unterstützung bei der Krankheits- und Behinderungsverarbeitung,
2. Aktivierung von Selbsthilfepotentialen,
3. mit Zustimmung der Leistungsberechtigten Information und Beratung von Partnern und Angehörigen sowie von Vorgesetzten und Kollegen,
4. Vermittlung von Kontakten zu örtlichen Selbsthilfe- und Beratungsmöglichkeiten,
5. Hilfen zur seelischen Stabilisierung und zur Förderung der sozialen Kompetenz, unter anderem durch Training sozialer und kommunikativer Fähigkeiten und im Umgang mit Krisensituationen,
6. Training lebenspraktischer Fähigkeiten,
7. Anleitung und Motivation zur Inanspruchnahme von Leistungen der medizinischen Rehabilitation.

§ 27
Krankenbehandlung und Rehabilitation

Die in § 26 Abs. 1 genannten Ziele sowie § 10 gelten auch bei Leistungen der Krankenbehandlung.

§ 28
Stufenweise Wiedereingliederung

Können arbeitsunfähige Leistungsberechtigte nach ärztlicher Feststellung ihre bisherige Tätigkeit teilweise verrichten und können sie durch eine stufenweise Wiederaufnahme ihrer Tätigkeit voraussichtlich besser wieder in das Erwerbsleben eingegliedert werden, sollen die medizinischen und die sie ergänzenden Leistungen entsprechend dieser Zielsetzung erbracht werden.

§ 29
Förderung der Selbsthilfe

Selbsthilfegruppen, -organisationen und -kontaktstellen, die sich die Prävention, Rehabilitation, Früherkennung, Behandlung und Bewältigung von Krankheiten und Behinderungen zum Ziel gesetzt haben, sollen nach einheitlichen Grundsätzen gefördert werden.

§ 30
Früherkennung und Frühförderung

(1) Die medizinischen Leistungen zur Früherkennung und Frühförderung behinderter und von Behinderung bedrohter Kinder nach § 26 Abs. 2 Nr. 2 umfassen auch

1. die medizinischen Leistungen der mit dieser Zielsetzung fachübergreifend arbeitenden Dienste und Einrichtungen,
2. nichtärztliche sozialpädiatrische, psychologische, heilpädagogische, psychosoziale Leistungen und die Beratung der Erziehungsberechtigten, auch in fachübergreifend arbeitenden Diensten und Einrichtungen, wenn sie unter ärztlicher Verantwortung erbracht werden und erforderlich sind, um eine drohende oder bereits eingetretene Behinderung zum frühestmöglichen Zeitpunkt zu erkennen und einen individuellen Behandlungsplan aufzustellen.

Leistungen nach Satz 1 werden als Komplexleistung in Verbindung mit heilpädagogischen Leistungen (§ 56) erbracht.

(2) Leistungen zur Früherkennung und Frühförderung behinderter und von Behinderung bedrohter Kinder umfassen des Weiteren nichtärztliche therapeutische, psychologische, heilpädagogische, sonderpädagogische, psychosoziale Leistungen und die Beratung der Erziehungsberechtigten durch interdisziplinäre Frühförderstellen, wenn sie erforderlich sind, um eine drohende oder bereits eingetretene Behinderung zum frühestmöglichen Zeitpunkt zu erkennen oder die Behinderung durch gezielte Förder- und Behandlungsmaßnahmen auszugleichen oder zu mildern.

(3) Zur Abgrenzung der in den Absätzen 1 und 2 genannten Leistungen und der sonstigen Leistungen dieser Dienste und Einrichtungen, zur Übernahme oder Teilung der Kosten zwischen den beteiligten Rehabilitationsträgern, zur Vereinbarung und Abrechnung der Entgelte sowie zur Finanzierung werden gemeinsame Empfehlungen vereinbart; § 13 Abs. 3, 4 und 6 gilt entsprechend. Landesrecht kann vorsehen, dass an der Komplexleistung weitere Stellen, insbesondere die Kultusverwaltung, zu beteiligen sind. In diesem Fall ist eine Erweiterung der gemeinsamen Empfehlungen anzustreben.

§ 31
Hilfsmittel

(1) Hilfsmittel (Körperersatzstücke sowie orthopädische und andere Hilfsmittel) nach § 26 Abs. 2 Nr. 6 umfassen die Hilfen, die von den Leistungsempfängern getragen oder mitgeführt oder bei einem Wohnungswechsel mitgenommen werden können und unter Berücksichtigung der Umstände des Einzelfalles erforderlich sind, um

1. einer drohenden Behinderung vorzubeugen,
2. den Erfolg einer Heilbehandlung zu sichern oder
3. eine Behinderung bei der Befriedigung von Grundbedürfnissen des täglichen Lebens auszugleichen, soweit sie nicht allgemeine Gebrauchsgegenstände des täglichen Lebens sind.

SGB IX § 31-32

(2) Der Anspruch umfasst auch die notwendige Änderung, Instandhaltung, Ersatzbeschaffung sowie die Ausbildung im Gebrauch der Hilfsmittel. Der Rehabilitationsträger soll

1. vor einer Ersatzbeschaffung prüfen, ob eine Änderung oder Instandsetzung von bisher benutzten Hilfsmitteln wirtschaftlicher und gleich wirksam ist,
2. die Bewilligung der Hilfsmittel davon abhängig machen, dass die behinderten Menschen sie sich anpassen oder sich in ihrem Gebrauch ausbilden lassen.

(3) Wählen Leistungsempfänger ein geeignetes Hilfsmittel in einer aufwendigeren Ausführung als notwendig, tragen sie die Mehrkosten selbst.

(4) Hilfsmittel können auch leihweise überlassen werden. In diesem Fall gelten die Absätze 2 und 3 entsprechend.

§ 32
Verordnungsermächtigungen

Das Bundesministerium für Arbeit und Sozialordnung wird ermächtigt, im Einvernehmen mit dem Bundesministerium für Gesundheit durch Rechtsverordnung mit Zustimmung des Bundesrates

1. Näheres zur Abgrenzung der in § 30 Abs. 1 und 2 genannten Leistungen und der sonstigen Leistungen dieser Dienste und Einrichtungen, zur Übernahme oder Teilung der Kosten zwischen den beteiligten Rehabilitationsträgern, zur Vereinbarung und Abrechnung der Entgelte sowie zur Finanzierung zu regeln, wenn gemeinsame Empfehlungen nach § 30 Abs. 3 nicht innerhalb von sechs Monaten, nachdem die Bundesministerien dazu aufgefordert haben, vereinbart oder unzureichend gewordene Empfehlungen nicht innerhalb dieser Frist geändert worden sind,
2. Näheres zur Auswahl der im Einzelfall geeigneten Hilfsmittel, insbesondere zum Verfahren, zur Eignungsprüfung, Dokumentation und leihweisen Überlassung der Hilfsmittel sowie zur

Zusammenarbeit der anderen Rehabilitationsträger mit den orthopädischen Versorgungsstellen zu regeln.

Kapitel 5
Leistungen zur Teilhabe am Arbeitsleben

§ 33
Leistungen zur Teilhabe am Arbeitsleben

(1) Zur Teilhabe am Arbeitsleben werden die erforderlichen Leistungen erbracht, um die Erwerbsfähigkeit behinderter oder von Behinderung bedrohter Menschen entsprechend ihrer Leistungsfähigkeit zu erhalten, zu verbessern, herzustellen oder wiederherzustellen und ihre Teilhabe am Arbeitsleben möglichst auf Dauer zu sichern.

(2) Behinderten Frauen werden gleiche Chancen im Erwerbsleben gesichert, insbesondere durch in der beruflichen Zielsetzung geeignete, wohnortnahe und auch in Teilzeit nutzbare Angebote.

(3) Die Leistungen umfassen insbesondere

1. Hilfen zur Erhaltung oder Erlangung eines Arbeitsplatzes einschließlich Leistungen zur Beratung und Vermittlung, Trainingsmaßnahmen und Mobilitätshilfen,
2. Berufsvorbereitung einschließlich einer wegen der Behinderung erforderlichen Grundausbildung,
3. berufliche Anpassung und Weiterbildung, auch soweit die Leistungen einen zur Teilnahme erforderlichen schulischen Abschluss einschließen,
4. berufliche Ausbildung, auch soweit die Leistungen in einem zeitlich nicht überwiegenden Abschnitt schulisch durchgeführt werden,
5. Überbrückungsgeld entsprechend § 57 des Dritten Buches durch die Rehabilitationsträger nach § 6 Abs. 1 Nr. 2 bis 5,
6. sonstige Hilfen zur Förderung der Teilhabe am Arbeitsleben, um behinderten Menschen eine angemessene und geeignete

Beschäftigung oder eine selbstständige Tätigkeit zu ermöglichen und zu erhalten.

(4) Bei der Auswahl der Leistungen werden Eignung, Neigung, bisherige Tätigkeit sowie Lage und Entwicklung auf dem Arbeitsmarkt angemessen berücksichtigt. Soweit erforderlich, wird dabei die berufliche Eignung abgeklärt oder eine Arbeitserprobung durchgeführt; in diesem Fall werden die Kosten nach Absatz 7, Reisekosten nach § 53 sowie Haushaltshilfe und Kinderbetreuungskosten nach § 54 übernommen.

(5) Die Leistungen werden auch für Zeiten notwendiger Praktika erbracht.

(6) Die Leistungen umfassen auch medizinische, psychologische und pädagogische Hilfen, soweit diese Leistungen im Einzelfall erforderlich sind, um die in Absatz 1 genannten Ziele zu erreichen oder zu sichern und Krankheitsfolgen zu vermeiden, zu überwinden, zu mindern oder ihre Verschlimmerung zu verhüten, insbesondere

1. Hilfen zur Unterstützung bei der Krankheits- und Behinderungsverarbeitung,
2. Aktivierung von Selbsthilfepotentialen,
3. mit Zustimmung der Leistungsberechtigten Information und Beratung von Partnern und Angehörigen sowie von Vorgesetzten und Kollegen,
4. Vermittlung von Kontakten zu örtlichen Selbsthilfe- und Beratungsmöglichkeiten,
5. Hilfen zur seelischen Stabilisierung und zur Förderung der sozialen Kompetenz, unter anderem durch Training sozialer und kommunikativer Fähigkeiten und im Umgang mit Krisensituationen,
6. Training lebenspraktischer Fähigkeiten,
7. Anleitung und Motivation zur Inanspruchnahme von Leistungen zur Teilhabe am Arbeitsleben,
8. Beteiligung von Integrationsfachdiensten im Rahmen ihrer Aufgabenstellung (§ 110).

(7) Zu den Leistungen gehört auch die Übernahme

§ 33 **SGB IX**

1. der erforderlichen Kosten für Unterkunft und Verpflegung, wenn für die Ausführung einer Leistung eine Unterbringung außerhalb des eigenen oder des elterlichen Haushalts wegen Art oder Schwere der Behinderung oder zur Sicherung des Erfolges der Teilhabe notwendig ist,
2. der erforderlichen Kosten, die mit der Ausführung einer Leistung in unmittelbarem Zusammenhang stehen, insbesondere für Lehrgangskosten, Prüfungsgebühren, Lernmittel, Arbeitskleidung und Arbeitsgerät.

(8) Leistungen nach Absatz 3 Nr. 1 und 6 umfassen auch

1. Kraftfahrzeughilfe nach der Kraftfahrzeughilfe-Verordnung,
2. den Ausgleich unvermeidbaren Verdienstausfalls des behinderten Menschen oder einer erforderlichen Begleitperson wegen Fahrten der An- und Abreise zu einer Bildungsmaßnahme und zur Vorstellung bei einem Arbeitgeber, einem Träger oder einer Einrichtung für behinderte Menschen durch die Rehabilitationsträger nach § 6 Abs. 1 Nr. 2 bis 5,
3. die Kosten einer notwendigen Arbeitsassistenz für schwerbehinderte Menschen als Hilfe zur Erlangung eines Arbeitsplatzes,
4. Kosten für Hilfsmittel, die wegen Art oder Schwere der Behinderung zur Berufsausübung, zur Teilnahme an einer Leistung zur Teilhabe am Arbeitsleben oder zur Erhöhung der Sicherheit auf dem Weg vom und zum Arbeitsplatz und am Arbeitsplatz erforderlich sind, es sei denn, dass eine Verpflichtung des Arbeitgebers besteht oder solche Leistungen als medizinische Leistung erbracht werden können,
5. Kosten technischer Arbeitshilfen, die wegen Art oder Schwere der Behinderung zur Berufsausübung erforderlich sind und
6. Kosten der Beschaffung, der Ausstattung und der Erhaltung einer behinderungsgerechten Wohnung in angemessenem Umfang.

Die Leistung nach Satz 1 Nr. 3 wird für die Dauer von bis zu drei Jahren erbracht und in Abstimmung mit dem Rehabilitationsträger nach § 6 Abs. 1 Nr. 1 bis 5 durch das Integrationsamt nach § 102 Abs. 4 ausgeführt. Der Rehabilitationsträger erstattet dem

Integrationsamt seine Aufwendungen. Der Anspruch nach § 102 Abs. 4 bleibt unberührt.

§ 34
Leistungen an Arbeitgeber

(1) Die Rehabilitationsträger nach § 6 Abs. 1 Nr. 2 bis 5 können Leistungen zur Teilhabe am Arbeitsleben auch an Arbeitgeber erbringen, insbesondere als

1. Ausbildungszuschüsse zur betrieblichen Ausführung von Bildungsleistungen,
2. Eingliederungszuschüsse,
3. Zuschüsse für Arbeitshilfen im Betrieb,
4. teilweise oder volle Kostenerstattung für eine befristete Probebeschäftigung.

Die Leistungen können unter Bedingungen und Auflagen erbracht werden.

(2) Ausbildungszuschüsse nach Absatz 1 Satz 1 Nr. 1 können für die gesamte Dauer der Maßnahme geleistet werden und sollen bei Ausbildungsmaßnahmen die von den Arbeitgebern im letzten Ausbildungsjahr zu zahlenden monatlichen Ausbildungsvergütungen nicht übersteigen.

(3) Eingliederungszuschüsse nach Absatz 1 Satz 1 Nr. 2 betragen höchstens 50 vom Hundert der vom Arbeitgeber regelmäßig gezahlten Entgelte, soweit sie die tariflichen Arbeitsentgelte oder, wenn eine tarifliche Regelung nicht besteht, die für vergleichbare Tätigkeiten ortsüblichen Arbeitsentgelte im Rahmen der Beitragsbemessungsgrenze in der Arbeitsförderung nicht übersteigen; die Leistungen sollen im Regelfall für nicht mehr als ein Jahr geleistet werden. Soweit es für die Teilhabe am Arbeitsleben erforderlich ist, können die Leistungen um bis zu 20 Prozentpunkte höher festgelegt und bis zu einer Förderungshöchstdauer von zwei Jahren erbracht werden. Werden sie für mehr als ein Jahr geleistet, sind sie entsprechend der zu erwartenden Zunahme der Leistungsfähigkeit der Leistungsberechtigten und den abnehmen-

§ 34-35**SGB IX**

den Eingliederungserfordernissen gegenüber der bisherigen Förderungshöhe, mindestens um zehn Prozentpunkte, zu vermindern. Bei der Berechnung nach Satz 1 wird auch der Anteil des Arbeitgebers am Gesamtsozialversicherungsbeitrag berücksichtigt. Eingliederungszuschüsse werden zurückgezahlt, wenn die Arbeitsverhältnisse während des Förderungszeitraums oder innerhalb eines Zeitraums, der der Förderungsdauer entspricht, längstens jedoch von einem Jahr, nach dem Ende der Leistungen beendet werden; dies gilt nicht, wenn

1. die Leistungsberechtigten die Arbeitsverhältnisse durch Kündigung beenden oder das Mindestalter für den Bezug der gesetzlichen Altersrente erreicht haben oder
2. die Arbeitgeber berechtigt waren, aus wichtigem Grund ohne Einhaltung einer Kündigungsfrist oder aus Gründen, die in der Person oder dem Verhalten des Arbeitnehmers liegen, oder aus dringenden betrieblichen Erfordernissen, die einer Weiterbeschäftigung in diesem Betrieb entgegenstehen, zu kündigen.

Die Rückzahlung ist auf die Hälfte des Förderungsbetrages, höchstens aber den im letzten Jahr vor der Beendigung des Beschäftigungsverhältnisses gewährten Förderungsbetrag begrenzt; ungeförderte Nachbeschäftigungszeiten werden anteilig berücksichtigt.

§ 35
Einrichtungen der beruflichen Rehabilitation

Leistungen werden durch Berufsbildungswerke, Berufsförderungswerke und vergleichbare Einrichtungen der beruflichen Rehabilitation ausgeführt, soweit Art oder Schwere der Behinderung oder die Sicherung des Erfolges die besonderen Hilfen dieser Einrichtungen erforderlich machen. Die Einrichtung muss

1. nach Dauer, Inhalt und Gestaltung der Leistungen, Unterrichtsmethode, Ausbildung und Berufserfahrung der Leitung und der Lehrkräfte sowie der Ausgestaltung der Fachdienste eine erfolgreiche Ausführung der Leistung erwarten lassen,

SGB IX § 35-37

2. angemessene Teilnahmebedingungen bieten und behinderungsgerecht sein, insbesondere auch die Beachtung der Erfordernisse des Arbeitsschutzes und der Unfallverhütung gewährleisten,
3. den Teilnehmenden und den von ihnen zu wählenden Vertretungen angemessene Mitwirkungsmöglichkeiten an der Ausführung der Leistungen bieten sowie
4. die Leistung nach den Grundsätzen der Wirtschaftlichkeit und Sparsamkeit, insbesondere zu angemessenen Vergütungssätzen, ausführen.

Die zuständigen Rehabilitationsträger vereinbaren hierüber gemeinsame Empfehlungen nach den §§ 13 und 20.

§ 36
Rechtsstellung der Teilnehmenden

Werden Leistungen in Einrichtungen der beruflichen Rehabilitation ausgeführt, werden die Teilnehmenden nicht in den Betrieb der Einrichtungen eingegliedert. Sie sind keine Arbeitnehmer im Sinne des Betriebsverfassungsgesetzes und wählen zu ihrer Mitwirkung besondere Vertreter. Bei der Ausführung werden die arbeitsrechtlichen Grundsätze über den Persönlichkeitsschutz, die Haftungsbeschränkung sowie die gesetzlichen Vorschriften über den Arbeitsschutz, den Erholungsurlaub und die Gleichberechtigung von Männern und Frauen entsprechend angewendet.

§ 37
Dauer von Leistungen

(1) Leistungen werden für die Zeit erbracht, die vorgeschrieben oder allgemein üblich ist, um das angestrebte Teilhabeziel zu erreichen; eine Förderung kann darüber hinaus erfolgen, wenn besondere Umstände dies rechtfertigen.

(2) Leistungen zur beruflichen Weiterbildung sollen in der Regel bei ganztägigem Unterricht nicht länger als zwei Jahre dauern, es

sei denn, dass das Teilhabeziel nur über eine länger dauernde Leistung erreicht werden kann oder die Eingliederungsaussichten nur durch eine länger dauernde Leistung wesentlich verbessert werden.

§ 38
Beteiligung der Bundesanstalt für Arbeit

Die Bundesanstalt für Arbeit nimmt auf Anforderung eines anderen Rehabilitationsträgers zu Notwendigkeit, Art und Umfang von Leistungen unter Berücksichtigung arbeitsmarktlicher Zweckmäßigkeit gutachterlich Stellung. Dies gilt auch, wenn sich die Leistungsberechtigten in einem Krankenhaus oder einer Einrichtung der medizinischen oder der medizinisch-beruflichen Rehabilitation aufhalten.

§ 39
Leistungen in Werkstätten für behinderte Menschen

Leistungen in anerkannten Werkstätten für behinderte Menschen (§ 136) werden erbracht, um die Leistungs- oder Erwerbsfähigkeit der behinderten Menschen zu erhalten, zu entwickeln, zu verbessern oder wiederherzustellen, die Persönlichkeit dieser Menschen weiterzuentwickeln und ihre Beschäftigung zu ermöglichen oder zu sichern.

§ 40
Leistungen im Eingangsverfahren und im Berufsbildungsbereich

(1) Leistungen im Eingangsverfahren und im Berufsbildungsbereich einer anerkannten Werkstatt für behinderte Menschen erhalten behinderte Menschen

1. im Eingangsverfahren zur Feststellung, ob die Werkstatt die geeignete Einrichtung für die Teilhabe des behinderten Menschen am Arbeitsleben ist sowie welche Bereiche der Werkstatt

SGB IX § 40-41

und welche Leistungen zur Teilhabe am Arbeitsleben für den behinderten Menschen in Betracht kommen, und um einen Eingliederungsplan zu erstellen,
2. im Berufsbildungsbereich, wenn die Leistungen erforderlich sind, um die Leistungs- oder Erwerbsfähigkeit des behinderten Menschen so weit wie möglich zu entwickeln, zu verbessern oder wiederherzustellen und erwartet werden kann, dass der behinderte Mensch nach Teilnahme an diesen Leistungen in der Lage ist, wenigstens ein Mindestmaß wirtschaftlich verwertbarer Arbeitsleistung im Sinne des § 136 zu erbringen.

(2) Die Leistungen im Eingangsverfahren können im Einzelfall bis zu drei Monaten erbracht werden. Sie werden bis zu vier Wochen erbracht, wenn die notwendigen Feststellungen in dieser Zeit getroffen werden können.

(3) Die Leistungen im Berufsbildungsbereich werden für zwei Jahre erbracht. Sie werden in der Regel für ein Jahr bewilligt. Sie werden für ein weiteres Jahr bewilligt, wenn die Leistungsfähigkeit des behinderten Menschen weiterentwickelt oder wiedergewonnen werden kann.

§ 41
Leistungen im Arbeitsbereich

(1) Leistungen im Arbeitsbereich einer anerkannten Werkstatt für behinderte Menschen erhalten behinderte Menschen, bei denen

1. eine Beschäftigung auf dem allgemeinen Arbeitsmarkt oder
2. Berufsvorbereitung, berufliche Anpassung und Weiterbildung oder berufliche Ausbildung (§ 33 Abs. 3 Nr. 2 bis 4)

wegen Art oder Schwere der Behinderung nicht, noch nicht oder noch nicht wieder in Betracht kommen und die in der Lage sind, wenigstens ein Mindestmaß an wirtschaftlich verwertbarer Arbeitsleistung zu erbringen.

(2) Die Leistungen sind gerichtet auf

§ 41 SGB IX

1. Aufnahme, Ausübung und Sicherung einer der Eignung und Neigung des behinderten Menschen entsprechenden Beschäftigung,
2. Teilnahme an arbeitsbegleitenden Maßnahmen zur Erhaltung und Verbesserung der im Berufsbildungsbereich erworbenen Leistungsfähigkeit und zur Weiterentwicklung der Persönlichkeit sowie
3. Förderung des Übergangs geeigneter behinderter Menschen auf den allgemeinen Arbeitsmarkt durch geeignete Maßnahmen.

(3) Die Werkstätten erhalten für die Leistungen nach Absatz 2 vom zuständigen Rehabilitationsträger angemessene Vergütungen, die den Grundsätzen der Wirtschaftlichkeit, Sparsamkeit und Leistungsfähigkeit entsprechen. Ist der Träger der Sozialhilfe zuständig, sind die Vorschriften nach Abschnitt 7 des Bundessozialhilfegesetzes anzuwenden. Die Vergütungen, in den Fällen des Satzes 2 die Pauschalen und Beträge nach § 93a Abs. 2 des Bundessozialhilfegesetzes, berücksichtigen

1. alle für die Erfüllung der Aufgaben und der fachlichen Anforderungen der Werkstatt notwendigen Kosten sowie
2. die mit der wirtschaftlichen Betätigung der Werkstatt in Zusammenhang stehenden Kosten, soweit diese unter Berücksichtigung der besonderen Verhältnisse in der Werkstatt und der dort beschäftigten behinderten Menschen nach Art und Umfang über die in einem Wirtschaftsunternehmen üblicherweise entstehenden Kosten hinausgehen.

Können die Kosten der Werkstatt nach Satz 3 Nr. 2 im Einzelfall nicht ermittelt werden, kann eine Vergütungspauschale für diese werkstattspezifischen Kosten der wirtschaftlichen Betätigung der Werkstatt vereinbart werden.

(4) Bei der Ermittlung des Arbeitsergebnisses der Werkstatt nach § 12 Abs. 4 der Werkstättenverordnung werden die Auswirkungen der Vergütungen auf die Höhe des Arbeitsergebnisses dargestellt. Dabei wird getrennt ausgewiesen, ob sich durch die Vergütung Verluste oder Gewinne ergeben. Das Arbeitsergebnis der Werkstatt darf nicht zur Minderung der Vergütungen nach Absatz 3 verwendet werden.

§ 42
Zuständigkeit für Leistungen in Werkstätten für behinderte Menschen

(1) Die Leistungen im Eingangsverfahren und im Berufsbildungsbereich erbringen

1. die Bundesanstalt für Arbeit, soweit nicht einer der in den Nummern 2 bis 4 genannten Träger zuständig ist,
2. die Träger der Unfallversicherung im Rahmen ihrer Zuständigkeit für durch Arbeitsunfälle Verletzte und von Berufskrankheiten Betroffene,
3. die Träger der Rentenversicherung unter den Voraussetzungen der §§ 11 bis 13 des Sechsten Buches,
4. die Träger der Kriegsopferfürsorge unter den Voraussetzungen der §§ 26 und 26a des Bundesversorgungsgesetzes.

(2) Die Leistungen im Arbeitsbereich erbringen

1. die Träger der Unfallversicherung im Rahmen ihrer Zuständigkeit für durch Arbeitsunfälle Verletzte und von Berufskrankheiten Betroffene,
2. die Träger der Kriegsopferfürsorge unter den Voraussetzungen des § 27d Abs. 1 Nr. 6 des Bundesversorgungsgesetzes,
3. die Träger der öffentlichen Jugendhilfe unter den Voraussetzungen des § 35a des Achten Buches,
4. im Übrigen die Träger der Sozialhilfe unter den Voraussetzungen des Bundessozialhilfegesetzes.

§ 43
Arbeitsförderungsgeld

Die Werkstätten für behinderte Menschen erhalten von dem zuständigen Rehabilitationsträger zur Auszahlung an die im Arbeitsbereich beschäftigten behinderten Menschen zusätzlich zu den Vergütungen nach § 41 Abs. 3 ein Arbeitsförderungsgeld. Das Arbeitsförderungsgeld beträgt monatlich 50 Deutsche Mark (ab 1.1.2002: 26 Euro) für jeden im Arbeitsbereich beschäftigten behinderten Menschen, dessen Arbeitsentgelt zusammen mit dem Arbeitsförderungsgeld den Betrag von 630 Deutsche Mark (ab 1.1.2002: 323 Euro) nicht übersteigt. Ist das Arbeitsentgelt höher als 580 Deutsche Mark (ab 1.1.2002: 300 Euro), beträgt das Arbeitsförderungsgeld monatlich den Unterschiedsbetrag zwischen dem Arbeitsentgelt und 630 Deutsche Mark (ab 1.1.2002: 323 Euro). Erhöhungen der Arbeitsentgelte auf Grund der Zuordnung der Kosten im Arbeitsbereich der Werkstatt gemäß § 41 Abs. 3 des Bundessozialhilfegesetzes in der ab 1. August 1996 geltenden Fassung oder gemäß § 41 Abs. 3 können auf die Zahlung des Arbeitsförderungsgeldes angerechnet werden.

Kapitel 6
Unterhaltssichernde und andere ergänzende Leistungen

§ 44
Ergänzende Leistungen

(1) Die Leistungen zur medizinischen Rehabilitation und zur Teilhabe am Arbeitsleben der in § 6 Abs. 1 Nr. 1 bis 5 genannten Rehabilitationsträger werden ergänzt durch

1. Krankengeld, Versorgungskrankengeld, Verletztengeld, Übergangsgeld, Ausbildungsgeld oder Unterhaltsbeihilfe,
2. Beiträge und Beitragszuschüsse
    a) zur Krankenversicherung nach Maßgabe des Fünften Buches, des Zweiten Gesetzes über die Krankenversicherung der Landwirte sowie des Künstlersozialversicherungsgesetzes,
    b) zur Unfallversicherung nach Maßgabe des Siebten Buches,
    c) zur Rentenversicherung nach Maßgabe des Sechsten Buches sowie des Künstlersozialversicherungsgesetzes,
    d) zur Bundesanstalt für Arbeit nach Maßgabe des Dritten Buches,
    e) zur Pflegeversicherung nach Maßgabe des Elften Buches,

SGB IX § 44-45

3. ärztlich verordneten Rehabilitationssport in Gruppen unter ärztlicher Betreuung und Überwachung, einschließlich Übungen für behinderte oder von Behinderung bedrohte Frauen und Mädchen, die der Stärkung des Selbstbewusstseins dienen,
4. ärztlich verordnetes Funktionstraining in Gruppen unter fachkundiger Anleitung und Überwachung,
5. Reisekosten,
6. Betriebs- oder Haushaltshilfe und Kinderbetreuungskosten.

(2) Ist der Schutz behinderter Menschen bei Krankheit oder Pflege während der Teilnahme an Leistungen zur Teilhabe am Arbeitsleben nicht anderweitig sichergestellt, können die Beiträge für eine freiwillige Krankenversicherung ohne Anspruch auf Krankengeld und zur Pflegeversicherung bei einem Träger der gesetzlichen Kranken- oder Pflegeversicherung oder, wenn dort im Einzelfall ein Schutz nicht gewährleistet ist, die Beiträge zu einem privaten Krankenversicherungsunternehmen erbracht werden. Arbeitslose Teilnehmer an Leistungen zur medizinischen Rehabilitation können für die Dauer des Bezuges von Verletztengeld, Versorgungskrankengeld oder Übergangsgeld einen Zuschuss zu ihrem Beitrag für eine private Versicherung gegen Krankheit oder für die Pflegeversicherung erhalten. Der Zuschuss wird nach § 207a Abs. 2 des Dritten Buches berechnet.

§ 45
Leistungen zum Lebensunterhalt

(1) Im Zusammenhang mit Leistungen zur medizinischen Rehabilitation leisten

1. die gesetzlichen Krankenkassen Krankengeld nach Maßgabe der §§ 44 und 46 bis 51 des Fünften Buches und des § 8 Abs. 2 in Verbindung mit den §§ 12 und 13 des Zweiten Gesetzes über die Krankenversicherung der Landwirte,
2. die Träger der Unfallversicherung Verletztengeld nach Maßgabe der §§ 45 bis 48, 52 und 55 des Siebten Buches,
3. die Träger der Rentenversicherung Übergangsgeld nach Maßgabe dieses Buches und der §§ 20 und 21 des Sechsten Buches,

§ 45 **SGB IX**

4. die Träger der Kriegsopferversorgung Versorgungskrankengeld nach Maßgabe der §§ 16 bis 16h und 18a des Bundesversorgungsgesetzes.

(2) Im Zusammenhang mit Leistungen zur Teilhabe am Arbeitsleben leisten Übergangsgeld

1. die Träger der Unfallversicherung nach Maßgabe dieses Buches und der §§ 49 bis 52 des Siebten Buches,
2. die Träger der Rentenversicherung nach Maßgabe dieses Buches und der §§ 20 und 21 des Sechsten Buches,
3. die Bundesanstalt für Arbeit nach Maßgabe dieses Buches und der §§ 160 bis 162 des Dritten Buches,
4. die Träger der Kriegsopferfürsorge nach Maßgabe dieses Buches und des § 26a des Bundesversorgungsgesetzes.

(3) Behinderte oder von Behinderung bedrohte Menschen haben Anspruch auf Übergangsgeld wie bei Leistungen zur Teilhabe am Arbeitsleben für den Zeitraum, in dem die berufliche Eignung abgeklärt oder eine Arbeitserprobung durchgeführt wird (§ 33 Abs. 4 Satz 2) und sie wegen der Teilnahme kein oder ein geringeres Arbeitsentgelt oder Arbeitseinkommen erzielen.

(4) Der Anspruch auf Übergangsgeld ruht, solange die Leistungsempfängerin einen Anspruch auf Mutterschaftsgeld hat; § 52 Nr. 2 des Siebten Buches bleibt unberührt.

(5) Während der Ausführung von Leistungen zur erstmaligen beruflichen Ausbildung behinderter Menschen und berufsvorbereitenden Bildungsmaßnahmen sowie im Eingangsverfahren und im Berufsbildungsbereich von Werkstätten für behinderte Menschen leisten

1. die Bundesanstalt für Arbeit Ausbildungsgeld nach Maßgabe der §§ 104 bis 108 des Dritten Buches,
2. die Träger der Kriegsopferfürsorge Unterhaltsbeihilfe unter den Voraussetzungen der §§ 26 und 26a des Bundesversorgungsgesetzes.

(6) Die Träger der Kriegsopferfürsorge leisten in den Fällen des § 27d Abs. 1 Nr. 3 des Bundesversorgungsgesetzes ergänzende

SGB IX § 45-46

Hilfe zum Lebensunterhalt nach § 27a des Bundesversorgungsgesetzes.

(7) Wird bei ambulanter Ausführung von Leistungen zur medizinischen Rehabilitation Verletztengeld, Versorgungskrankengeld oder Übergangsgeld geleistet, kann der Rehabilitationsträger im Rahmen der nach § 13 Abs. 2 Nr. 7 vereinbarten Empfehlung eine Erstattung seiner Aufwendungen für diese Leistungen verlangen.

(8) Das Krankengeld, das Versorgungskrankengeld, das Verletztengeld und das Übergangsgeld werden für Kalendertage gezahlt; wird die Leistung für einen ganzen Kalendermonat gezahlt, so wird dieser mit 30 Tagen angesetzt.

§ 46
Höhe und Berechnung des Übergangsgelds

(1) Der Berechnung des Übergangsgelds werden 80 vom Hundert des erzielten regelmäßigen Arbeitsentgelts und Arbeitseinkommens, soweit es der Beitragsberechnung unterliegt (Regelentgelt) zugrunde gelegt, höchstens jedoch das in entsprechender Anwendung des § 47 berechnete Nettoarbeitsentgelt; hierbei gilt die für den Rehabilitationsträger jeweils geltende Beitragsbemessungsgrenze. Das Übergangsgeld beträgt

1. für Leistungsempfänger, die mindestens ein Kind im Sinne des § 32 Abs. 1, 3 bis 5 des Einkommensteuergesetzes haben, oder deren Ehegatten, mit denen sie in häuslicher Gemeinschaft leben, eine Erwerbstätigkeit nicht ausüben können, weil sie die Leistungsempfänger pflegen oder selbst der Pflege bedürfen und keinen Anspruch auf Leistungen aus der Pflegeversicherung haben, 75 vom Hundert,
2. für die übrigen Leistungsempfänger 68 vom Hundert des nach Satz 1 oder § 48 maßgebenden Betrages. Bei Übergangsgeld der Träger der Kriegsopferfürsorge wird unter den Voraussetzungen von Satz 2 Nr. 1 ein Vomhundertsatz von 80, im Übrigen ein Vomhundertsatz von 70 zugrunde gelegt.

§ 46-47　　　　　　　　　　　　　　　　　　　　　　　　　SGB IX

(2) Für die Berechnung des Nettoarbeitsentgelts nach Absatz 1 Satz 1 wird der sich aus dem kalendertäglichen Hinzurechnungsbetrag nach § 47 Abs. 1 Satz 6 ergebende Anteil am Nettoarbeitsentgelt mit dem Vomhundertsatz angesetzt, der sich aus dem Verhältnis des kalendertäglichen Regelentgeltbetrages nach § 47 Abs. 1 Satz 1 bis 5 zu dem sich aus diesem Regelentgeltbetrag ergebenden Nettoarbeitsentgelt ergibt. Das kalendertägliche Übergangsgeld darf das sich aus dem Arbeitsentgelt nach § 47 Abs. 1 Satz 1 bis 5 ergebende kalendertägliche Nettoarbeitsentgelt nicht übersteigen.

§ 47
Berechnung des Regelentgelts

(1) Der Berechnung des Regelentgelts wird das von den Leistungsempfängern im letzten vor Beginn der Leistung oder einer vorangegangenen Arbeitsunfähigkeit abgerechneten Entgeltabrechnungszeitraum, mindestens das während der letzten abgerechneten vier Wochen (Bemessungszeitraum) erzielte und um einmalig gezahltes Arbeitsentgelt verminderte Arbeitsentgelt durch die Zahl der Stunden geteilt, für die es gezahlt wurde. Das Ergebnis wird mit der Zahl der sich aus dem Inhalt des Arbeitsverhältnisses ergebenden regelmäßigen wöchentlichen Arbeitsstunden vervielfacht und durch sieben geteilt. Ist das Arbeitsentgelt nach Monaten bemessen oder ist eine Berechnung des Regelentgelts nach den Sätzen 1 und 2 nicht möglich, gilt der 30. Teil des in dem letzten vor Beginn der Leistung abgerechneten Kalendermonat erzielten und um einmalig gezahltes Arbeitsentgelt verminderten Arbeitsentgelts als Regelentgelt. Wird mit einer Arbeitsleistung Arbeitsentgelt erzielt, das für Zeiten einer Freistellung vor oder nach dieser Arbeitsleistung fällig wird (Wertguthaben nach § 7 Abs. 1a des Vierten Buches), ist für die Berechnung des Regelentgelts das im Bemessungszeitraum der Beitragsberechnung zugrunde liegende und um einmalig gezahltes Arbeitsentgelt verminderte Arbeitsentgelt maßgebend; Wertguthaben, die nicht gemäß einer Vereinbarung über flexible Arbeitszeitregelungen verwendet werden (§ 23b Abs. 2 des Vierten Buches), blei-

ben außer Betracht. Bei der Anwendung des Satzes 1 gilt als regelmäßige wöchentliche Arbeitszeit die Arbeitszeit, die dem gezahlten Arbeitsentgelt entspricht. Für die Berechnung des Regelentgelts wird der 360. Teil des einmalig gezahlten Arbeitsentgelts, das in den letzten zwölf Kalendermonaten vor Beginn der Leistung nach § 23a des Vierten Buches der Beitragsberechnung zugrunde gelegen hat, dem nach den Sätzen 1 bis 5 berechneten Arbeitsentgelt hinzugerechnet.

(2) Bei Teilarbeitslosigkeit ist für die Berechnung das Arbeitsentgelt maßgebend, das in der infolge der Teilarbeitslosigkeit nicht mehr ausgeübten Beschäftigung erzielt wurde.

(3) Für Leistungsempfänger, die Kurzarbeiter- oder Winterausfallgeld bezogen haben, wird das regelmäßige Arbeitsentgelt zugrunde gelegt, das zuletzt vor dem Arbeitsausfall erzielt wurde.

(4) Das Regelentgelt wird bis zur Höhe der für den Rehabilitationsträger jeweils geltenden Leistungs- oder Beitragsbemessungsgrenze berücksichtigt, in der Rentenversicherung bis zur Höhe des der Beitragsbemessung zugrunde liegenden Entgelts.

(5) Für Leistungsempfänger, die im Inland nicht einkommensteuerpflichtig sind, werden für die Feststellung des entgangenen Nettoarbeitsentgelts die Steuern berücksichtigt, die bei einer Steuerpflicht im Inland durch Abzug vom Arbeitsentgelt erhoben würden.

§ 48
Berechnungsgrundlage in Sonderfällen

Die Berechnungsgrundlage für das Übergangsgeld während Leistungen zur Teilhabe am Arbeitsleben wird aus 65 vom Hundert des auf ein Jahr bezogenen tariflichen oder, wenn es an einer tariflichen Regelung fehlt, des ortsüblichen Arbeitsentgelts ermittelt, das für den Wohnsitz oder gewöhnlichen Aufenthaltsort der Leistungsempfänger gilt, wenn

1. die Berechnung nach den §§ 46 und 47 zu einem geringeren Betrag führt,

§ 48-50 **SGB IX**

2. Arbeitsentgelt oder Arbeitseinkommen nicht erzielt worden ist oder
3. der letzte Tag des Bemessungszeitraums bei Beginn der Leistungen länger als drei Jahre zurückliegt.

Maßgebend ist das Arbeitsentgelt in dem letzten Kalendermonat vor dem Beginn der Leistungen bis zur jeweiligen Beitragsbemessungsgrenze für diejenige Beschäftigung, für die Leistungsempfänger ohne die Behinderung nach ihren beruflichen Fähigkeiten, ihrer bisherigen beruflichen Tätigkeit und nach ihrem Lebensalter in Betracht kämen. Für den Kalendertag wird der 360. Teil dieses Betrages angesetzt.

§ 49
Kontinuität der Bemessungsgrundlage

Haben Leistungsempfänger Krankengeld, Verletztengeld, Versorgungskrankengeld oder Übergangsgeld bezogen und wird im Anschluss daran eine Leistung zur medizinischen Rehabilitation oder zur Teilhabe am Arbeitsleben ausgeführt, so wird bei der Berechnung der diese Leistungen ergänzenden Leistung zum Lebensunterhalt von dem bisher zugrunde gelegten Arbeitsentgelt ausgegangen; es gilt die für den Rehabilitationsträger jeweils geltende Beitragsbemessungsgrenze.

§ 50
Anpassung der Entgeltersatzleistungen

(1) Die dem Krankengeld, Versorgungskrankengeld, Verletztengeld und Übergangsgeld zugrunde liegende Berechnungsgrundlage wird jeweils nach Ablauf eines Jahres seit dem Ende des Bemessungszeitraums entsprechend der Veränderung der Bruttolohn- und -gehaltssumme je durchschnittlich beschäftigten Arbeitnehmer vom vorvergangenen zum vergangenen Kalenderjahr an die Entwicklung der Bruttoarbeitsentgelte angepasst.

(2) Der Anpassungsfaktor errechnet sich, indem die Bruttolohn-

und -gehaltssumme je durchschnittlich beschäftigten Arbeitnehmer für das vergangene Kalenderjahr durch die Bruttolohn- und -gehaltssumme für das vorvergangene Kalenderjahr geteilt wird; § 68 Abs. 6 und § 121 Abs. 1 des Sechsten Buches gelten entsprechend.

(3)[1] Das Bundesministerium für Arbeit und Sozialordnung gibt jeweils zum 30. Juni eines Kalenderjahres den Anpassungsfaktor, der für die folgenden zwölf Monate maßgebend ist, im Bundesanzeiger bekannt.

§ 51
Weiterzahlung der Leistungen

(1) Sind nach Abschluss von Leistungen zur medizinischen Rehabilitation oder von Leistungen zur Teilhabe am Arbeitsleben weitere Leistungen zur Teilhabe am Arbeitsleben erforderlich, während derer dem Grunde nach Anspruch auf Übergangsgeld besteht, und können diese aus Gründen, die die Leistungsempfänger nicht zu vertreten haben, nicht unmittelbar anschließend durchgeführt werden, werden das Verletztengeld, das Versorgungskrankengeld oder das Übergangsgeld für diese Zeit weitergezahlt, wenn

1. die Leistungsempfänger arbeitsunfähig sind und keinen Anspruch auf Krankengeld mehr haben oder
2. ihnen eine zumutbare Beschäftigung aus Gründen, die sie nicht zu vertreten haben, nicht vermittelt werden kann.

(2) Leistungsempfänger haben die Verzögerung insbesondere zu vertreten, wenn sie zumutbare Angebote von Leistungen zur Teilhabe am Arbeitsleben in größerer Entfernung zu ihren Wohnorten ablehnen. Für die Beurteilung der Zumutbarkeit ist § 121 Abs. 4 des Dritten Buches entsprechend anzuwenden.

(3) Können Leistungsempfänger Leistungen zur Teilhabe am Arbeitsleben allein aus gesundheitlichen Gründen nicht mehr, aber

---

1 In Kraft ab 23.6.2001.

§ 51-52 SGB IX

voraussichtlich wieder in Anspruch nehmen, werden Übergangsgeld und Unterhaltsbeihilfe bis zum Ende dieser Leistungen, längstens bis zu sechs Wochen weitergezahlt.

(4) Sind die Leistungsempfänger im Anschluss an eine abgeschlossene Leistung zur Teilhabe am Arbeitsleben arbeitslos, werden Übergangsgeld und Unterhaltsbeihilfe während der Arbeitslosigkeit bis zu drei Monaten weitergezahlt, wenn sie sich beim Arbeitsamt arbeitslos gemeldet haben und einen Anspruch auf Arbeitslosengeld von mindestens drei Monaten nicht geltend machen können; die Dauer von drei Monaten vermindert sich um die Anzahl von Tagen, für die Leistungsempfänger im Anschluss an eine abgeschlossene Leistung zur Teilhabe am Arbeitsleben einen Anspruch aus Arbeitslosengeld geltend machen können. In diesem Fall beträgt das Übergangsgeld

1. bei Leistungsempfängern, bei denen die Voraussetzungen des erhöhten Bemessungssatzes nach § 46 Abs. 1 Satz 2 Nr. 1 vorliegen, 67 vom Hundert,
2. bei den übrigen Leistungsempfängern 60 vom Hundert

des sich aus § 46 Abs. 1 Satz 1 oder § 47 ergebenden Betrages.

§ 52
Einkommensanrechnung

(1) Auf das Übergangsgeld der Rehabilitationsträger nach § 6 Abs. 1 Nr. 2, 4 und 5 werden angerechnet

1. Erwerbseinkommen aus einer Beschäftigung oder einer während des Anspruchs auf Übergangsgeld ausgeübten Tätigkeit, das bei Beschäftigten um die gesetzlichen Abzüge und um einmalig gezahltes Arbeitsentgelt und bei sonstigen Leistungsempfängern um 20 vom Hundert zu vermindern ist,
2. Leistungen des Arbeitgebers zum Übergangsgeld, soweit sie zusammen mit dem Übergangsgeld das vor Beginn der Leistung erzielte, um die gesetzlichen Abzüge verminderte Arbeitsentgelt übersteigen,
3. Geldleistungen, die eine öffentlich-rechtliche Stelle im Zu-

sammenhang mit einer Leistung zur medizinischen Rehabilitation oder einer Leistung zur Teilhabe am Arbeitsleben erbringt,
4. Renten wegen verminderter Erwerbsfähigkeit oder Verletztenrenten in Höhe des sich aus § 18a Abs. 3 Satz 1 Nr. 4 des Vierten Buches ergebenden Betrages, wenn sich die Minderung der Erwerbsfähigkeit auf die Höhe der Berechnungsgrundlage für das Übergangsgeld nicht ausgewirkt hat,
5. Renten wegen verminderter Erwerbsfähigkeit, die aus demselben Anlass wie die Leistungen zur Teilhabe erbracht werden, wenn durch die Anrechnung eine unbillige Doppelleistung vermieden wird,
6. Renten wegen Alters, die bei Berechnung des Übergangsgelds aus einem Teilarbeitsentgelt nicht berücksichtigt wurden,
7. Verletztengeld nach den Vorschriften des Siebten Buches,
8. den Nummern 1 bis 7 vergleichbare Leistungen, die von einer Stelle außerhalb des Geltungsbereichs dieses Gesetzbuchs erbracht werden.

(2) Bei der Anrechnung von Verletztenrenten mit Kinderzulage und von Renten wegen verminderter Erwerbsfähigkeit mit Kinderzuschuss auf das Übergangsgeld bleibt ein Betrag in Höhe des Kindergeldes nach § 66 des Einkommensteuergesetzes oder § 6 des Bundeskindergeldgesetzes außer Ansatz.

(3) Wird ein Anspruch auf Leistungen, um die das Übergangsgeld nach Absatz 1 Nr. 3 zu kürzen wäre, nicht erfüllt, geht der Anspruch insoweit mit Zahlung des Übergangsgelds auf den Rehabilitationsträger über; die §§ 104 und 115 des Zehnten Buches bleiben unberührt.

§ 53
Reisekosten

(1) Als Reisekosten werden die im Zusammenhang mit der Ausführung einer Leistung zur medizinischen Rehabilitation oder zur Teilhabe am Arbeitsleben erforderlichen Fahr-, Verpflegungs- und Übernachtungskosten übernommen; hierzu gehören auch die

§ 53-54 SGB IX

Kosten für besondere Beförderungsmittel, deren Inanspruchnahme wegen Art oder Schwere der Behinderung erforderlich ist, für eine wegen der Behinderung erforderliche Begleitperson einschließlich des für die Zeit der Begleitung entstehenden Verdienstausfalls, für Kinder, deren Mitnahme an den Rehabilitationsort erforderlich ist, weil ihre anderweitige Betreuung nicht sichergestellt ist, sowie für den erforderlichen Gepäcktransport.

(2) Während der Ausführung von Leistungen zur Teilhabe am Arbeitsleben werden Reisekosten auch für im Regelfall zwei Familienheimfahrten je Monat übernommen. Anstelle der Kosten für die Familienheimfahrten können für Fahrten von Angehörigen vom Wohnort zum Aufenthaltsort der Leistungsempfänger und zurück Reisekosten übernommen werden.

(3) Reisekosten nach Absatz 2 werden auch im Zusammenhang mit Leistungen zur medizinischen Rehabilitation übernommen, wenn die Leistungen länger als acht Wochen erbracht werden.

§ 54
Haushalts- oder Betriebshilfe und Kinderbetreuungskosten

(1) Haushaltshilfe wird geleistet, wenn

1. den Leistungsempfängern wegen der Ausführung einer Leistung zur medizinischen Rehabilitation oder einer Leistung zur Teilhabe am Arbeitsleben die Weiterführung des Haushalts nicht möglich ist,
2. eine andere im Haushalt lebende Person den Haushalt nicht weiterführen kann und
3. im Haushalt ein Kind lebt, das bei Beginn der Haushaltshilfe das zwölfte Lebensjahr noch nicht vollendet hat oder das behindert und auf Hilfe angewiesen ist.

§ 38 Abs. 4 des Fünften Buches ist sinngemäß anzuwenden.

(2) Anstelle der Haushaltshilfe werden auf Antrag die Kosten für die Mitnahme oder anderweitige Unterbringung des Kindes bis zur Höhe der Kosten der sonst zu erbringenden Haushaltshilfe

übernommen, wenn die Unterbringung und Betreuung des Kindes in dieser Weise sichergestellt ist.

(3) Kosten für die Betreuung der Kinder des Leistungsempfängers können bis zu einem Betrag von 120 Deutsche Mark (ab 1.1.2002: 65 Euro) je Kind und Monat übernommen werden, wenn sie durch die Ausführung einer Leistung zur medizinischen Rehabilitation oder zur Teilhabe am Arbeitsleben unvermeidbar entstehen. Würde die Belastung durch diese Kosten für die Leistungsempfänger eine besondere Härte bedeuten, können sie bis zu einem Betrag von 200 Deutsche Mark (ab 1.1.2002: 105 Euro) je Kind und Monat übernommen werden. Leistungen zur Kinderbetreuung werden nicht neben Leistungen nach den Absätzen 1 und 2 erbracht. Die in den Sätzen 1 und 2 genannten Beträge erhöhen sich entsprechend der Veränderung der Bezugsgröße nach § 18 Abs. 1 des Vierten Buches; § 77 Abs. 3 Satz 2 bis 5 gilt entsprechend.

(4) Abweichend von den Absätzen 1 bis 3 erbringen die landwirtschaftlichen Alterskassen und die landwirtschaftlichen Krankenkassen Betriebs- und Haushaltshilfe nach den §§ 10 und 36 des Gesetzes über die Alterssicherung der Landwirte und nach den §§ 9 und 10 des Zweiten Gesetzes über die Krankenversicherung der Landwirte, die landwirtschaftlichen Berufsgenossenschaften für die bei ihnen versicherten landwirtschaftlichen Unternehmer und im Unternehmen mitarbeitenden Ehegatten nach § 54 des Siebten Buches.

Kapitel 7

Leistungen zur Teilhabe am Leben in der Gemeinschaft

§ 55
Leistungen zur Teilhabe am Leben in der Gemeinschaft

(1) Als Leistungen zur Teilhabe am Leben in der Gemeinschaft werden die Leistungen erbracht, die den behinderten Menschen

die Teilhabe am Leben in der Gesellschaft ermöglichen oder sichern oder sie so weit wie möglich unabhängig von Pflege machen und nach den Kapiteln 4 bis 6 nicht erbracht werden.

(2) Leistungen nach Absatz 1 sind insbesondere

1. Versorgung mit anderen als den in § 31 genannten Hilfsmitteln oder den in § 33 genannten Hilfen,
2. heilpädagogische Leistungen für Kinder, die noch nicht eingeschult sind,
3. Hilfen zum Erwerb praktischer Kenntnisse und Fähigkeiten, die erforderlich und geeignet sind, behinderten Menschen die für sie erreichbare Teilnahme am Leben in der Gemeinschaft zu ermöglichen,
4. Hilfen zur Förderung der Verständigung mit der Umwelt,
5. Hilfen bei der Beschaffung, Ausstattung und Erhaltung einer Wohnung, die den besonderen Bedürfnissen der behinderten Menschen entspricht,
6. Hilfen zu selbstbestimmtem Leben in betreuten Wohnmöglichkeiten,
7. Hilfen zur Teilhabe am gemeinschaftlichen und kulturellen Leben.

§ 56[1]
Heilpädagogische Leistungen

(1) Heilpädagogische Leistungen nach § 55 Abs. 2 Nr. 2 werden erbracht, wenn nach fachlicher Erkenntnis zu erwarten ist, dass hierdurch

1. eine drohende Behinderung abgewendet oder der fortschreitende Verlauf einer Behinderung verlangsamt oder
2. die Folgen einer Behinderung beseitigt oder gemildert

werden können. Sie werden immer an schwerstbehinderte und schwerstmehrfachbehinderte Kinder, die noch nicht eingeschult sind, erbracht.

1 In Kraft ab 1.7.2000.

SGB IX **§ 56-58**

(2) In Verbindung mit Leistungen zur Früherkennung und Frühförderung (§ 30) und schulvorbereitenden Maßnahmen der Schulträger werden heilpädagogische Leistungen als Komplexleistung erbracht.

§ 57
Förderung der Verständigung

Bedürfen hörbehinderte Menschen oder behinderte Menschen mit besonders starker Beeinträchtigung der Sprachfähigkeit auf Grund ihrer Behinderung zur Verständigung mit der Umwelt aus besonderem Anlass der Hilfe Anderer, werden ihnen die erforderlichen Hilfen zur Verfügung gestellt oder angemessene Aufwendungen hierfür erstattet.

§ 58
Hilfen zur Teilhabe am gemeinschaftlichen und kulturellen Leben

Die Hilfen zur Teilhabe am gemeinschaftlichen und kulturellen Leben (§ 55 Abs. 2 Nr. 7) umfassen vor allem

1. Hilfen zur Förderung der Begegnung und des Umgangs mit nichtbehinderten Menschen,
2. Hilfen zum Besuch von Veranstaltungen oder Einrichtungen, die der Geselligkeit, der Unterhaltung oder kulturellen Zwecken dienen,
3. die Bereitstellung von Hilfsmitteln, die der Unterrichtung über das Zeitgeschehen oder über kulturelle Ereignisse dienen, wenn wegen Art oder Schwere der Behinderung anders eine Teilhabe am Leben in der Gemeinschaft nicht oder nur unzureichend möglich ist.

§ 59
Verordnungsermächtigung

Die Bundesregierung kann durch Rechtsverordnung mit Zustimmung des Bundesrates Näheres über Voraussetzungen, Gegenstand und Umfang der Leistungen zur Teilhabe am Leben in der Gemeinschaft sowie über das Zusammenwirken dieser Leistungen mit anderen Leistungen zur Rehabilitation und Teilhabe behinderter Menschen regeln.

Kapitel 8
Sicherung und Koordinierung der Teilhabe

Titel 1

Sicherung von Beratung und Auskunft

§ 60
Pflichten Personensorgeberechtigter

Eltern, Vormünder, Pfleger und Betreuer, die bei ihrer Personensorge anvertrauten Menschen Behinderungen (§ 2 Abs. 1) wahrnehmen oder durch die in § 61 genannten Personen hierauf hingewiesen werden, sollen im Rahmen ihres Erziehungs- oder Betreuungsauftrags die behinderten Menschen einer gemeinsamen Servicestelle oder einer sonstigen Beratungsstelle für Rehabilitation oder einem Arzt zur Beratung über die geeigneten Leistungen zur Teilhabe vorstellen.

§ 61
Sicherung der Beratung behinderter Menschen

(1) Die Beratung der Ärzte, denen eine Person nach § 60 vorgestellt wird, erstreckt sich auf die geeigneten Leistungen zur Teilhabe. Dabei weisen sie auf die Möglichkeit der Beratung durch eine gemeinsame Servicestelle oder eine sonstige Beratungsstelle

SGB IX § 61-62

für Rehabilitation hin. Bei Menschen, bei denen der Eintritt der Behinderung nach allgemeiner ärztlicher Erkenntnis zu erwarten ist, wird entsprechend verfahren. Werdende Eltern werden auf den Beratungsanspruch bei den Schwangerschaftsberatungsstellen hingewiesen.

(2) Hebammen, Entbindungspfleger, Medizinalpersonen außer Ärzte, Lehrer, Sozialarbeiter, Jugendleiter und Erzieher, die bei Ausübung ihres Berufs Behinderungen (§ 2 Abs. 1) wahrnehmen, weisen die Personensorgeberechtigten auf die Behinderung und auf die Beratungsangebote nach § 60 hin.

(3) Nehmen Medizinalpersonen außer Ärzten und Sozialarbeiter bei Ausübung ihres Berufs Behinderungen (§ 2 Abs. 1) bei volljährigen Menschen wahr, empfehlen sie diesen Menschen oder den für sie bestellten Betreuern, eine Beratungsstelle für Rehabilitation oder einen Arzt zur Beratung über die geeigneten Leistungen zur Teilhabe aufzusuchen.

§ 62
Landesärzte

(1) In den Ländern können Landesärzte bestellt werden, die über besondere Erfahrungen in der Hilfe für behinderte und von Behinderung bedrohte Menschen verfügen.

(2) Die Landesärzte haben vor allem die Aufgabe,

1. Gutachten für die Landesbehörden, die für das Gesundheitswesen und die Sozialhilfe zuständig sind, sowie für die zuständigen Sozialhilfeträger in besonders schwierig gelagerten Einzelfällen oder in Fällen von grundsätzlicher Bedeutung zu erstatten,
2. die für das Gesundheitswesen zuständigen obersten Landesbehörden beim Erstellen von Konzeptionen, Situations- und Bedarfsanalysen und bei der Landesplanung zur Teilhabe behinderter und von Behinderung bedrohter Menschen zu beraten und zu unterstützen sowie selbst entsprechende Initiativen zu ergreifen,

§ 62-64 SGB IX

3. die für das Gesundheitswesen zuständigen Landesbehörden über Art und Ursachen von Behinderungen und notwendige Hilfen sowie über den Erfolg von Leistungen zur Teilhabe behinderter und von Behinderung bedrohter Menschen regelmäßig zu unterrichten.

Titel 2

Klagerecht der Verbände

§ 63
Klagerecht der Verbände

Werden behinderte Menschen in ihren Rechten nach diesem Buch verletzt, können an ihrer Stelle und mit ihrem Einverständnis Verbände klagen, die nach ihrer Satzung behinderte Menschen auf Bundes- oder Landesebene vertreten und nicht selbst am Prozess beteiligt sind. In diesem Fall müssen alle Verfahrensvoraussetzungen wie bei einem Rechtsschutzersuchen durch den behinderten Menschen selbst vorliegen.

Titel 3

Koordinierung der Teilhabe behinderter Menschen

§ 64
Beirat für die Teilhabe behinderter Menschen

(1) Beim Bundesministerium für Arbeit und Sozialordnung wird ein Beirat für die Teilhabe behinderter Menschen gebildet, der es in Fragen der Teilhabe behinderter Menschen berät und bei Aufgaben der Koordinierung unterstützt. Zu den Aufgaben des Beirats gehören insbesondere auch

1. die Unterstützung bei der Förderung von Rehabilitationseinrichtungen und die Mitwirkung bei der Vergabe der Mittel des Ausgleichsfonds,
2. die Anregung und Koordinierung von Maßnahmen zur Evaluierung der in diesem Buch getroffenen Regelungen im Rah-

SGB IX § 64

men der Rehabilitationsforschung und als forschungsbegleitender Ausschuss die Unterstützung des Ministeriums bei der Festlegung von Fragestellungen und Kriterien.

Das Bundesministerium für Arbeit und Sozialordnung trifft Entscheidungen über die Vergabe der Mittel des Ausgleichsfonds nur auf Grund von Vorschlägen des Beirats.

(2) Der Beirat besteht aus 48 Mitgliedern. Von diesen beruft das Bundesministerium für Arbeit und Sozialordnung

zwei Mitglieder auf Vorschlag der Gruppenvertreter der Arbeitnehmer im Verwaltungsrat der Bundesanstalt für Arbeit,

zwei Mitglieder auf Vorschlag der Gruppenvertreter der Arbeitgeber im Verwaltungsrat der Bundesanstalt für Arbeit,

sechs Mitglieder auf Vorschlag der Behindertenverbände, die nach der Zusammensetzung ihrer Mitglieder dazu berufen sind, behinderte Menschen auf Bundesebene zu vertreten,

16 Mitglieder auf Vorschlag der Länder,

drei Mitglieder auf Vorschlag der Bundesvereinigung der kommunalen Spitzenverbände,

ein Mitglied auf Vorschlag der Arbeitsgemeinschaft, in der sich die Integrationsämter zusammengeschlossen haben,

ein Mitglied auf Vorschlag des Präsidenten oder der Präsidentin der Bundesanstalt für Arbeit,

zwei Mitglieder auf Vorschlag der Spitzenverbände der Krankenkassen,

ein Mitglied auf Vorschlag der Spitzenvereinigungen der Träger der gesetzlichen Unfallversicherung,

drei Mitglieder auf Vorschlag des Verbandes Deutscher Rentenversicherungsträger,

ein Mitglied auf Vorschlag der Bundesarbeitsgemeinschaft der überörtlichen Träger der Sozialhilfe,

ein Mitglied auf Vorschlag der Bundesarbeitsgemeinschaft der Freien Wohlfahrtspflege, ein Mitglied auf Vorschlag der Bundesarbeitsgemeinschaft für Unterstützte Beschäftigung,

fünf Mitglieder auf Vorschlag der Arbeitsgemeinschaften der Einrichtungen der medizinischen Rehabilitation, der Berufsförderungswerke, der Berufsbildungswerke, der Werkstätten für behinderte Menschen und der Integrationsfirmen,

ein Mitglied auf Vorschlag der für die Wahrnehmung der Interessen der ambulanten und stationären Rehabilitationseinrichtungen auf Bundesebene maßgeblichen Spitzenverbände,

zwei Mitglieder auf Vorschlag der Kassenärztlichen Bundesvereinigung und der Bundesärztekammer.

Für jedes Mitglied ist ein stellvertretendes Mitglied zu berufen.

§ 65
Verfahren des Beirats

Der Beirat für die Teilhabe behinderter Menschen wählt aus den ihm angehörenden Mitgliedern von Seiten der Arbeitnehmer, Arbeitgeber und Organisationen behinderter Menschen jeweils für die Dauer eines Jahres einen Vorsitzenden oder eine Vorsitzende und einen Stellvertreter oder eine Stellvertreterin. Im Übrigen gilt § 106 entsprechend.

§ 66
Berichte über die Lage behinderter Menschen und die Entwicklung ihrer Teilhabe

Die Bundesregierung unterrichtet die gesetzgebenden Körperschaften des Bundes bis zum 31. Dezember 2004 über die Lage behinderter Frauen und Männer sowie die Entwicklung ihrer Teilhabe, gibt damit eine zusammenfassende Darstellung und Bewertung der Aufwendungen zu Prävention, Rehabilitation und Teilhabe behinderter Menschen im Hinblick auf Wirtschaftlichkeit und Wirksamkeit ab und schlägt unter Berücksichtigung und Bewertung der mit diesem Buch getroffenen Regelungen die zu treffenden Maßnahmen vor. In dem Bericht wird die Entwicklung der Teilhabe am Leben in der Gesellschaft gesondert dargestellt. Schlägt die Bundesregierung weitere Regelungen vor, erstattet sie auch über deren Wirkungen einen weiteren Bericht. Die Träger von Leistungen und Einrichtungen erteilen die erforderlichen Auskünfte. Die obersten Landesbehörden werden beteiligt. Ein gesonderter Bericht über die Lage behinderter Menschen ist vor diesem Zeitpunkt nicht zu erstellen.

§ 67
Verordnungsermächtigung

Das Bundesministerium für Arbeit und Sozialordnung kann durch Rechtsverordnung mit Zustimmung des Bundesrates weitere Vorschriften über die Geschäftsführung und das Verfahren des Beirats nach § 65 erlassen.

Teil 2
Besondere Regelungen zur Teilhabe schwerbehinderter Menschen (Schwerbehindertenrecht)

Kapitel 1
Geschützter Personenkreis

§ 68
Geltungsbereich

(1) Die Regelungen dieses Teils gelten für schwerbehinderte und diesen gleichgestellte behinderte Menschen.

(2) Die Gleichstellung behinderter Menschen mit schwerbehinderten Menschen (§ 2 Abs. 3) erfolgt auf Grund einer Feststellung nach § 69 auf Antrag des behinderten Menschen durch das Ar-

beitsamt. Die Gleichstellung wird mit dem Tag des Eingangs des Antrags wirksam. Sie kann befristet werden.

(3) Auf gleichgestellte behinderte Menschen werden die besonderen Regelungen für schwerbehinderte Menschen mit Ausnahme des § 125 und des Kapitels 13 angewendet.

§ 69
Feststellung der Behinderung, Ausweise

(1) Auf Antrag des behinderten Menschen stellen die für die Durchführung des Bundesversorgungsgesetzes zuständigen Behörden das Vorliegen einer Behinderung und den Grad der Behinderung fest. Das Gesetz über das Verwaltungsverfahren der Kriegsopferversorgung ist entsprechend anzuwenden, soweit nicht das Zehnte Buch Anwendung findet. Die Auswirkungen auf die Teilhabe am Leben in der Gesellschaft werden als Grad der Behinderung nach Zehnergraden abgestuft festgestellt. Die im Rahmen des § 30 Abs. 1 des Bundesversorgungsgesetzes festgelegten Maßstäbe gelten entsprechend. Eine Feststellung ist nur zu treffen, wenn ein Grad der Behinderung von wenigstens 20 vorliegt.

(2) Eine Feststellung nach Absatz 1 ist nicht zu treffen, wenn eine Feststellung über das Vorliegen einer Behinderung und den Grad einer auf ihr beruhenden Erwerbsminderung schon in einem Rentenbescheid, einer entsprechenden Verwaltungs- oder Gerichtsentscheidung oder einer vorläufigen Bescheinigung der für diese Entscheidungen zuständigen Dienststellen getroffen worden ist, es sei denn, dass der behinderte Mensch ein Interesse an anderweitiger Feststellung nach Absatz 1 glaubhaft macht. Eine Feststellung nach Satz 1 gilt zugleich als Feststellung des Grades der Behinderung.

(3) Liegen mehrere Beeinträchtigungen der Teilhabe am Leben in der Gesellschaft vor, so wird der Grad der Behinderung nach den Auswirkungen der Beeinträchtigungen in ihrer Gesamtheit unter Berücksichtigung ihrer wechselseitigen Beziehungen festgestellt.

Für diese Entscheidung gilt Absatz 1, es sei denn, dass in einer Entscheidung nach Absatz 2 eine Gesamtbeurteilung bereits getroffen worden ist.

(4) Sind neben dem Vorliegen der Behinderung weitere gesundheitliche Merkmale Voraussetzung für die Inanspruchnahme von Nachteilsausgleichen, so treffen die für die Durchführung des Bundesversorgungsgesetzes zuständigen Behörden die erforderlichen Feststellungen im Verfahren nach Absatz 1.

(5) Auf Antrag des behinderten Menschen stellen die für die Durchführung des Bundesversorgungsgesetzes zuständigen Behörden auf Grund einer Feststellung der Behinderung einen Ausweis über die Eigenschaft als schwerbehinderter Mensch, den Grad der Behinderung sowie im Falle des Absatzes 4 über weitere gesundheitliche Merkmale aus. Der Ausweis dient dem Nachweis für die Inanspruchnahme von Leistungen und sonstigen Hilfen, die schwerbehinderten Menschen nach Teil 2 oder nach anderen Vorschriften zustehen. Die Gültigkeitsdauer des Ausweises wird befristet. Er wird eingezogen, sobald der gesetzliche Schutz schwerbehinderter Menschen erloschen ist. Der Ausweis wird berichtigt, sobald eine Neufeststellung unanfechtbar geworden ist.

§ 70
Verordnungsermächtigung

Die Bundesregierung wird ermächtigt, durch Rechtsverordnung mit Zustimmung des Bundesrates nähere Vorschriften über die Gestaltung der Ausweise, ihre Gültigkeit und das Verwaltungsverfahren zu erlassen.

Kapitel 2
Beschäftigungspflicht der Arbeitgeber

§ 71
Pflicht der Arbeitgeber zur Beschäftigung schwerbehinderter Menschen

(1) Private und öffentliche Arbeitgeber (Arbeitgeber) mit mindestens 20 Arbeitsplätzen im Sinne des § 73 haben auf wenigstens 5 Prozent der Arbeitsplätze schwerbehinderte Menschen zu beschäftigen. Dabei sind schwerbehinderte Frauen besonders zu berücksichtigen.

(2) Die Pflichtquote nach Absatz 1 Satz 1 beträgt vom 1. Januar 2003 an 6 Prozent, wenn die Zahl der arbeitslosen schwerbehinderten Menschen im Monat Oktober 2002 nicht um mindestens 25 Prozent geringer ist als die Zahl der arbeitslosen schwerbehinderten Menschen im Monat Oktober 1999. In die Zahl der im Oktober 2002 arbeitslosen schwerbehinderten Menschen ist die Zahl der schwerbehinderten Menschen einzubeziehen, um die die im Monat Oktober 2002 in Arbeitsbeschaffungsmaßnahmen nach den §§ 260 bis 271 des Dritten Buches und in Strukturanpassungsmaßnahmen nach den §§ 272 bis 279 des Dritten Buches beschäftigten schwerbehinderten Menschen die Zahl der im Oktober 1999 in solchen Maßnahmen beschäftigten schwerbehinderten Menschen übersteigt. Das Bundesministerium für Arbeit und Sozialordnung gibt die Veränderungsrate nach Satz 1 und die vom 1. Januar 2003 an geltende Pflichtquote im Bundesanzeiger bekannt.

(3) Als öffentliche Arbeitgeber im Sinne des Teils 2 gelten

1. jede oberste Bundesbehörde mit ihren nachgeordneten Dienststellen, das Bundespräsidialamt, die Verwaltungen des Deutschen Bundestages und Bundesrates, das Bundesverfassungsgericht, die obersten Gerichtshöfe des Bundes, der Bundesgerichtshof jedoch zusammengefasst mit dem Generalbundesanwalt, sowie das Bundeseisenbahnvermögen,

2. jede oberste Landesbehörde und die Staats- und Präsidialkanzleien mit ihren nachgeordneten Dienststellen, die Verwaltungen der Landtage, die Rechnungshöfe (Rechnungskammern), die Organe der Verfassungsgerichtsbarkeit der Länder und jede sonstige Landesbehörde, zusammengefasst jedoch diejenigen Behörden, die eine gemeinsame Personalverwaltung haben,
3. jede sonstige Gebietskörperschaft und jeder Verband von Gebietskörperschaften,
4. jede sonstige Körperschaft, Anstalt oder Stiftung des öffentlichen Rechts.

§ 72
Beschäftigung besonderer Gruppen schwerbehinderter Menschen

(1) Im Rahmen der Erfüllung der Beschäftigungspflicht sind in angemessenem Umfang zu beschäftigen

1. schwerbehinderte Menschen, die nach Art oder Schwere ihrer Behinderung im Arbeitsleben besonders betroffen sind, insbesondere solche,
   a) die zur Ausübung der Beschäftigung wegen ihrer Behinderung nicht nur vorübergehend einer besonderen Hilfskraft bedürfen oder
   b) deren Beschäftigung infolge ihrer Behinderung nicht nur vorübergehend mit außergewöhnlichen Aufwendungen für den Arbeitgeber verbunden ist oder
   c) die infolge ihrer Behinderung nicht nur vorübergehend offensichtlich nur eine wesentlich verminderte Arbeitsleistung erbringen können oder
   d) bei denen ein Grad der Behinderung von wenigstens 50 allein infolge geistiger oder seelischer Behinderung oder eines Anfallsleidens vorliegt oder
   e) die wegen Art oder Schwere der Behinderung keine abgeschlossene Berufsbildung im Sinne des Berufsbildungsgesetzes haben,

2. schwerbehinderte Menschen, die das 50. Lebensjahr vollendet haben.

(2) Arbeitgeber mit Stellen zur beruflichen Bildung, insbesondere für Auszubildende, haben im Rahmen der Erfüllung der Beschäftigungspflicht einen angemessenen Anteil dieser Stellen mit schwerbehinderten Menschen zu besetzen.

§ 73
Begriff des Arbeitsplatzes

(1) Arbeitsplätze im Sinne des Teils 2 sind alle Stellen, auf denen Arbeitnehmer und Arbeitnehmerinnen, Beamte und Beamtinnen, Richter und Richterinnen sowie Auszubildende und andere zu ihrer beruflichen Bildung Eingestellte beschäftigt werden.

(2) Als Arbeitsplätze gelten nicht die Stellen, auf denen beschäftigt werden

1. behinderte Menschen, die an Leistungen zur Teilhabe am Arbeitsleben nach § 33 Abs. 3 Nr. 3 in Betrieben oder Dienststellen teilnehmen,
2. Personen, deren Beschäftigung nicht in erster Linie ihrem Erwerb dient, sondern vorwiegend durch Beweggründe karitativer oder religiöser Art bestimmt ist, und Geistliche öffentlich-rechtlicher Religionsgemeinschaften,
3. Personen, deren Beschäftigung nicht in erster Linie ihrem Erwerb dient und die vorwiegend zu ihrer Heilung, Wiedereingewöhnung oder Erziehung erfolgt,
4. Personen, die an Arbeitsbeschaffungsmaßnahmen und Strukturanpassungsmaßnahmen nach dem Dritten Buch teilnehmen,
5. Personen, die nach ständiger Übung in ihre Stellen gewählt werden,
6. Personen, die nach § 19 des Bundessozialhilfegesetzes in Arbeitsverhältnissen beschäftigt werden,
7. Personen, deren Arbeits-, Dienst- oder sonstiges Beschäftigungsverhältnis wegen Wehr- oder Zivildienst, Elternzeit, un-

bezahltem Urlaub oder wegen Bezuges einer Rente auf Zeit ruht, solange für sie eine Vertretung eingestellt ist.

(3) Als Arbeitsplätze gelten ferner nicht Stellen, die nach der Natur der Arbeit oder nach den zwischen den Parteien getroffenen Vereinbarungen nur auf die Dauer von höchstens acht Wochen besetzt sind, sowie Stellen, auf denen Beschäftigte weniger als 18 Stunden wöchentlich beschäftigt werden.

§ 74
Berechnung der Mindestzahl von Arbeitsplätzen und der Pflichtarbeitsplatzzahl

(1) Bei der Berechnung der Mindestzahl von Arbeitsplätzen und der Zahl der Arbeitsplätze, auf denen schwerbehinderte Menschen zu beschäftigen sind (§ 71), zählen Stellen, auf denen Auszubildende beschäftigt werden, nicht mit. Das Gleiche gilt für Stellen, auf denen Rechts- oder Studienreferendare und -referendarinnen beschäftigt werden, die einen Rechtsanspruch auf Einstellung haben.

(2) Bei der Berechnung sich ergebende Bruchteile von 0,5 und mehr sind aufzurunden, bei Arbeitgebern mit jahresdurchschnittlich bis zu 59 Arbeitsplätzen abzurunden.

§ 75
Anrechnung Beschäftigter auf die Zahl der Pflichtarbeitsplätze für schwerbehinderte Menschen

(1) Ein schwerbehinderter Mensch, der auf einem Arbeitsplatz im Sinne des § 73 Abs. 1 oder Abs. 2 Nr. 1, 4 oder 6 beschäftigt wird, wird auf einen Pflichtarbeitsplatz für schwerbehinderte Menschen angerechnet.

(2) Ein schwerbehinderter Mensch, der in Teilzeitbeschäftigung kürzer als betriebsüblich, aber nicht weniger als 18 Stunden wöchentlich beschäftigt wird, wird auf einen Pflichtarbeitsplatz für

schwerbehinderte Menschen angerechnet. Wird ein schwerbehinderter Mensch weniger als 18 Stunden wöchentlich beschäftigt, lässt das Arbeitsamt die Anrechnung auf einen dieser Pflichtarbeitsplätze zu, wenn die Teilzeitbeschäftigung wegen Art oder Schwere der Behinderung notwendig ist.

(3) Ein schwerbehinderter Arbeitgeber wird auf einen Pflichtarbeitsplatz für schwerbehinderte Menschen angerechnet.

(4) Der Inhaber eines Bergmannsversorgungsscheins wird, auch wenn er kein schwerbehinderter oder gleichgestellter behinderter Mensch im Sinne des § 2 Abs. 2 oder 3 ist, auf einen Pflichtarbeitsplatz angerechnet.

§ 76
Mehrfachanrechnung

(1) Das Arbeitsamt kann die Anrechnung eines schwerbehinderten Menschen, besonders eines schwerbehinderten Menschen im Sinne des § 72 Abs. 1 auf mehr als einen Pflichtarbeitsplatz, höchstens drei Pflichtarbeitsplätze für schwerbehinderte Menschen zulassen, wenn dessen Teilhabe am Arbeitsleben auf besondere Schwierigkeiten stößt. Satz 1 gilt auch für teilzeitbeschäftigte schwerbehinderte Menschen im Sinne des § 75 Abs. 2.

(2) Ein schwerbehinderter Mensch, der beruflich ausgebildet wird, wird auf zwei Pflichtarbeitsplätze für schwerbehinderte Menschen angerechnet. Das Arbeitsamt kann die Anrechnung auf drei Pflichtarbeitsplätze für schwerbehinderte Menschen zulassen, wenn die Vermittlung in eine berufliche Ausbildungsstelle wegen Art oder Schwere der Behinderung auf besondere Schwierigkeiten stößt.

(3) Bescheide über die Anrechnung eines schwerbehinderten Menschen auf mehr als drei Pflichtarbeitsplätze für schwerbehinderte Menschen, die vor dem 1. August 1986 erlassen worden sind, gelten fort.

§ 77
Ausgleichsabgabe

(1) Solange Arbeitgeber die vorgeschriebene Zahl schwerbehinderter Menschen nicht beschäftigen, entrichten sie für jeden unbesetzten Pflichtarbeitsplatz für schwerbehinderte Menschen monatlich eine Ausgleichsabgabe. Die Zahlung der Ausgleichsabgabe hebt die Pflicht zur Beschäftigung schwerbehinderter Menschen nicht auf. Die Ausgleichsabgabe wird auf der Grundlage einer jahresdurchschnittlichen Beschäftigungsquote ermittelt, indem aus den monatlichen Beschäftigungsdaten der Mittelwert der Beschäftigungsquote eines Kalenderjahres gebildet wird.

(2) Die Ausgleichsabgabe beträgt je Monat und unbesetzten Pflichtarbeitsplatz

1. 200 Deutsche Mark (ab 1.1.2002: 105 Euro) bei einer jahresdurchschnittlichen Beschäftigungsquote von 3 Prozent bis weniger als dem geltenden Pflichtsatz,
2. 350 Deutsche Mark (ab 1.1.2002: 180 Euro) bei einer jahresdurchschnittlichen Beschäftigungsquote von 2 Prozent bis weniger als 3 Prozent,
3. 500 Deutsche Mark (ab 1.1.2002: 260 Euro) bei einer jahresdurchschnittlichen Beschäftigungsquote von weniger als 2 Prozent.

Abweichend von Satz 1 beträgt die Ausgleichsabgabe je Monat und unbesetzten Pflichtarbeitsplatz für schwerbehinderte Menschen

1. für Arbeitgeber mit jahresdurchschnittlich bis zu 39 zu berücksichtigenden Arbeitsplätzen bei einer jahresdurchschnittlichen Beschäftigung von weniger als einem schwerbehinderten Menschen 200 Deutsche Mark (ab 1.1.2002: 105 Euro) und
2. für Arbeitgeber mit jahresdurchschnittlich bis zu 59 zu berücksichtigenden Arbeitsplätzen bei einer jahresdurchschnittlichen Beschäftigung von weniger als zwei schwerbehinderten Menschen 200 Deutsche Mark (ab 1.1.2002: 105 Euro) und bei einer jahresdurchschnittlichen Beschäftigung von weniger als einem

§ 77 SGB IX

schwerbehinderten Menschen 350 Deutsche Mark (ab 1.1. 2002: 180 Euro).

(3) Die Ausgleichsabgabe erhöht sich entsprechend der Veränderung der Bezugsgröße nach § 18 Abs. 1 des Vierten Buches. Sie erhöht sich zum 1. Januar eines Kalenderjahres, wenn sich die Bezugsgröße seit der letzten Neubestimmung um wenigstens 10 Prozent erhöht hat. Die Erhöhung der Ausgleichsabgabe erfolgt, indem der Faktor für die Veränderung der Bezugsgröße mit dem jeweiligen Betrag der Ausgleichsabgabe vervielfältigt wird. Die sich ergebenden Beträge sind auf den nächsten durch fünf teilbaren Betrag abzurunden. Das Bundesministerium für Arbeit und Sozialordnung gibt den Erhöhungsbetrag und die sich nach Satz 3 ergebenden Beträge der Ausgleichsabgabe im Bundesanzeiger bekannt.

(4) Die Ausgleichsabgabe zahlt der Arbeitgeber jährlich zugleich mit der Erstattung der Anzeige nach § 80 Abs. 2 an das für seinen Sitz zuständige Integrationsamt. Ist ein Arbeitgeber mehr als drei Monate im Rückstand, erlässt das Integrationsamt einen Feststellungsbescheid über die rückständigen Beträge und zieht diese ein. Für rückständige Beträge der Ausgleichsabgabe erhebt das Integrationsamt nach dem 31. März Säumniszuschläge nach Maßgabe des § 24 Abs. 1 des Vierten Buches; für ihre Verwendung gilt Absatz 5 entsprechend. Das Integrationsamt kann in begründeten Ausnahmefällen von der Erhebung von Säumniszuschlägen absehen. Widerspruch und Anfechtungsklage gegen den Feststellungsbescheid haben keine aufschiebende Wirkung. Gegenüber privaten Arbeitgebern wird die Zwangsvollstreckung nach den Vorschriften über das Verwaltungszwangsverfahren durchgeführt. Bei öffentlichen Arbeitgebern wendet sich das Integrationsamt an die Aufsichtsbehörde, gegen deren Entscheidung es die Entscheidung der obersten Bundes- oder Landesbehörde anrufen kann. Die Ausgleichsabgabe wird nach Ablauf des Kalenderjahres, das auf den Eingang der Anzeige beim Arbeitsamt folgt, weder nachgefordert noch erstattet.

(5) Die Ausgleichsabgabe darf nur für besondere Leistungen zur Förderung der Teilhabe schwerbehinderter Menschen am Ar-

SGB IX § 77

beitsleben einschließlich begleitender Hilfe im Arbeitsleben (§ 102 Abs. 1 Nr. 3) verwendet werden, soweit Mittel für denselben Zweck nicht von anderer Seite zu leisten sind oder geleistet werden. Aus dem Aufkommen an Ausgleichsabgabe dürfen persönliche und sächliche Kosten der Verwaltung und Kosten des Verfahrens nicht bestritten werden. Das Integrationsamt gibt dem Beratenden Ausschuss für behinderte Menschen bei dem Integrationsamt (§ 103) auf dessen Verlangen eine Übersicht über die Verwendung der Ausgleichsabgabe.

(6) Die Integrationsämter leiten 45 Prozent des Aufkommens an Ausgleichsabgabe an den Ausgleichsfonds (§ 78) weiter. Zwischen den Integrationsämtern wird ein Ausgleich herbeigeführt. Der auf das einzelne Integrationsamt entfallende Anteil am Aufkommen an Ausgleichsabgabe bemisst sich nach dem Mittelwert aus dem Verhältnis der Wohnbevölkerung im Zuständigkeitsbereich des Integrationsamtes zur Wohnbevölkerung im Geltungsbereich dieses Gesetzbuches und dem Verhältnis der Zahl der im Zuständigkeitsbereich des Integrationsamtes in den Betrieben und Dienststellen beschäftigungspflichtiger Arbeitgeber auf Arbeitsplätzen im Sinne des § 73 beschäftigten und der bei den Arbeitsämtern arbeitslos gemeldeten schwerbehinderten und diesen gleichgestellten behinderten Menschen zur entsprechenden Zahl der schwerbehinderten und diesen gleichgestellten behinderten Menschen im Geltungsbereich dieses Gesetzbuchs.

(7) Die bei den Integrationsämtern verbleibenden Mittel der Ausgleichsabgabe werden von diesen gesondert verwaltet. Die Rechnungslegung und die formelle Einrichtung der Rechnungen und Belege regeln sich nach den Bestimmungen, die für diese Stellen allgemein maßgebend sind.

(8) Für die Verpflichtung zur Entrichtung einer Ausgleichsabgabe (Absatz 1) gelten hinsichtlich der in § 71 Abs. 3 Nr. 1 genannten Stellen der Bund und hinsichtlich der in § 71 Abs. 3 Nr. 2 genannten Stellen das Land als ein Arbeitgeber.

§ 78
Ausgleichsfonds

Zur besonderen Förderung der Einstellung und Beschäftigung schwerbehinderter Menschen auf Arbeitsplätzen und zur Förderung von Einrichtungen und Maßnahmen, die den Interessen mehrerer Länder auf dem Gebiet der Förderung der Teilhabe schwerbehinderter Menschen am Arbeitsleben dienen, ist beim Bundesministerium für Arbeit und Sozialordnung als zweckgebundene Vermögensmasse ein Ausgleichsfonds für überregionale Vorhaben zur Teilhabe schwerbehinderter Menschen am Arbeitsleben gebildet. Das Bundesministerium für Arbeit und Sozialordnung verwaltet den Ausgleichsfonds.

§ 79
Verordnungsermächtigungen

Die Bundesregierung wird ermächtigt, durch Rechtsverordnung mit Zustimmung des Bundesrates

1. die Pflichtquote nach § 71 Abs. 1 nach dem jeweiligen Bedarf an Arbeitsplätzen für schwerbehinderte Menschen zu ändern, jedoch auf höchstens 10 Prozent zu erhöhen oder bis auf 4 Prozent herabzusetzen; dabei kann die Pflichtquote für öffentliche Arbeitgeber höher festgesetzt werden als für private Arbeitgeber,
2. nähere Vorschriften über die Verwendung der Ausgleichsabgabe nach § 77 Abs. 5 und die Gestaltung des Ausgleichsfonds nach § 78, die Verwendung der Mittel durch ihn für die Förderung der Teilhabe schwerbehinderter Menschen am Arbeitsleben und das Vergabe- und Verwaltungsverfahren des Ausgleichsfonds zu erlassen,
3. in der Rechtsverordnung nach Nummer 2
   a) den Anteil des an den Ausgleichsfonds weiterzuleitenden Aufkommens an Ausgleichsabgabe entsprechend den erforderlichen Aufwendungen zur Erfüllung der Aufgaben des Ausgleichsfonds und der Integrationsämter abweichend von § 77 Abs. 6 Satz 1,

SGB IX § 79-80

 b) den Ausgleich zwischen den Integrationsämtern auf Vorschlag der Länder oder einer Mehrheit der Länder abweichend von § 77 Abs. 6 Satz 3 sowie
 c) die Zuständigkeit für die Förderung von Einrichtungen nach § 30 der Schwerbehinderten-Ausgleichsabgabeverordnung abweichend von § 41 Abs. 2 Nr. 1 dieser Verordnung und von Integrationsbetrieben und -abteilungen abweichend von § 41 Abs. 1 Nr. 3 dieser Verordnung
zu regeln,
4. die Ausgleichsabgabe bei Arbeitgebern, die über weniger als 30 Arbeitsplätze verfügen, für einen bestimmten Zeitraum allgemein oder für einzelne Landesarbeitsamtsbezirke herabzusetzen oder zu erlassen, wenn die Zahl der unbesetzten Pflichtarbeitsplätze für schwerbehinderte Menschen die Zahl der zu beschäftigenden schwerbehinderten Menschen so erheblich übersteigt, dass die Pflichtarbeitsplätze für schwerbehinderte Menschen dieser Arbeitgeber nicht in Anspruch genommen zu werden brauchen.

Kapitel 3

**Sonstige Pflichten der Arbeitgeber;
Rechte der schwerbehinderten Menschen**

§ 80
**Zusammenwirken der Arbeitgeber mit der
Bundesanstalt für Arbeit und den Integrationsämtern**

(1) Die Arbeitgeber haben, gesondert für jeden Betrieb und jede Dienststelle, ein Verzeichnis der bei ihnen beschäftigten schwerbehinderten, ihnen gleichgestellten behinderten Menschen und sonstigen anrechnungsfähigen Personen laufend zu führen und dieses den Vertretern oder Vertreterinnen des Arbeitsamtes und des Integrationsamtes, die für den Sitz des Betriebes oder der Dienststelle zuständig sind, auf Verlangen vorzulegen.

(2) Die Arbeitgeber haben dem für ihren Sitz zuständigen Ar-

§ 80 SGB IX

beitsamt einmal jährlich bis spätestens zum 31. März für das vorangegangene Kalenderjahr, aufgegliedert nach Monaten, die Daten anzuzeigen, die zur Berechnung des Umfangs der Beschäftigungspflicht, zur Überwachung ihrer Erfüllung und der Ausgleichsabgabe notwendig sind. Der Anzeige sind das nach Absatz 1 geführte Verzeichnis sowie eine Kopie der Anzeige und des Verzeichnisses zur Weiterleitung an das für ihren Sitz zuständige Integrationsamt beizufügen. Dem Betriebs-, Personal-, Richter-, Staatsanwalts- und Präsidialrat, der Schwerbehindertenvertretung und dem Beauftragten des Arbeitgebers ist je eine Kopie der Anzeige und des Verzeichnisses zu übermitteln.

(3) Zeigt ein Arbeitgeber die Daten bis zum 30. Juni nicht, nicht richtig oder nicht vollständig an, erlässt das Arbeitsamt nach Prüfung in tatsächlicher sowie in rechtlicher Hinsicht einen Feststellungsbescheid über die zur Berechnung der Zahl der Pflichtarbeitsplätze für schwerbehinderte Menschen und der besetzten Arbeitsplätze notwendigen Daten.

(4) Die Arbeitgeber, die Arbeitsplätze für schwerbehinderte Menschen nicht zur Verfügung zu stellen haben, haben die Anzeige nur nach Aufforderung durch die Bundesanstalt für Arbeit im Rahmen einer repräsentativen Teilerhebung zu erstatten, die mit dem Ziel der Erfassung der in Absatz 1 genannten Personengruppen, aufgegliedert nach Landesarbeitsamtsbezirken, alle fünf Jahre durchgeführt wird.

(5) Die Arbeitgeber haben der Bundesanstalt für Arbeit und dem Integrationsamt auf Verlangen die Auskünfte zu erteilen, die zur Durchführung der besonderen Regelungen zur Teilhabe schwerbehinderter und ihnen gleichgestellter behinderter Menschen am Arbeitsleben notwendig sind.

(6) Für das Verzeichnis und die Anzeige des Arbeitgebers sind die mit der Arbeitsgemeinschaft, in der sich die Integrationsämter zusammengeschlossen haben, abgestimmten Vordrucke der Bundesanstalt für Arbeit zu verwenden. Die Bundesanstalt für Arbeit soll zur Durchführung des Anzeigeverfahrens in Abstimmung mit der Arbeitsgemeinschaft ein elektronisches Übermittlungsverfahren zulassen.

SGB IX § 80-81

(7) Die Arbeitgeber haben den Beauftragten der Bundesanstalt für Arbeit und des Integrationsamtes auf Verlangen Einblick in ihren Betrieb oder ihre Dienststelle zu geben, soweit es im Interesse der schwerbehinderten Menschen erforderlich ist und Betriebs- oder Dienstgeheimnisse nicht gefährdet werden.

(8) Die Arbeitgeber haben die Vertrauenspersonen der schwerbehinderten Menschen (§ 94 Abs. 1 Satz 1 bis 3 und § 97 Abs. 1 bis 5) unverzüglich nach der Wahl und ihren Beauftragten für die Angelegenheiten der schwerbehinderten Menschen (§ 98 Satz 1) unverzüglich nach der Bestellung dem für den Sitz des Betriebes oder der Dienststelle zuständigen Arbeitsamt und dem Integrationsamt zu benennen.

(9) Die Bundesanstalt für Arbeit erstellt und veröffentlicht alljährlich eine Übersicht über die Beschäftigungsquote schwerbehinderter Menschen bei den einzelnen öffentlichen Arbeitgebern.

§ 81
Pflichten des Arbeitgebers und Rechte schwerbehinderter Menschen

(1) Die Arbeitgeber sind verpflichtet zu prüfen, ob freie Arbeitsplätze mit schwerbehinderten Menschen, insbesondere mit beim Arbeitsamt arbeitslos oder arbeitssuchend gemeldeten schwerbehinderten Menschen, besetzt werden können. Sie nehmen frühzeitig Verbindung mit dem Arbeitsamt auf. Das Arbeitsamt oder ein von ihm beauftragter Integrationsfachdienst schlägt den Arbeitgebern geeignete schwerbehinderte Menschen vor. Über die Vermittlungsvorschläge und vorliegende Bewerbungen von schwerbehinderten Menschen haben die Arbeitgeber die Schwerbehindertenvertretung und die in § 93 genannten Vertretungen unmittelbar nach Eingang zu unterrichten. Bei Bewerbungen schwerbehinderter Richter und Richterinnen wird der Präsidialrat unterrichtet und gehört, soweit dieser an der Ernennung zu beteiligen ist. Bei der Prüfung nach Satz 1 beteiligen die Arbeitgeber die Schwerbehindertenvertretung nach § 95 Abs. 2 und hören die in § 93 genannten Vertretungen an. Erfüllt der Arbeitge-

§ 81 SGB IX

ber seine Beschäftigungspflicht nicht und ist die Schwerbehindertenvertretung oder eine in § 93 genannte Vertretung mit der beabsichtigten Entscheidung des Arbeitgebers nicht einverstanden, ist diese unter Darlegung der Gründe mit ihnen zu erörtern. Dabei wird der betroffene schwerbehinderte Mensch angehört. Alle Beteiligten sind vom Arbeitgeber über die getroffene Entscheidung unter Darlegung der Gründe unverzüglich zu unterrichten. Bei Bewerbungen schwerbehinderter Menschen ist die Schwerbehindertenvertretung nicht zu beteiligen, wenn der schwerbehinderte Mensch die Beteiligung der Schwerbehindertenvertretung ausdrücklich ablehnt.

(2) Arbeitgeber dürfen schwerbehinderte Beschäftigte nicht wegen ihrer Behinderung benachteiligen. Im Einzelnen gilt hierzu Folgendes:

1. Ein schwerbehinderter Beschäftigter darf bei einer Vereinbarung oder einer Maßnahme, insbesondere bei der Begründung des Arbeits- oder sonstigen Beschäftigungsverhältnisses, beim beruflichen Aufstieg, bei einer Weisung oder einer Kündigung, nicht wegen seiner Behinderung benachteiligt werden. Eine unterschiedliche Behandlung wegen der Behinderung ist jedoch zulässig, soweit eine Vereinbarung oder eine Maßnahme die Art der von dem schwerbehinderten Beschäftigten auszuübenden Tätigkeit zum Gegenstand hat und eine bestimmte körperliche Funktion, geistige Fähigkeit oder seelische Gesundheit wesentliche und entscheidende berufliche Anforderung für diese Tätigkeit ist. Macht im Streitfall der schwerbehinderte Beschäftigte Tatsachen glaubhaft, die eine Benachteiligung wegen der Behinderung vermuten lassen, trägt der Arbeitgeber die Beweislast dafür, dass nicht auf die Behinderung bezogene, sachliche Gründe eine unterschiedliche Behandlung rechtfertigen oder eine bestimmte körperliche Funktion, geistige Fähigkeit oder seelische Gesundheit wesentliche und entscheidende berufliche Anforderung für diese Tätigkeit ist.

2. Wird gegen das in Nummer 1 geregelte Benachteiligungsverbot bei der Begründung eines Arbeits- oder sonstigen Beschäftigungsverhältnisses verstoßen, kann der hierdurch benachteiligte schwerbehinderte Bewerber eine angemessene

Entschädigung in Geld verlangen; ein Anspruch auf Begründung eines Arbeits- oder sonstigen Beschäftigungsverhältnisses besteht nicht.
3. Wäre der schwerbehinderte Bewerber auch bei benachteiligungsfreier Auswahl nicht eingestellt worden, leistet der Arbeitgeber eine angemessene Entschädigung in Höhe von höchstens drei Monatsverdiensten. Als Monatsverdienst gilt, was dem schwerbehinderten Bewerber bei regelmäßiger Arbeitszeit in dem Monat, in dem das Arbeits- oder sonstige Beschäftigungsverhältnis hätte begründet werden sollen, an Geld- und Sachbezügen zugestanden hätte.
4. Ein Anspruch auf Entschädigung nach den Nummern 2 und 3 muss innerhalb von zwei Monaten nach Zugang der Ablehnung der Bewerbung schriftlich geltend gemacht werden.
5. Die Regelungen über die angemessene Entschädigung gelten beim beruflichen Aufstieg entsprechend, wenn auf den Aufstieg kein Anspruch besteht.

(3) Die Arbeitgeber stellen durch geeignete Maßnahmen sicher, dass in ihren Betrieben und Dienststellen wenigstens die vorgeschriebene Zahl schwerbehinderter Menschen eine möglichst dauerhafte behinderungsgerechte Beschäftigung finden kann. Absatz 4 Satz 2 und 3 gilt entsprechend.

(4) Die schwerbehinderten Menschen haben gegenüber ihren Arbeitgebern Anspruch auf

1. Beschäftigung, bei der sie ihre Fähigkeiten und Kenntnisse möglichst voll verwerten und weiterentwickeln können,
2. bevorzugte Berücksichtigung bei innerbetrieblichen Maßnahmen der beruflichen Bildung zur Förderung ihres beruflichen Fortkommens,
3. Erleichterungen im zumutbaren Umfang zur Teilnahme an außerbetrieblichen Maßnahmen der beruflichen Bildung,
4. behinderungsgerechte Einrichtung und Unterhaltung der Arbeitsstätten einschließlich der Betriebsanlagen, Maschinen und Geräte sowie der Gestaltung der Arbeitsplätze, des Arbeitsumfeldes, der Arbeitsorganisation und der Arbeitszeit, unter besonderer Berücksichtigung der Unfallgefahr,

5. Ausstattung ihres Arbeitsplatzes mit den erforderlichen technischen Arbeitshilfen

unter Berücksichtigung der Behinderung und ihrer Auswirkungen auf die Beschäftigung. Bei der Durchführung der Maßnahmen nach den Nummern 1, 4 und 5 unterstützen die Arbeitsämter und die Integrationsämter die Arbeitgeber unter Berücksichtigung der für die Beschäftigung wesentlichen Eigenschaften der schwerbehinderten Menschen. Ein Anspruch nach Satz 1 besteht nicht, soweit seine Erfüllung für den Arbeitgeber nicht zumutbar oder mit unverhältnismäßigen Aufwendungen verbunden wäre oder soweit die staatlichen oder berufsgenossenschaftlichen Arbeitsschutzvorschriften oder beamtenrechtliche Vorschriften entgegenstehen.

(5) Die Arbeitgeber fördern die Einrichtung von Teilzeitarbeitsplätzen. Sie werden dabei von den Integrationsämtern unterstützt. Schwerbehinderte Menschen haben einen Anspruch auf Teilzeitbeschäftigung, wenn die kürzere Arbeitszeit wegen Art oder Schwere der Behinderung notwendig ist; Absatz 4 Satz 3 gilt entsprechend.

§ 82
Besondere Pflichten der öffentlichen Arbeitgeber

Die Dienststellen der öffentlichen Arbeitgeber melden den Arbeitsämtern frühzeitig frei werdende und neu zu besetzende sowie neue Arbeitsplätze (§ 73). Haben schwerbehinderte Menschen sich um einen solchen Arbeitsplatz beworben oder sind sie vom Arbeitsamt oder einem von diesem beauftragten Integrationsfachdienst vorgeschlagen worden, werden sie zu einem Vorstellungsgespräch eingeladen. Eine Einladung ist entbehrlich, wenn die fachliche Eignung offensichtlich fehlt. Einer Integrationsvereinbarung nach § 83 bedarf es nicht, wenn für die Dienststellen dem § 83 entsprechende Regelungen bereits bestehen und durchgeführt werden.

SGB IX § 83-84

§ 83
Integrationsvereinbarung

(1) Die Arbeitgeber treffen mit der Schwerbehindertenvertretung und den in § 93 genannten Vertretungen in Zusammenarbeit mit dem Beauftragten des Arbeitgebers (§ 98) eine verbindliche Integrationsvereinbarung. Auf Antrag der Schwerbehindertenvertretung wird unter Beteiligung der in § 93 genannten Vertretungen hierüber verhandelt. Ist eine Schwerbehindertenvertretung nicht vorhanden, steht das Antragsrecht den in § 93 genannten Vertretungen zu. Der Arbeitgeber oder die Schwerbehindertenvertretung können das Integrationsamt einladen, sich an den Verhandlungen über die Integrationsvereinbarung zu beteiligen. Dem Arbeitsamt und dem Integrationsamt, die für den Sitz des Arbeitgebers zuständig sind, wird die Vereinbarung übermittelt.

(2) Die Vereinbarung enthält Regelungen im Zusammenhang mit der Eingliederung schwerbehinderter Menschen, insbesondere zur Personalplanung, Arbeitsplatzgestaltung, Gestaltung des Arbeitsumfelds, Arbeitsorganisation, Arbeitszeit sowie Regelungen über die Durchführung in den Betrieben und Dienststellen. Bei der Personalplanung werden besondere Regelungen zur Beschäftigung eines angemessenen Anteils von schwerbehinderten Frauen vorgesehen.

(3) In den Versammlungen schwerbehinderter Menschen berichtet der Arbeitgeber über alle Angelegenheiten im Zusammenhang mit der Eingliederung schwerbehinderter Menschen.

§ 84
Prävention

(1) Der Arbeitgeber schaltet bei Eintreten von personen-, verhaltens- oder betriebsbedingten Schwierigkeiten im Arbeits- oder sonstigen Beschäftigungsverhältnis, die zur Gefährdung dieses Verhältnisses führen können, möglichst frühzeitig die Schwerbehindertenvertretung und die in § 93 genannten Vertretungen sowie das Integrationsamt ein, um mit ihnen alle Möglichkeiten und

alle zur Verfügung stehenden Hilfen zur Beratung und mögliche finanzielle Leistungen zu erörtern, mit denen die Schwierigkeiten beseitigt werden können und das Arbeits- oder sonstige Beschäftigungsverhältnis möglichst dauerhaft fortgesetzt werden kann.

(2) Der Arbeitgeber schaltet mit Zustimmung der betroffenen Person die Schwerbehindertenvertretung auch ein, wenn ein schwerbehinderter Mensch länger als drei Monate ununterbrochen arbeitsunfähig ist oder das Arbeitsverhältnis oder sonstige Beschäftigungsverhältnis aus gesundheitlichen Gründen gefährdet ist. Die Schwerbehindertenvertretung schaltet mit Zustimmung der betroffenen Person die gemeinsame Servicestelle und bei schwerbehinderten Menschen auch das Integrationsamt ein. Die Sätze 1 und 2 gelten für behinderte oder von Behinderung bedrohte Menschen entsprechend; in diesem Fall tritt an die Stelle der Schwerbehindertenvertretung die zuständige Interessenvertretung im Sinne des § 93.

Kapitel 4

Kündigungsschutz

§ 85
Erfordernis der Zustimmung

Die Kündigung des Arbeitsverhältnisses eines schwerbehinderten Menschen durch den Arbeitgeber bedarf der vorherigen Zustimmung des Integrationsamtes.

§ 86
Kündigungsfrist

Die Kündigungsfrist beträgt mindestens vier Wochen.

§ 87
Antragsverfahren

(1) Die Zustimmung zur Kündigung beantragt der Arbeitgeber bei dem für den Sitz des Betriebes oder der Dienststelle zuständigen Integrationsamt schriftlich. Der Begriff des Betriebes und der Begriff der Dienststelle im Sinne des Teils 2 bestimmen sich nach dem Betriebsverfassungsgesetz und dem Personalvertretungsrecht.

(2) Das Integrationsamt holt eine Stellungnahme des zuständigen Arbeitsamtes, des Betriebsrates oder Personalrates und der Schwerbehindertenvertretung ein und hört den schwerbehinderten Menschen an.

(3) Das Integrationsamt wirkt in jeder Lage des Verfahrens auf eine gütliche Einigung hin.

§ 88
Entscheidung des Integrationsamtes

(1) Das Integrationsamt soll die Entscheidung, falls erforderlich auf Grund mündlicher Verhandlung, innerhalb eines Monats vom Tage des Eingangs des Antrages an treffen.

(2) Die Entscheidung wird dem Arbeitgeber und dem schwerbehinderten Menschen zugestellt. Dem Arbeitsamt wird eine Abschrift der Entscheidung übersandt.

(3) Erteilt das Integrationsamt die Zustimmung zur Kündigung, kann der Arbeitgeber die Kündigung nur innerhalb eines Monats nach Zustellung erklären.

(4) Widerspruch und Anfechtungsklage gegen die Zustimmung des Integrationsamtes zur Kündigung haben keine aufschiebende Wirkung.

§ 89
Einschränkungen der Ermessensentscheidung

(1) Das Integrationsamt erteilt die Zustimmung bei Kündigungen in Betrieben und Dienststellen, die nicht nur vorübergehend eingestellt oder aufgelöst werden, wenn zwischen dem Tage der Kündigung und dem Tage, bis zu dem Gehalt oder Lohn gezahlt wird, mindestens drei Monate liegen. Unter der gleichen Voraussetzung soll es die Zustimmung auch bei Kündigungen in Betrieben und Dienststellen erteilen, die nicht nur vorübergehend wesentlich eingeschränkt werden, wenn die Gesamtzahl der weiterhin beschäftigten schwerbehinderten Menschen zur Erfüllung der Beschäftigungspflicht nach § 71 ausreicht. Die Sätze 1 und 2 gelten nicht, wenn eine Weiterbeschäftigung auf einem anderen Arbeitsplatz desselben Betriebes oder derselben Dienststelle oder auf einem freien Arbeitsplatz in einem anderen Betrieb oder einer anderen Dienststelle desselben Arbeitgebers mit Einverständnis des schwerbehinderten Menschen möglich und für den Arbeitgeber zumutbar ist.

(2) Das Integrationsamt soll die Zustimmung erteilen, wenn dem schwerbehinderten Menschen ein anderer angemessener und zumutbarer Arbeitsplatz gesichert ist.

(3) Ist das Insolvenzverfahren über das Vermögen des Arbeitgebers eröffnet, soll das Integrationsamt die Zustimmung erteilen, wenn

1. der schwerbehinderte Mensch in einem Interessenausgleich namentlich als einer der zu entlassenden Arbeitnehmer bezeichnet ist (§ 125 der Insolvenzordnung),
2. die Schwerbehindertenvertretung beim Zustandekommen des Interessenausgleichs gemäß § 95 Abs. 2 beteiligt worden ist,
3. der Anteil der nach dem Interessenausgleich zu entlassenden schwerbehinderten Menschen an der Zahl der beschäftigten schwerbehinderten Menschen nicht größer ist als der Anteil der zu entlassenden übrigen Arbeitnehmer an der Zahl der beschäftigten übrigen Arbeitnehmer und
4. die Gesamtzahl der schwerbehinderten Menschen, die nach

dem Interessenausgleich bei dem Arbeitgeber verbleiben sollen, zur Erfüllung der Beschäftigungspflicht nach § 71 ausreicht.

§ 90
Ausnahmen

(1) Die Vorschriften dieses Kapitels gelten nicht für schwerbehinderte Menschen,

1. deren Arbeitsverhältnis zum Zeitpunkt des Zugangs der Kündigungserklärung ohne Unterbrechung noch nicht länger als sechs Monate besteht oder
2. die auf Stellen im Sinne des § 73 Abs. 2 Nr. 2 bis 6 beschäftigt werden oder
3. deren Arbeitsverhältnis durch Kündigung beendet wird, sofern sie
    a) das 58. Lebensjahr vollendet haben und Anspruch auf eine Abfindung, Entschädigung oder ähnliche Leistung auf Grund eines Sozialplanes haben oder
    b) Anspruch auf Knappschaftsausgleichsleistung nach dem Sechsten Buch oder auf Anpassungsgeld für entlassene Arbeitnehmer des Bergbaus haben,

    wenn der Arbeitgeber ihnen die Kündigungsabsicht rechtzeitig mitgeteilt hat und sie der beabsichtigten Kündigung bis zu deren Ausspruch nicht widersprechen.

(2) Die Vorschriften dieses Kapitels finden ferner bei Entlassungen, die aus Witterungsgründen vorgenommen werden, keine Anwendung, sofern die Wiedereinstellung der schwerbehinderten Menschen bei Wiederaufnahme der Arbeit gewährleistet ist.

(3) Der Arbeitgeber zeigt Einstellungen auf Probe und die Beendigung von Arbeitsverhältnissen schwerbehinderter Menschen in den Fällen des Absatzes 1 Nr. 1 unabhängig von der Anzeigepflicht nach anderen Gesetzen dem Integrationsamt innerhalb von vier Tagen an.

§ 91
Außerordentliche Kündigung

(1) Die Vorschriften dieses Kapitels gelten mit Ausnahme von § 86 auch bei außerordentlicher Kündigung, soweit sich aus den folgenden Bestimmungen nichts Abweichendes ergibt.

(2) Die Zustimmung zur Kündigung kann nur innerhalb von zwei Wochen beantragt werden; maßgebend ist der Eingang des Antrages bei dem Integrationsamt. Die Frist beginnt mit dem Zeitpunkt, in dem der Arbeitgeber von den für die Kündigung maßgebenden Tatsachen Kenntnis erlangt.

(3) Das Integrationsamt trifft die Entscheidung innerhalb von zwei Wochen vom Tage des Eingangs des Antrages an. Wird innerhalb dieser Frist eine Entscheidung nicht getroffen, gilt die Zustimmung als erteilt.

(4) Das Integrationsamt soll die Zustimmung erteilen, wenn die Kündigung aus einem Grunde erfolgt, der nicht im Zusammenhang mit der Behinderung steht.

(5) Die Kündigung kann auch nach Ablauf der Frist des § 626 Abs. 2 Satz 1 des Bürgerlichen Gesetzbuchs erfolgen, wenn sie unverzüglich nach Erteilung der Zustimmung erklärt wird.

(6) Schwerbehinderte Menschen, denen lediglich aus Anlass eines Streiks oder einer Aussperrung fristlos gekündigt worden ist, werden nach Beendigung des Streiks oder der Aussperrung wieder eingestellt.

§ 92
Erweiterter Beendigungsschutz

Die Beendigung des Arbeitsverhältnisses eines schwerbehinderten Menschen bedarf auch dann der vorherigen Zustimmung des Integrationsamtes, wenn sie im Falle des Eintritts einer teilweisen Erwerbsminderung, der Erwerbsminderung auf Zeit, der Berufsunfähigkeit oder der Erwerbsunfähigkeit auf Zeit ohne Kündigung erfolgt. Die Vorschriften dieses Kapitels über die Zustimmung zur ordentlichen Kündigung gelten entsprechend.

Kapitel 5

Betriebs-, Personal-, Richter-, Staatsanwalts- und Präsidialrat, Schwerbehindertenvertretung, Beauftragter des Arbeitgebers

§ 93
Aufgaben des Betriebs-, Personal-, Richter-, Staatsanwalts- und Präsidialrates

Betriebs-, Personal-, Richter-, Staatsanwalts- und Präsidialrat fördern die Eingliederung schwerbehinderter Menschen. Sie achten insbesondere darauf, dass die dem Arbeitgeber nach den §§ 71, 72 und 81 bis 84 obliegenden Verpflichtungen erfüllt werden; sie wirken auf die Wahl der Schwerbehindertenvertretung hin.

§ 94
Wahl und Amtszeit der Schwerbehindertenvertretung

(1) In Betrieben und Dienststellen, in denen wenigstens fünf schwerbehinderte Menschen nicht nur vorübergehend beschäftigt sind, werden eine Vertrauensperson und wenigstens ein stellvertretendes Mitglied gewählt, das die Vertrauensperson im Falle der Verhinderung durch Abwesenheit oder Wahrnehmung anderer Aufgaben vertritt. Ferner wählen bei Gerichten, denen mindestens fünf schwerbehinderte Richter oder Richterinnen angehören, diese einen Richter oder eine Richterin zu ihrer Schwerbehindertenvertretung. Satz 2 gilt entsprechend für Staatsanwälte oder Staatsanwältinnen, soweit für sie eine besondere Personalvertretung gebildet wird. Betriebe oder Dienststellen, die die Voraussetzungen des Satzes 1 nicht erfüllen, können für die Wahl mit räumlich nahe liegenden Betrieben des Arbeitgebers oder gleich-

§ 94 SGB IX

stufigen Dienststellen derselben Verwaltung zusammengefasst werden; soweit erforderlich, können Gerichte unterschiedlicher Gerichtszweige und Stufen zusammengefasst werden. Über die Zusammenfassung entscheidet der Arbeitgeber im Benehmen mit dem für den Sitz der Betriebe oder Dienststellen einschließlich Gerichten zuständigen Integrationsamt.

(2) Wahlberechtigt sind alle in dem Betrieb oder der Dienststelle beschäftigten schwerbehinderten Menschen.

(3) Wählbar sind alle in dem Betrieb oder der Dienststelle nicht nur vorübergehend Beschäftigten, die am Wahltage das 18. Lebensjahr vollendet haben und dem Betrieb oder der Dienststelle seit sechs Monaten angehören; besteht der Betrieb oder die Dienststelle weniger als ein Jahr, so bedarf es für die Wählbarkeit nicht der sechsmonatigen Zugehörigkeit. Nicht wählbar ist, wer kraft Gesetzes dem Betriebs-, Personal-, Richter-, Staatsanwalts- oder Präsidialrat nicht angehören kann.

(4) Bei Dienststellen der Bundeswehr, bei denen eine Vertretung der Soldaten nach dem Bundespersonalvertretungsgesetz zu wählen ist, sind auch schwerbehinderte Soldaten und Soldatinnen wahlberechtigt und auch Soldaten und Soldatinnen wählbar.

(5) Die regelmäßigen Wahlen finden alle vier Jahre in der Zeit vom 1. Oktober bis 30. November statt. Außerhalb dieser Zeit finden Wahlen statt, wenn

1. das Amt der Schwerbehindertenvertretung vorzeitig erlischt und ein stellvertretendes Mitglied nicht nachrückt,
2. die Wahl mit Erfolg angefochten worden ist oder
3. eine Schwerbehindertenvertretung noch nicht gewählt ist.

Hat außerhalb des für die regelmäßigen Wahlen festgelegten Zeitraumes eine Wahl der Schwerbehindertenvertretung stattgefunden, wird die Schwerbehindertenvertretung in dem auf die Wahl folgenden nächsten Zeitraum der regelmäßigen Wahlen neu gewählt. Hat die Amtszeit der Schwerbehindertenvertretung zum Beginn des für die regelmäßigen Wahlen festgelegten Zeitraums noch nicht ein Jahr betragen, wird die Schwerbehindertenvertretung im übernächsten Zeitraum für regelmäßige Wahlen neu gewählt.

SGB IX § 94-95

(6) Die Vertrauensperson und das stellvertretende Mitglied werden in geheimer und unmittelbarer Wahl nach den Grundsätzen der Mehrheitswahl gewählt. Im Übrigen sind die Vorschriften über die Wahlanfechtung, den Wahlschutz und die Wahlkosten bei der Wahl des Betriebs-, Personal-, Richter-, Staatsanwalts- oder Präsidialrates sinngemäß anzuwenden. In Betrieben und Dienststellen mit weniger als 50 wahlberechtigten schwerbehinderten Menschen wird die Vertrauensperson und das stellvertretende Mitglied im vereinfachten Wahlverfahren gewählt, sofern der Betrieb oder die Dienststelle nicht aus räumlich weit auseinander liegenden Teilen besteht. Ist in einem Betrieb oder einer Dienststelle eine Schwerbehindertenvertretung nicht gewählt, so kann das für den Betrieb oder die Dienststelle zuständige Integrationsamt zu einer Versammlung schwerbehinderter Menschen zum Zwecke der Wahl eines Wahlvorstandes einladen.

(7) Die Amtszeit der Schwerbehindertenvertretung beträgt vier Jahre. Sie beginnt mit der Bekanntgabe des Wahlergebnisses oder, wenn die Amtszeit der bisherigen Schwerbehindertenvertretung noch nicht beendet ist, mit deren Ablauf. Das Amt erlischt vorzeitig, wenn die Vertrauensperson es niederlegt, aus dem Arbeits-, Dienst- oder Richterverhältnis ausscheidet oder die Wählbarkeit verliert. Scheidet die Vertrauensperson vorzeitig aus dem Amt aus, rückt das mit der höchsten Stimmenzahl gewählte stellvertretende Mitglied für den Rest der Amtszeit nach; dies gilt für das stellvertretende Mitglied entsprechend. Auf Antrag eines Viertels der wahlberechtigten schwerbehinderten Menschen kann der Widerspruchsausschuss bei dem Integrationsamt (§ 119) das Erlöschen des Amtes einer Vertrauensperson wegen grober Verletzung ihrer Pflichten beschließen.

§ 95
Aufgaben der Schwerbehindertenvertretung

(1) Die Schwerbehindertenvertretung fördert die Eingliederung schwerbehinderter Menschen in den Betrieb oder die Dienststelle, vertritt ihre Interessen in dem Betrieb oder der Dienststelle

§ 95 SGB IX

und steht ihnen beratend und helfend zur Seite. Sie erfüllt ihre Aufgaben insbesondere dadurch, dass sie

1. darüber wacht, dass die zugunsten schwerbehinderter Menschen geltenden Gesetze, Verordnungen, Tarifverträge, Betriebs- oder Dienstvereinbarungen und Verwaltungsanordnungen durchgeführt, insbesondere auch die dem Arbeitgeber nach den §§ 71, 72 und 81 bis 84 obliegenden Verpflichtungen erfüllt werden,
2. Maßnahmen, die den schwerbehinderten Menschen dienen, insbesondere auch präventive Maßnahmen, bei den zuständigen Stellen beantragt,
3. Anregungen und Beschwerden von schwerbehinderten Menschen entgegennimmt und, falls sie berechtigt erscheinen, durch Verhandlung mit dem Arbeitgeber auf eine Erledigung hinwirkt; sie unterrichtet die schwerbehinderten Menschen über den Stand und das Ergebnis der Verhandlungen.

Die Schwerbehindertenvertretung unterstützt Beschäftigte auch bei Anträgen an die für die Durchführung des Bundesversorgungsgesetzes zuständigen Behörden auf Feststellung einer Behinderung, ihres Grades und einer Schwerbehinderung sowie bei Anträgen auf Gleichstellung an das Arbeitsamt. In Betrieben und Dienststellen mit in der Regel mehr als 200 schwerbehinderten Menschen kann sie nach Unterrichtung des Arbeitgebers das mit der höchsten Stimmenzahl gewählte stellvertretende Mitglied zu bestimmten Aufgaben heranziehen.

(2) Der Arbeitgeber hat die Schwerbehindertenvertretung in allen Angelegenheiten, die einen einzelnen oder die schwerbehinderten Menschen als Gruppe berühren, unverzüglich und umfassend zu unterrichten und vor einer Entscheidung anzuhören; er hat ihr die getroffene Entscheidung unverzüglich mitzuteilen. Die Durchführung oder Vollziehung einer ohne Beteiligung nach Satz 1 getroffenen Entscheidung ist auszusetzen, die Beteiligung ist innerhalb von sieben Tagen nachzuholen; sodann ist endgültig zu entscheiden. Die Schwerbehindertenvertretung hat das Recht auf Beteiligung am Verfahren nach § 81 Abs. 1 und beim Vorliegen von Vermittlungsvorschlägen des Arbeitsamtes nach § 81

SGB IX § 95

Abs. 1 oder von Bewerbungen schwerbehinderter Menschen das Recht auf Einsicht in die entscheidungsrelevanten Teile der Bewerbungsunterlagen und Teilnahme an Vorstellungsgesprächen.

(3) Der schwerbehinderte Mensch hat das Recht, bei Einsicht in die über ihn geführte Personalakte oder ihn betreffende Daten des Arbeitgebers die Schwerbehindertenvertretung hinzuzuziehen. Die Schwerbehindertenvertretung bewahrt über den Inhalt der Daten Stillschweigen, soweit sie der schwerbehinderte Mensch nicht von dieser Verpflichtung entbunden hat.

(4) Die Schwerbehindertenvertretung hat das Recht, an allen Sitzungen des Betriebs-, Personal-, Richter-, Staatsanwalts- oder Präsidialrates und deren Ausschüssen sowie des Arbeitsschutzausschusses beratend teilzunehmen; sie kann beantragen, Angelegenheiten, die einzelne oder die schwerbehinderten Menschen als Gruppe besonders betreffen, auf die Tagesordnung der nächsten Sitzung zu setzen. Erachtet sie einen Beschluss des Betriebs-, Personal-, Richter-, Staatsanwalts- oder Präsidialrates als eine erhebliche Beeinträchtigung wichtiger Interessen schwerbehinderter Menschen oder ist sie entgegen Absatz 2 Satz 1 nicht beteiligt worden, wird auf ihren Antrag der Beschluss für die Dauer von einer Woche vom Zeitpunkt der Beschlussfassung an ausgesetzt; die Vorschriften des Betriebsverfassungsgesetzes und des Personalvertretungsrechtes über die Aussetzung von Beschlüssen gelten entsprechend. Durch die Aussetzung wird eine Frist nicht verlängert. In den Fällen des § 21e Abs. 1 und 3 des Gerichtsverfassungsgesetzes ist die Schwerbehindertenvertretung, außer in Eilfällen, auf Antrag eines betroffenen schwerbehinderten Richters oder einer schwerbehinderten Richterin vor dem Präsidium des Gerichtes zu hören.

(5) Die Schwerbehindertenvertretung wird zu Besprechungen nach § 74 Abs. 1 des Betriebsverfassungsgesetzes, § 66 Abs. 1 des Bundespersonalvertretungsgesetzes sowie den entsprechenden Vorschriften des sonstigen Personalvertretungsrechtes zwischen dem Arbeitgeber und den in Absatz 4 genannten Vertretungen hinzugezogen.

(6) Die Schwerbehindertenvertretung hat das Recht, mindestens

einmal im Kalenderjahr eine Versammlung schwerbehinderter Menschen im Betrieb oder in der Dienststelle durchzuführen. Die für Betriebs- und Personalversammlungen geltenden Vorschriften finden entsprechende Anwendung.

(7) Sind in einer Angelegenheit sowohl die Schwerbehindertenvertretung der Richter und Richterinnen als auch die Schwerbehindertenvertretung der übrigen Bediensteten beteiligt, so handeln sie gemeinsam.

§ 96
Persönliche Rechte und Pflichten der Vertrauenspersonen der schwerbehinderten Menschen

(1) Die Vertrauenspersonen führen ihr Amt unentgeltlich als Ehrenamt.

(2) Die Vertrauenspersonen dürfen in der Ausübung ihres Amtes nicht behindert oder wegen ihres Amtes nicht benachteiligt oder begünstigt werden; dies gilt auch für ihre berufliche Entwicklung.

(3) Die Vertrauenspersonen besitzen gegenüber dem Arbeitgeber die gleiche persönliche Rechtsstellung, insbesondere den gleichen Kündigungs-, Versetzungs- und Abordnungsschutz wie ein Mitglied des Betriebs-, Personal-, Staatsanwalts- oder Richterrates. Das stellvertretende Mitglied besitzt während der Dauer der Vertretung und der Heranziehung nach § 95 Abs. 1 Satz 4 die gleiche persönliche Rechtsstellung wie die Vertrauensperson, im Übrigen die gleiche Rechtsstellung wie Ersatzmitglieder der in Satz 1 genannten Vertretungen.

(4) Die Vertrauenspersonen werden von ihrer beruflichen Tätigkeit ohne Minderung des Arbeitsentgelts oder der Dienstbezüge befreit, wenn und soweit es zur Durchführung ihrer Aufgaben erforderlich ist. Sind in den Betrieben und Dienststellen in der Regel wenigstens 200 schwerbehinderte Menschen beschäftigt, wird die Vertrauensperson auf ihren Wunsch freigestellt; weiter gehende Vereinbarungen sind zulässig. Satz 1 gilt entsprechend für die Teilnahme an Schulungs- und Bildungsveranstaltungen, soweit

SGB IX **§ 96**

diese Kenntnisse vermitteln, die für die Arbeit der Schwerbehindertenvertretung erforderlich sind. Satz 3 gilt auch für das mit der höchsten Stimmenzahl gewählte stellvertretende Mitglied, wenn wegen

1. ständiger Heranziehung nach § 95,
2. häufiger Vertretung der Vertrauensperson für längere Zeit,
3. absehbaren Nachrückens in das Amt der Schwerbehindertenvertretung in kurzer Frist

die Teilnahme an Bildungs- und Schulungsveranstaltungen erforderlich ist.

(5) Freigestellte Vertrauenspersonen dürfen von inner- oder außerbetrieblichen Maßnahmen der Berufsförderung nicht ausgeschlossen werden. Innerhalb eines Jahres nach Beendigung ihrer Freistellung ist ihnen im Rahmen der Möglichkeiten des Betriebes oder der Dienststelle Gelegenheit zu geben, eine wegen der Freistellung unterbliebene berufliche Entwicklung in dem Betrieb oder der Dienststelle nachzuholen. Für Vertrauenspersonen, die drei volle aufeinander folgende Amtszeiten freigestellt waren, erhöht sich der genannte Zeitraum auf zwei Jahre.

(6) Zum Ausgleich für ihre Tätigkeit, die aus betriebsbedingten oder dienstlichen Gründen außerhalb der Arbeitszeit durchzuführen ist, haben die Vertrauenspersonen Anspruch auf entsprechende Arbeits- oder Dienstbefreiung unter Fortzahlung des Arbeitsentgelts oder der Dienstbezüge.

(7) Die Vertrauenspersonen sind verpflichtet,

1. über ihnen wegen ihres Amtes bekannt gewordene persönliche Verhältnisse und Angelegenheiten von Beschäftigten im Sinne des § 73, die ihrer Bedeutung oder ihrem Inhalt nach einer vertraulichen Behandlung bedürfen, Stillschweigen zu bewahren und
2. ihnen wegen ihres Amtes bekannt gewordene und vom Arbeitgeber ausdrücklich als geheimhaltungsbedürftig bezeichnete Betriebs- oder Geschäftsgeheimnisse nicht zu offenbaren und nicht zu verwerten.

Diese Pflichten gelten auch nach dem Ausscheiden aus dem Amt. Sie gelten nicht gegenüber der Bundesanstalt für Arbeit, den Integrationsämtern und den Rehabilitationsträgern, soweit deren Aufgaben den schwerbehinderten Menschen gegenüber es erfordern, gegenüber den Vertrauenspersonen in den Stufenvertretungen (§ 97) sowie gegenüber den in § 79 Abs. 1 des Betriebsverfassungsgesetzes und den in den entsprechenden Vorschriften des Personalvertretungsrechtes genannten Vertretungen, Personen und Stellen.

(8) Die durch die Tätigkeit der Schwerbehindertenvertretung entstehenden Kosten trägt der Arbeitgeber. Das Gleiche gilt für die durch die Teilnahme des mit der höchsten Stimmenzahl gewählten stellvertretenden Mitglieds an Schulungs- und Bildungsveranstaltungen nach Absatz 4 Satz 3 entstehenden Kosten.

(9) Die Räume und der Geschäftsbedarf, die der Arbeitgeber dem Betriebs-, Personal-, Richter-, Staatsanwalts- oder Präsidialrat für dessen Sitzungen, Sprechstunden und laufende Geschäftsführung zur Verfügung stellt, stehen für die gleichen Zwecke auch der Schwerbehindertenvertretung zur Verfügung, soweit ihr hierfür nicht eigene Räume und sächliche Mittel zur Verfügung gestellt werden.

§ 97
Konzern-, Gesamt-, Bezirks- und Hauptschwerbehindertenvertretung

(1) Ist für mehrere Betriebe eines Arbeitgebers ein Gesamtbetriebsrat oder für den Geschäftsbereich mehrerer Dienststellen ein Gesamtpersonalrat errichtet, wählen die Schwerbehindertenvertretungen der einzelnen Betriebe oder Dienststellen eine Gesamtschwerbehindertenvertretung. Ist eine Schwerbehindertenvertretung nur in einem der Betriebe oder in einer der Dienststellen gewählt, nimmt sie die Rechte und Pflichten der Gesamtschwerbehindertenvertretung wahr.

(2) Ist für mehrere Unternehmen ein Konzernbetriebsrat errichtet, wählen die Gesamtschwerbehindertenvertretungen eine Kon-

zernschwerbehindertenvertretung. Besteht ein Konzernunternehmen nur aus einem Betrieb, für den eine Schwerbehindertenvertretung gewählt ist, hat sie das Wahlrecht wie eine Gesamtschwerbehindertenvertretung

(3) Für den Geschäftsbereich mehrstufiger Verwaltungen, bei denen ein Bezirks- oder Hauptpersonalrat gebildet ist, gilt Absatz 1 sinngemäß mit der Maßgabe, dass bei den Mittelbehörden von deren Schwerbehindertenvertretung und den Schwerbehindertenvertretungen der nachgeordneten Dienststellen eine Bezirksschwerbehindertenvertretung zu wählen ist. Bei den obersten Dienstbehörden ist von deren Schwerbehindertenvertretung und den Bezirksschwerbehindertenvertretungen des Geschäftsbereichs eine Hauptschwerbehindertenvertretung zu wählen; ist die Zahl der Bezirksschwerbehindertenvertretungen niedriger als zehn, sind auch die Schwerbehindertenvertretungen der nachgeordneten Dienststellen wahlberechtigt.

(4) Für Gerichte eines Zweiges der Gerichtsbarkeit, für die ein Bezirks- oder Hauptrichterrat gebildet ist, gilt Absatz 2 entsprechend. Sind in einem Zweig der Gerichtsbarkeit bei den Gerichten der Länder mehrere Schwerbehindertenvertretungen nach § 94 zu wählen und ist in diesem Zweig kein Hauptrichterrat gebildet, ist in entsprechender Anwendung von Absatz 2 eine Hauptschwerbehindertenvertretung zu wählen. Die Hauptschwerbehindertenvertretung nimmt die Aufgabe der Schwerbehindertenvertretung gegenüber dem Präsidialrat wahr.

(5) Für jede Vertrauensperson, die nach den Absätzen 1 bis 3 neu zu wählen ist, wird wenigstens ein stellvertretendes Mitglied gewählt.

(6) Die Gesamtschwerbehindertenvertretung vertritt die Interessen der schwerbehinderten Menschen in Angelegenheiten, die das Gesamtunternehmen oder mehrere Betriebe oder Dienststellen des Arbeitgebers betreffen und von den Schwerbehindertenvertretungen der einzelnen Betriebe oder Dienststellen nicht geregelt werden können, sowie die Interessen der schwerbehinderten Menschen, die in einem Betrieb oder einer Dienststelle tätig sind, für die eine Schwerbehindertenvertretung nicht gewählt ist. Satz 1

gilt entsprechend für die Konzern-, Bezirks- und Hauptschwerbehindertenvertretung sowie für die Schwerbehindertenvertretung der obersten Dienstbehörde, wenn bei einer mehrstufigen Verwaltung Stufenvertretungen nicht gewählt sind. Die nach Satz 2 zuständige Schwerbehindertenvertretung ist auch in persönlichen Angelegenheiten schwerbehinderter Menschen, über die eine übergeordnete Dienststelle entscheidet, zuständig; sie gibt der Schwerbehindertenvertretung der Dienststelle, die den schwerbehinderten Menschen beschäftigt, Gelegenheit zur Äußerung. Satz 3 gilt nicht in den Fällen, in denen der Personalrat der Beschäftigungsbehörde zu beteiligen ist.

(7) § 94 Abs. 3 bis 7, § 95 Abs. 1 Satz 4, Abs. 2, 4, 5 und 7 und § 96 gelten entsprechend, § 94 Abs. 5 mit der Maßgabe, dass die Wahl der Gesamt- und Bezirksschwerbehindertenvertretungen in der Zeit vom 1. Dezember bis 31. Januar, die der Konzern- und Hauptschwerbehindertenvertretungen in der Zeit vom 1. Februar bis 31. März stattfindet.

(8) § 95 Abs. 6 gilt für die Durchführung von Versammlungen der Vertrauens- und der Bezirksvertrauenspersonen durch die Gesamt-, Bezirks- oder Hauptschwerbehindertenvertretung entsprechend.

§ 98
Beauftragter des Arbeitgebers

Der Arbeitgeber bestellt einen Beauftragten, der ihn in Angelegenheiten schwerbehinderter Menschen verantwortlich vertritt; falls erforderlich, können mehrere Beauftragte bestellt werden. Der Beauftragte soll nach Möglichkeit selbst ein schwerbehinderter Mensch sein. Der Beauftragte achtet vor allem darauf, dass dem Arbeitgeber obliegende Verpflichtungen erfüllt werden.

§ 99
Zusammenarbeit

(1) Arbeitgeber, Beauftragter des Arbeitgebers, Schwerbehindertenvertretung und Betriebs-, Personal-, Richter-, Staatsanwalts- oder Präsidialrat arbeiten zur Teilhabe schwerbehinderter Menschen am Arbeitsleben in dem Betrieb oder der Dienststelle eng zusammen.

(2) Die in Absatz 1 genannten Personen und Vertretungen, die mit der Durchführung des Teils 2 beauftragten Stellen und die Rehabilitationsträger unterstützen sich gegenseitig bei der Erfüllung ihrer Aufgaben. Vertrauensperson und Beauftragter des Arbeitgebers sind Verbindungspersonen zur Bundesanstalt für Arbeit und zu dem Integrationsamt.

§ 100
Verordnungsermächtigung

Die Bundesregierung wird ermächtigt, durch Rechtsverordnung mit Zustimmung des Bundesrates nähere Vorschriften über die Vorbereitung und Durchführung der Wahl der Schwerbehindertenvertretung und ihrer Stufenvertretungen zu erlassen.

Kapitel 6
Durchführung der besonderen Regelungen zur Teilhabe schwerbehinderter Menschen

§ 101
Zusammenarbeit der Integrationsämter und der Bundesanstalt für Arbeit

(1) Soweit die besonderen Regelungen zur Teilhabe schwerbehinderter Menschen am Arbeitsleben nicht durch freie Entschließung der Arbeitgeber erfüllt werden, werden sie

§ 101-102 **SGB IX**

1. in den Ländern von dem Integrationsamt und
2. von der Bundesanstalt für Arbeit

in enger Zusammenarbeit durchgeführt.

(2) Die den Rehabilitationsträgern nach den geltenden Vorschriften obliegenden Aufgaben bleiben unberührt.

§ 102
Aufgaben des Integrationsamtes

(1) Das Integrationsamt hat folgende Aufgaben:

1. die Erhebung und Verwendung der Ausgleichsabgabe,
2. den Kündigungsschutz,
3. die begleitende Hilfe im Arbeitsleben,
4. die zeitweilige Entziehung der besonderen Hilfen für schwerbehinderte Menschen (§ 117).

(2) Die begleitende Hilfe im Arbeitsleben wird in enger Zusammenarbeit mit der Bundesanstalt für Arbeit und den übrigen Rehabilitationsträgern durchgeführt. Sie soll dahin wirken, dass die schwerbehinderten Menschen in ihrer sozialen Stellung nicht absinken, auf Arbeitsplätzen beschäftigt werden, auf denen sie ihre Fähigkeiten und Kenntnisse voll verwerten und weiterentwickeln können sowie durch Leistungen der Rehabilitationsträger und Maßnahmen der Arbeitgeber befähigt werden, sich am Arbeitsplatz und im Wettbewerb mit nichtbehinderten Menschen zu behaupten. Dabei gelten als Arbeitsplätze auch Stellen, auf denen Beschäftigte befristet oder als Teilzeitbeschäftigte in einem Umfang von mindestens 15 Stunden wöchentlich beschäftigt werden. Die begleitende Hilfe im Arbeitsleben umfasst auch die nach den Umständen des Einzelfalles notwendige psychosoziale Betreuung schwerbehinderter Menschen. Das Integrationsamt kann bei der Durchführung der begleitenden Hilfen im Arbeitsleben Integrationsfachdienste einschließlich psychosozialer Dienste freier gemeinnütziger Einrichtungen und Organisationen beteiligen. Das Integrationsamt soll außerdem darauf Einfluss nehmen, dass Schwierigkeiten im Arbeitsleben verhindert oder beseitigt wer-

SGB IX § 102

den; es führt hierzu auch Schulungs- und Bildungsmaßnahmen für Vertrauenspersonen, Beauftragte der Arbeitgeber, Betriebs-, Personal-, Richter-, Staatsanwalts- und Präsidialräte durch.

(3) Das Integrationsamt kann im Rahmen seiner Zuständigkeit für die begleitende Hilfe im Arbeitsleben aus den ihm zur Verfügung stehenden Mitteln auch Geldleistungen erbringen, insbesondere

1. an schwerbehinderte Menschen
   a) für technische Arbeitshilfen,
   b) zum Erreichen des Arbeitsplatzes,
   c) zur Gründung und Erhaltung einer selbstständigen beruflichen Existenz,
   d) zur Beschaffung, Ausstattung und Erhaltung einer behinderungsgerechten Wohnung,
   e) zur Teilnahme an Maßnahmen zur Erhaltung und Erweiterung beruflicher Kenntnisse und Fertigkeiten und
   f) in besonderen Lebenslagen,
2. an Arbeitgeber
   a) zur behinderungsgerechten Einrichtung von Arbeitsplätzen für schwerbehinderte Menschen und
   b) für außergewöhnliche Belastungen, die mit der Beschäftigung schwerbehinderter Menschen im Sinne des § 72 Abs. 1 Nr. 1 Buchstabe a bis d oder des § 75 Abs. 2 verbunden sind, vor allem, wenn ohne diese Leistungen das Beschäftigungsverhältnis gefährdet würde,
3. an freie gemeinnützige Einrichtungen und Organisationen zu den Kosten in den Fällen des Absatzes 2 Satz 5 sowie an Träger von Integrationsunternehmen und an öffentliche Arbeitgeber im Sinne des § 71 Abs. 3, soweit sie Integrationsbetriebe und Integrationsabteilungen führen.

Es kann ferner Leistungen zur Durchführung von Aufklärungs-, Schulungs- und Bildungsmaßnahmen erbringen.

(4) Schwerbehinderte Menschen haben im Rahmen der Zuständigkeit des Integrationsamtes für die begleitende Hilfe im Arbeitsleben aus den ihm aus der Ausgleichsabgabe zur Verfügung stehenden Mitteln Anspruch auf Übernahme der Kosten einer notwendigen Arbeitsassistenz.

(5) Verpflichtungen anderer werden durch die Absätze 3 und 4 nicht berührt. Leistungen der Rehabilitationsträger nach § 6 Abs. 1 Nr.1 bis 5 dürfen, auch wenn auf sie ein Rechtsanspruch nicht besteht, nicht deshalb versagt werden, weil nach den besonderen Regelungen für schwerbehinderte Menschen entsprechende Leistungen vorgesehen sind; eine Aufstockung durch Leistungen des Integrationsamtes findet nicht statt.

(6) § 14 gilt sinngemäß, wenn bei dem Integrationsamt eine Leistung zur Teilhabe am Arbeitsleben beantragt wird. Das Gleiche gilt, wenn ein Antrag bei einem Rehabilitationsträger gestellt und der Antrag von diesem nach § 16 Abs. 2 des Ersten Buches an das Integrationsamt weitergeleitet worden ist.

§ 103
Beratender Ausschuss für behinderte Menschen bei dem Integrationsamt

(1) Bei jedem Integrationsamt wird ein Beratender Ausschuss für behinderte Menschen gebildet, der die Teilhabe der behinderten Menschen am Arbeitsleben fördert, das Integrationsamt bei der Durchführung der besonderen Regelungen für schwerbehinderte Menschen zur Teilhabe am Arbeitsleben unterstützt und bei der Vergabe der Mittel der Ausgleichsabgabe mitwirkt. Soweit die Mittel der Ausgleichsabgabe zur institutionellen Förderung verwendet werden, macht der Beratende Ausschuss Vorschläge für die Entscheidungen des Integrationsamtes.

(2) Der Ausschuss besteht aus zehn Mitgliedern, und zwar aus

zwei Mitgliedern, die die Arbeitnehmer und Arbeitnehmerinnen vertreten,

zwei Mitgliedern, die die privaten und öffentlichen Arbeitgeber vertreten,

vier Mitgliedern, die die Organisationen behinderter Menschen vertreten,

einem Mitglied, das das jeweilige Land vertritt,

SGB IX § 103-104

einem Mitglied, das das Landesarbeitsamt vertritt.

(3) Für jedes Mitglied ist ein Stellvertreter oder eine Stellvertreterin zu berufen. Mitglieder und Stellvertreter oder Stellvertreterinnen sollen im Bezirk des Integrationsamtes ihren Wohnsitz haben.

(4) Das Integrationsamt beruft auf Vorschlag

der Gewerkschaften des jeweiligen Landes zwei Mitglieder,

der Arbeitgeberverbände des jeweiligen Landes ein Mitglied,

der zuständigen obersten Landesbehörde oder der von ihr bestimmten Behörde ein Mitglied,

der Organisationen behinderter Menschen des jeweiligen Landes, die nach der Zusammensetzung ihrer Mitglieder dazu berufen sind, die behinderten Menschen in ihrer Gesamtheit zu vertreten, vier Mitglieder.

Die zuständige oberste Landesbehörde oder die von ihr bestimmte Behörde und der Präsident oder die Präsidentin des Landesarbeitsamtes berufen je ein Mitglied.

§ 104
Aufgaben der Bundesanstalt für Arbeit

(1) Die Bundesanstalt für Arbeit hat folgende Aufgaben:

1. die Berufsberatung, Ausbildungsvermittlung und Arbeitsvermittlung schwerbehinderter Menschen einschließlich der Vermittlung von in Werkstätten für behinderte Menschen Beschäftigten auf den allgemeinen Arbeitsmarkt,
2. die Beratung der Arbeitgeber bei der Besetzung von Ausbildungs- und Arbeitsplätzen mit schwerbehinderten Menschen,
3. die Förderung der Teilhabe schwerbehinderter Menschen am Arbeitsleben auf dem allgemeinen Arbeitsmarkt, insbesondere von schwerbehinderten Menschen,
    a) die wegen Art oder Schwere ihrer Behinderung oder sons-

§ 104   **SGB IX**

tiger Umstände im Arbeitsleben besonders betroffen sind (§ 72 Abs. 1),
b) die langzeitarbeitslos im Sinne des § 18 des Dritten Buches sind,
c) die im Anschluss an eine Beschäftigung in einer anerkannten Werkstatt für behinderte Menschen oder einem Integrationsprojekt eingestellt werden,
d) die als Teilzeitbeschäftigte eingestellt werden oder
e) die zur Aus- oder Weiterbildung eingestellt werden,
4. im Rahmen von Arbeitsbeschaffungsmaßnahmen und Strukturanpassungsmaßnahmen die besondere Förderung schwerbehinderter Menschen,
5. die Gleichstellung, deren Widerruf und Rücknahme,
6. die Durchführung des Anzeigeverfahrens (§ 80 Abs. 2 und 4),
7. die Überwachung der Erfüllung der Beschäftigungspflicht,
8. die Zulassung der Anrechnung und der Mehrfachanrechnung (§ 75 Abs. 2, § 76 Abs. 1 und 2),
9. die Erfassung der Werkstätten für behinderte Menschen, ihre Anerkennung und die Aufhebung der Anerkennung,
10. die Erfassung der Integrationsfachdienste sowie die Erbringung finanzieller Leistungen aus den Mitteln der Ausgleichsabgabe an diese Dienste.

(2) Die Bundesanstalt für Arbeit übermittelt dem Bundesministerium für Arbeit und Sozialordnung jährlich die Ergebnisse ihrer Förderung der Teilhabe schwerbehinderter Menschen am Arbeitsleben auf dem allgemeinen Arbeitsmarkt nach dessen näherer Bestimmung und fachlicher Weisung. Zu den Ergebnissen gehören Angaben über die Zahl der geförderten Arbeitgeber und schwerbehinderten Menschen, die insgesamt aufgewandten Mittel und die durchschnittlichen Förderungsbeträge. Die Bundesanstalt für Arbeit veröffentlicht diese Ergebnisse.

(3) Die Bundesanstalt für Arbeit führt befristete überregionale und regionale Arbeitsmarktprogramme zum Abbau der Arbeitslosigkeit schwerbehinderter Menschen, besonderer Gruppen schwerbehinderter Menschen, insbesondere schwerbehinderter Frauen, sowie zur Förderung des Ausbildungsplatzangebots für schwerbehinderte Menschen durch, die ihr durch Verwaltungsver-

einbarung gemäß § 370 Abs. 2 Satz 2 und Abs. 3 des Dritten Buches unter Zuweisung der entsprechenden Mittel übertragen werden.

(4) Die Bundesanstalt für Arbeit richtet zur Durchführung der ihr in Teil 2 und der ihr im Dritten Buch zur Teilhabe behinderter und schwerbehinderter Menschen am Arbeitsleben übertragenen Aufgaben in allen Arbeitsämtern besondere Stellen ein; bei der personellen Ausstattung dieser Stellen trägt sie dem besonderen Aufwand bei der Beratung und Vermittlung des zu betreuenden Personenkreises sowie bei der Durchführung der sonstigen Aufgaben nach Absatz 1 Rechnung. Soweit in Geschäftsstellen solche besonderen Stellen nicht gebildet werden können, soll dort für die Beratung und Vermittlung eine fachliche Schwerpunktbildung erfolgen.

(5) Im Rahmen der Beratung der Arbeitgeber nach Absatz 1 Nr. 2 hat die Bundesanstalt für Arbeit

1. dem Arbeitgeber zur Besetzung von Arbeitsplätzen geeignete arbeitslose oder arbeitssuchende schwerbehinderte Menschen unter Darlegung der Leistungsfähigkeit und der Auswirkungen der jeweiligen Behinderung auf die angebotene Stelle vorzuschlagen,
2. ihre Fördermöglichkeiten aufzuzeigen, so weit wie möglich und erforderlich, auch die entsprechenden Hilfen der Rehabilitationsträger und der begleitenden Hilfe im Arbeitsleben durch die Integrationsämter.

§ 105
Beratender Ausschuss für behinderte Menschen bei der Bundesanstalt für Arbeit

(1) Bei der Hauptstelle der Bundesanstalt für Arbeit wird ein Beratender Ausschuss für behinderte Menschen gebildet, der die Teilhabe der behinderten Menschen am Arbeitsleben durch Vorschläge fördert und die Bundesanstalt für Arbeit bei der Durchführung der in Teil 2 und im Dritten Buch zur Teilhabe behinder-

ter und schwerbehinderter Menschen am Arbeitsleben übertragenen Aufgaben unterstützt.

(2) Der Ausschuss besteht aus elf Mitgliedern, und zwar aus

zwei Mitgliedern, die die Arbeitnehmer und Arbeitnehmerinnen vertreten,

zwei Mitgliedern, die die privaten und öffentlichen Arbeitgeber vertreten,

fünf Mitgliedern, die die Organisationen behinderter Menschen vertreten,

einem Mitglied, das die Integrationsämter vertritt,

einem Mitglied, das das Bundesministerium für Arbeit und Sozialordnung vertritt.

(3) Für jedes Mitglied ist ein Stellvertreter oder eine Stellvertreterin zu berufen.

(4) Der Präsident oder die Präsidentin der Bundesanstalt für Arbeit beruft die Mitglieder, die Arbeitnehmer und Arbeitgeber vertreten, auf Vorschlag ihrer Gruppenvertreter im Verwaltungsrat der Bundesanstalt für Arbeit. Er oder sie beruft auf Vorschlag der Organisationen behinderter Menschen, die nach der Zusammensetzung ihrer Mitglieder dazu berufen sind, die behinderten Menschen in ihrer Gesamtheit auf Bundesebene zu vertreten, die Mitglieder, die Organisationen der behinderten Menschen vertreten. Auf Vorschlag der Arbeitsgemeinschaft, in der sich die Integrationsämter zusammengeschlossen haben, beruft er oder sie das Mitglied, das die Integrationsämter vertritt, und auf Vorschlag des Bundesministeriums für Arbeit und Sozialordnung das Mitglied, das dieses vertritt.

§ 106
Gemeinsame Vorschriften

(1) Die Beratenden Ausschüsse für behinderte Menschen (§§ 103, 105) wählen aus den ihnen angehörenden Mitgliedern von Seiten

SGB IX § 106-107

der Arbeitnehmer, Arbeitgeber oder Organisationen behinderter Menschen jeweils für die Dauer eines Jahres einen Vorsitzenden oder eine Vorsitzende und einen Stellvertreter oder eine Stellvertreterin. Die Gewählten dürfen nicht derselben Gruppe angehören. Die Gruppen stellen in regelmäßig jährlich wechselnder Reihenfolge den Vorsitzenden oder die Vorsitzende und den Stellvertreter oder die Stellvertreterin. Die Reihenfolge wird durch die Beendigung der Amtszeit der Mitglieder nicht unterbrochen. Scheidet der Vorsitzende oder die Vorsitzende oder der Stellvertreter oder die Stellvertreterin aus, wird er oder sie neu gewählt.

(2) Die Beratenden Ausschüsse für behinderte Menschen sind beschlussfähig, wenn wenigstens die Hälfte der Mitglieder anwesend ist. Die Beschlüsse und Entscheidungen werden mit einfacher Stimmenmehrheit getroffen.

(3) Die Mitglieder der Beratenden Ausschüsse für behinderte Menschen üben ihre Tätigkeit ehrenamtlich aus. Ihre Amtszeit beträgt vier Jahre.

§ 107
Übertragung von Aufgaben

(1) Die Landesregierung oder die von ihr bestimmte Stelle kann die Verlängerung der Gültigkeitsdauer der Ausweise nach § 69 Abs. 5, für die eine Feststellung nach § 69 Abs. 1 nicht zu treffen ist, auf andere Behörden übertragen. Im Übrigen kann sie andere Behörden zur Aushändigung der Ausweise heranziehen.

(2) Die Landesregierung oder die von ihr bestimmte Stelle kann Aufgaben und Befugnisse des Integrationsamtes nach Teil 2 auf örtliche Fürsorgestellen übertragen oder die Heranziehung örtlicher Fürsorgestellen zur Durchführung der den Integrationsämtern obliegenden Aufgaben bestimmen.

(3) Die Bundesanstalt für Arbeit kann Aufgaben, die nach Teil 2 die Landesarbeitsämter wahrzunehmen haben, mit Ausnahme der Aufgaben nach § 156, ganz oder teilweise den Arbeitsämtern übertragen.

§ 108
Verordnungsermächtigung

Die Bundesregierung wird ermächtigt, durch Rechtsverordnung mit Zustimmung des Bundesrates das Nähere über die Voraussetzungen des Anspruchs nach den § 33 Abs. 8 Nr. 3 und § 102 Abs. 4 sowie über die Höhe, Dauer und Ausführung der Leistungen zu regeln.

Kapitel 7

Integrationsfachdienste

§ 109
Begriff und Personenkreis

(1) Integrationsfachdienste sind Dienste Dritter, die im Auftrag der Bundesanstalt für Arbeit, der Rehabilitationsträger und der Integrationsämter bei der Durchführung der Maßnahmen zur Teilhabe schwerbehinderter Menschen am Arbeitsleben beteiligt werden.

(2) Schwerbehinderte Menschen im Sinne des Absatzes 1 sind insbesondere

1. schwerbehinderte Menschen mit einem besonderen Bedarf an arbeitsbegleitender Betreuung,
2. schwerbehinderte Menschen, die nach zielgerichteter Vorbereitung durch die Werkstatt für behinderte Menschen am Arbeitsleben auf dem allgemeinen Arbeitsmarkt teilhaben sollen und dabei auf aufwendige, personalintensive, individuelle arbeitsbegleitende Hilfen angewiesen sind sowie
3. schwerbehinderte Schulabgänger, die für die Aufnahme einer Beschäftigung auf dem allgemeinen Arbeitsmarkt auf die Unterstützung eines Integrationsfachdienstes angewiesen sind.

(3) Ein besonderer Bedarf an arbeits- und berufsbegleitender Betreuung ist insbesondere gegeben bei schwerbehinderten Men-

schen mit geistiger oder seelischer Behinderung oder mit einer schweren Körper-, Sinnes- oder Mehrfachbehinderung, die sich im Arbeitsleben besonders nachteilig auswirkt und allein oder zusammen mit weiteren vermittlungshemmenden Umständen (Alter, Langzeitarbeitslosigkeit, unzureichende Qualifikation, Leistungsminderung) die Teilhabe am Arbeitsleben auf dem allgemeinen Arbeitsmarkt erschwert.

(4) Der Integrationsfachdienst kann im Rahmen der Aufgabenstellung nach Absatz 1 auch zur beruflichen Eingliederung von behinderten Menschen, die nicht schwerbehindert sind, tätig werden.

§ 110
Aufgaben

(1) Die Integrationsfachdienste können zur Teilhabe schwerbehinderter Menschen am Arbeitsleben (Aufnahme, Ausübung und Sicherung einer möglichst dauerhaften Beschäftigung) beteiligt werden, indem sie

1. die schwerbehinderten Menschen beraten, unterstützen und auf geeignete Arbeitsplätze vermitteln,
2. die Arbeitgeber informieren, beraten und ihnen Hilfe leisten.

(2) Zu den Aufgaben des Integrationsfachdienstes gehört es,

1. die Fähigkeiten der zugewiesenen schwerbehinderten Menschen zu bewerten und einzuschätzen und dabei ein individuelles Fähigkeits-, Leistungs- und Interessenprofil zur Vorbereitung auf den allgemeinen Arbeitsmarkt in enger Kooperation mit den schwerbehinderten Menschen, dem Auftraggeber und der abgebenden Einrichtung der schulischen oder beruflichen Bildung oder Rehabilitation zu erarbeiten,
2. geeignete Arbeitsplätze (§ 73) auf dem allgemeinen Arbeitsmarkt zu erschließen,
3. die schwerbehinderten Menschen auf die vorgesehenen Arbeitsplätze vorzubereiten,
4. die schwerbehinderten Menschen, solange erforderlich, am Ar-

beitsplatz oder beim Training der berufspraktischen Fähigkeiten am konkreten Arbeitsplatz zu begleiten,
5. mit Zustimmung des schwerbehinderten Menschen die Mitarbeiter im Betrieb oder in der Dienststelle über Art und Auswirkungen der Behinderung und über entsprechende Verhaltensregeln zu informieren und zu beraten,
6. eine Nachbetreuung, Krisenintervention oder psychosoziale Betreuung durchzuführen sowie
7. als Ansprechpartner für die Arbeitgeber zur Verfügung zu stehen.

§ 111
Beauftragung und Verantwortlichkeit

(1) Die Integrationsfachdienste werden im Auftrag der Bundesanstalt für Arbeit, der Integrationsämter oder der Rehabilitationsträger tätig. Diese bleiben für die Ausführung der Leistung verantwortlich.

(2) Im Auftrag legt der Auftraggeber in Abstimmung mit dem Integrationsfachdienst Art, Umfang und Dauer des im Einzelfall notwendigen Einsatzes des Integrationsfachdienstes sowie das Entgelt fest.

(3) Der Integrationsfachdienst arbeitet insbesondere mit

1. den zuständigen Stellen im Arbeitsamt,
2. dem Integrationsamt,
3. dem zuständigen Rehabilitationsträger, insbesondere den Berufshelfern der gesetzlichen Unfallversicherung,
4. dem Arbeitgeber, der Schwerbehindertenvertretung und den anderen betrieblichen Interessenvertretungen,
5. der abgebenden Einrichtung der schulischen oder beruflichen Bildung oder Rehabilitation mit ihren begleitenden Diensten und internen Integrationsfachkräften oder -diensten zur Unterstützung von Teilnehmenden an Leistungen zur Teilhabe am Arbeitsleben,
6. wenn notwendig auch mit anderen Stellen und Personen,

eng zusammen.

(4) Näheres zur Beauftragung, Zusammenarbeit, fachlichen Leitung, Aufsicht sowie zur Qualitätssicherung und Ergebnisbeobachtung wird zwischen dem Auftraggeber und dem Träger des Integrationsfachdienstes unter Berücksichtigung der Grundsätze des § 93 des Dritten Buches auf der Grundlage einer bundesweiten Mustervereinbarung, die die Bundesanstalt für Arbeit entwickelt und im Rahmen der nach § 101 gebotenen Zusammenarbeit mit der Arbeitsgemeinschaft, in der sich die Integrationsämter zusammengeschlossen haben, unter Beteiligung der maßgeblichen Verbände, darunter der Bundesarbeitsgemeinschaft, in der sich die Integrationsfachdienste zusammengeschlossen haben, abgestimmt hat, vertraglich geregelt. Die Vereinbarungen sollen im Interesse finanzieller Planungssicherheit auf eine Dauer von mindestens drei Jahren abgeschlossen werden.

(5) Die Bundesanstalt für Arbeit wirkt darauf hin, dass Integrationsfachdienste in ausreichender Zahl eingerichtet werden. Grundsätzlich soll in jedem Arbeitsamtsbezirk nur ein Integrationsfachdienst eines Trägers oder eines Verbundes verschiedener Träger beauftragt werden, der berufsbegleitende und psychosoziale Dienste umfasst, trägerübergreifend tätig wird und auch von dem regional zuständigen Integrationsamt beauftragt ist.

§ 112
Fachliche Anforderungen

(1) Die Integrationsfachdienste müssen

1. nach der personellen, räumlichen und sächlichen Ausstattung in der Lage sein, ihre gesetzlichen Aufgaben wahrzunehmen,
2. über Erfahrungen mit dem zu unterstützenden Personenkreis (§ 109 Abs. 2) verfügen,
3. mit Fachkräften ausgestattet sein, die über eine geeignete Berufsqualifikation, eine psychosoziale oder arbeitspädagogische Zusatzqualifikation und ausreichende Berufserfahrung verfügen, sowie
4. rechtlich oder organisatorisch und wirtschaftlich eigenständig sein.

§ 112-114   SGB IX

(2) Der Personalbedarf eines Integrationsfachdienstes richtet sich nach den konkreten Bedürfnissen unter Berücksichtigung der Zahl der Betreuungs- und Beratungsfälle, des durchschnittlichen Betreuungs- und Beratungsaufwands, der Größe des regionalen Einzugsbereichs und der Zahl der zu beratenden Arbeitgeber. Den besonderen Bedürfnissen besonderer Gruppen schwerbehinderter Menschen, insbesondere schwerbehinderter Frauen, und der Notwendigkeit einer psychosozialen Betreuung soll durch eine Differenzierung innerhalb des Integrationsfachdienstes Rechnung getragen werden.

(3) Bei der Stellenbesetzung des Integrationsfachdienstes werden schwerbehinderte Menschen bevorzugt berücksichtigt. Dabei wird ein angemessener Anteil der Stellen mit schwerbehinderten Frauen besetzt.

§ 113
Finanzielle Leistungen

Die Inanspruchnahme von Integrationsfachdiensten wird vom Auftraggeber vergütet. Die Vergütung für die Inanspruchnahme von Integrationsfachdiensten kann bei Beauftragung durch die Bundesanstalt für Arbeit oder das Integrationsamt aus Mitteln der Ausgleichsabgabe erbracht werden.

§ 114
Ergebnisbeobachtung

Der Integrationsfachdienst dokumentiert Verlauf und Ergebnis der jeweiligen Bemühungen um die Förderung der Teilhabe am Arbeitsleben. Er erstellt jährlich eine zusammenfassende Darstellung der Ergebnisse und legt diese den Auftraggebern nach deren näherer gemeinsamer Maßgabe vor. Diese Zusammenstellung soll insbesondere geschlechtsdifferenzierte Angaben enthalten zu

1. den Zu- und Abgängen an Betreuungsfällen im Kalenderjahr,
2. dem Bestand an Betreuungsfällen,

3. der Zahl der abgeschlossenen Fälle, differenziert nach Aufnahme einer Ausbildung, einer befristeten oder unbefristeten Beschäftigung, einer Beschäftigung in einem Integrationsprojekt oder in einer Werkstatt für behinderte Menschen.

§ 115
Verordnungsermächtigung

Das Bundesministerium für Arbeit und Sozialordnung wird ermächtigt, durch Rechtsverordnung mit Zustimmung des Bundesrates das Nähere über den Begriff und die Aufgaben des Integrationsfachdienstes, die für sie geltenden fachlichen Anforderungen und die finanziellen Leistungen zu regeln.

Kapitel 8
Beendigung der Anwendung der besonderen Regelungen zur Teilhabe schwerbehinderter und gleichgestellter behinderter Menschen

§ 116
Beendigung der Anwendung der besonderen Regelungen zur Teilhabe schwerbehinderter Menschen

(1) Die besonderen Regelungen für schwerbehinderte Menschen werden nicht angewendet nach dem Wegfall der Voraussetzungen nach § 2 Abs. 2; wenn sich der Grad der Behinderung auf weniger als 50 verringert, jedoch erst am Ende des dritten Kalendermonats nach Eintritt der Unanfechtbarkeit des die Verringerung feststellenden Bescheides.

(2) Die besonderen Regelungen für gleichgestellte behinderte Menschen werden nach dem Widerruf oder der Rücknahme der Gleichstellung nicht mehr angewendet. Der Widerruf der Gleichstellung ist zulässig, wenn die Voraussetzungen nach § 2 Abs. 3 in

§ 116-117 SGB IX

Verbindung mit § 68 Abs. 2 weggefallen sind. Er wird erst am Ende des dritten Kalendermonats nach Eintritt seiner Unanfechtbarkeit wirksam.

(3) Bis zur Beendigung der Anwendung der besonderen Regelungen für schwerbehinderte Menschen und ihnen gleichgestellte behinderte Menschen werden die behinderten Menschen dem Arbeitgeber auf die Zahl der Pflichtarbeitsplätze für schwerbehinderte Menschen angerechnet.

§ 117
Entziehung der besonderen Hilfen für schwerbehinderte Menschen

(1) Einem schwerbehinderten Menschen, der einen zumutbaren Arbeitsplatz ohne berechtigten Grund zurückweist oder aufgibt oder sich ohne berechtigten Grund weigert, an einer Maßnahme zur Teilhabe am Arbeitsleben teilzunehmen, oder sonst durch sein Verhalten seine Teilhabe am Arbeitsleben schuldhaft vereitelt, kann das Integrationsamt im Benehmen mit dem Landesarbeitsamt die besonderen Hilfen für schwerbehinderte Menschen zeitweilig entziehen. Dies gilt auch für gleichgestellte behinderte Menschen.

(2) Vor der Entscheidung über die Entziehung wird der schwerbehinderte Mensch gehört. In der Entscheidung wird die Frist bestimmt, für die sie gilt. Die Frist läuft vom Tage der Entscheidung an und beträgt nicht mehr als sechs Monate. Die Entscheidung wird dem schwerbehinderten Menschen bekannt gegeben.

Kapitel 9

Widerspruchsverfahren

§ 118
Widerspruch

(1) Den Widerspruchsbescheid nach § 73 der Verwaltungsgerichtsordnung erlässt bei Verwaltungsakten der Integrationsämter und bei Verwaltungsakten der örtlichen Fürsorgestellen (§ 107 Abs. 2) der Widerspruchsausschuss bei dem Integrationsamt (§ 119). Des Vorverfahrens bedarf es auch, wenn den Verwaltungsakt ein Integrationsamt erlassen hat, das bei einer obersten Landesbehörde besteht.

(2) Den Widerspruchsbescheid nach § 85 des Sozialgerichtsgesetzes erlässt bei Verwaltungsakten, welche die Arbeitsämter und Landesarbeitsämter auf Grund des Teils 2 erlassen, der Widerspruchsausschuss beim Landesarbeitsamt.

§ 119
Widerspruchsausschuss bei dem Integrationsamt

(1) Bei jedem Integrationsamt besteht ein Widerspruchsausschuss aus sieben Mitgliedern, und zwar aus

zwei Mitgliedern, die schwerbehinderte Arbeitnehmer oder Arbeitnehmerinnen sind,

zwei Mitgliedern, die Arbeitgeber sind,

einem Mitglied, das das Integrationsamt vertritt,

einem Mitglied, das das Landesarbeitsamt vertritt,

einer Vertrauensperson schwerbehinderter Menschen.

(2) Für jedes Mitglied wird ein Stellvertreter oder eine Stellvertreterin berufen.

(3) Das Integrationsamt beruft

auf Vorschlag der Organisationen behinderter Menschen des jeweiligen Landes die Mitglieder, die Arbeitnehmer sind,

auf Vorschlag der jeweils für das Land zuständigen Arbeitgeberverbände die Mitglieder, die Arbeitgeber sind, sowie

die Vertrauensperson.

Die zuständige oberste Landesbehörde oder die von ihr bestimmte Behörde beruft das Mitglied, das das Integrationsamt vertritt. Der Präsident oder die Präsidentin des Landesarbeitsamtes beruft das Mitglied, das das Landesarbeitsamt vertritt.

Entsprechendes gilt für die Berufung des Stellvertreters oder der Stellvertreterin des jeweiligen Mitglieds.

(4) In Kündigungsangelegenheiten schwerbehinderter Menschen, die bei einer Dienststelle oder in einem Betrieb beschäftigt sind, der zum Geschäftsbereich des Bundesministeriums der Verteidigung gehört, treten an die Stelle der Mitglieder, die Arbeitgeber sind, Angehörige des öffentlichen Dienstes. Dem Integrationsamt werden ein Mitglied und sein Stellvertreter oder seine Stellvertreterin von den von der Bundesregierung bestimmten Bundesbehörden benannt. Eines der Mitglieder, die schwerbehinderte Arbeitnehmer oder Arbeitnehmerinnen sind, muss dem öffentlichen Dienst angehören.

(5) Die Amtszeit der Mitglieder der Widerspruchsausschüsse beträgt vier Jahre. Die Mitglieder der Ausschüsse üben ihre Tätigkeit unentgeltlich aus.

§ 120
Widerspruchsausschuss beim Landesarbeitsamt

(1) Bei jedem Landesarbeitsamt besteht ein Widerspruchsausschuss aus sieben Mitgliedern, und zwar aus

zwei Mitgliedern, die schwerbehinderte Arbeitnehmer oder Arbeitnehmerinnen sind, zwei Mitgliedern, die Arbeitgeber sind,

einem Mitglied, das das Integrationsamt vertritt,

einem Mitglied, das das Landesarbeitsamt vertritt,

einer Vertrauensperson schwerbehinderter Menschen.

(2) Für jedes Mitglied wird ein Stellvertreter oder eine Stellvertreterin berufen.

(3) Der Präsident oder die Präsidentin des Landesarbeitsamtes beruft

die Mitglieder, die Arbeitnehmer oder Arbeitnehmerinnen sind, auf Vorschlag der Organisationen behinderter Menschen des jeweiligen Landesarbeitsamtsbezirkes, der im Benehmen mit den für den Landesarbeitsamtsbezirk jeweils zuständigen Gewerkschaften, die für die Vertretung der Arbeitnehmerinteressen wesentliche Bedeutung haben, gemacht wird,

die Mitglieder, die Arbeitgeber sind, auf Vorschlag der jeweils für den Landesarbeitsamtsbezirk zuständigen Arbeitgeberverbände, soweit sie für die Vertretung von Arbeitgeberinteressen wesentliche Bedeutung haben, sowie

das Mitglied, das das Landesarbeitsamt vertritt, und

die Vertrauensperson.

Die zuständige oberste Landesbehörde oder die von ihr bestimmte Behörde beruft das Mitglied, das das Integrationsamt vertritt.

Entsprechendes gilt für die Berufung des Stellvertreters oder der Stellvertreterin des jeweiligen Mitglieds.

(4) § 119 Abs. 4 gilt entsprechend.

§ 121
Verfahrensvorschriften

(1) Für den Widerspruchsausschuss bei dem Integrationsamt (§ 119) und den Widerspruchsausschuss beim Landesarbeitsamt (§ 120) gilt § 106 Abs. 1 und 2 entsprechend.

(2) Im Widerspruchsverfahren nach Teil 2 Kapitel 4 werden der Arbeitgeber und der schwerbehinderte Mensch vor der Entscheidung gehört; in den übrigen Fällen verbleibt es bei der Anhörung des Widerspruchsführers.

(3) Die Mitglieder der Ausschüsse können wegen Besorgnis der Befangenheit abgelehnt werden. Über die Ablehnung entscheidet der Ausschuss, dem das Mitglied angehört.

Kapitel 10
Sonstige Vorschriften

§ 122
Vorrang der schwerbehinderten Menschen

Verpflichtungen zur bevorzugten Einstellung und Beschäftigung bestimmter Personenkreise nach anderen Gesetzen entbinden den Arbeitgeber nicht von der Verpflichtung zur Beschäftigung schwerbehinderter Menschen nach den besonderen Regelungen für schwerbehinderte Menschen.

§ 123
Arbeitsentgelt und Dienstbezüge

(1) Bei der Bemessung des Arbeitsentgelts und der Dienstbezüge aus einem bestehenden Beschäftigungsverhältnis werden Renten und vergleichbare Leistungen, die wegen der Behinderung bezogen werden, nicht berücksichtigt. Die völlige oder teilweise Anrechnung dieser Leistungen auf das Arbeitsentgelt oder die Dienstbezüge ist unzulässig.

(2) Absatz 1 gilt nicht für Zeiträume, in denen die Beschäftigung tatsächlich nicht ausgeübt wird und die Vorschriften über die Zahlung der Rente oder der vergleichbaren Leistung eine Anrechnung oder ein Ruhen vorsehen, wenn Arbeitsentgelt oder Dienstbezüge gezahlt werden.

SGB IX

§ 124
Mehrarbeit

Schwerbehinderte Menschen werden auf ihr Verlangen von Mehrarbeit freigestellt.

§ 125
Zusatzurlaub

Schwerbehinderte Menschen haben Anspruch auf einen bezahlten zusätzlichen Urlaub von fünf Arbeitstagen im Urlaubsjahr; verteilt sich die regelmäßige Arbeitszeit des schwerbehinderten Menschen auf mehr oder weniger als fünf Arbeitstage in der Kalenderwoche, erhöht oder vermindert sich der Zusatzurlaub entsprechend. Soweit tarifliche, betriebliche oder sonstige Urlaubsregelungen für schwerbehinderte Menschen einen längeren Zusatzurlaub vorsehen, bleiben sie unberührt.

§ 126
Nachteilsausgleich

(1) Die Vorschriften über Hilfen für behinderte Menschen zum Ausgleich behinderungsbedingter Nachteile oder Mehraufwendungen (Nachteilsausgleich) werden so gestaltet, dass sie unabhängig von der Ursache der Behinderung der Art oder Schwere der Behinderung Rechnung tragen.

(2) Nachteilsausgleiche, die auf Grund bisher geltender Rechtsvorschriften erfolgen, bleiben unberührt.

§ 127
Beschäftigung schwerbehinderter Menschen in Heimarbeit

(1) Schwerbehinderte Menschen, die in Heimarbeit beschäftigt oder diesen gleichgestellt sind (§ 1 Abs. 1 und 2 des Heimarbeits-

§ 127 SGB IX

gesetzes) und in der Hauptsache für den gleichen Auftraggeber arbeiten, werden auf die Arbeitsplätze für schwerbehinderte Menschen dieses Auftraggebers angerechnet.

(2) Für in Heimarbeit beschäftigte und diesen gleichgestellte schwerbehinderte Menschen wird die in § 29 Abs. 2 des Heimarbeitsgesetzes festgelegte Kündigungsfrist von zwei Wochen auf vier Wochen erhöht; die Vorschrift des § 29 Abs. 7 des Heimarbeitsgesetzes ist sinngemäß anzuwenden. Der besondere Kündigungsschutz schwerbehinderter Menschen im Sinne des Kapitels 4 gilt auch für die in Satz 1 genannten Personen.

(3) Die Bezahlung des zusätzlichen Urlaubs der in Heimarbeit beschäftigten oder diesen gleichgestellten schwerbehinderten Menschen erfolgt nach den für die Bezahlung ihres sonstigen Urlaubs geltenden Berechnungsgrundsätzen. Sofern eine besondere Regelung nicht besteht, erhalten die schwerbehinderten Menschen als zusätzliches Urlaubsgeld 2 Prozent des in der Zeit vom 1. Mai des vergangenen bis zum 30. April des laufenden Jahres verdienten Arbeitsentgelts ausschließlich der Unkostenzuschläge.

(4) Schwerbehinderte Menschen, die als fremde Hilfskräfte eines Hausgewerbetreibenden oder eines Gleichgestellten beschäftigt werden (§ 2 Abs. 6 des Heimarbeitsgesetzes) können auf Antrag eines Auftraggebers auch auf dessen Pflichtarbeitsplätze für schwerbehinderte Menschen angerechnet werden, wenn der Arbeitgeber in der Hauptsache für diesen Auftraggeber arbeitet. Wird einem schwerbehinderten Menschen im Sinne des Satzes 1, dessen Anrechnung das Arbeitsamt zugelassen hat, durch seinen Arbeitgeber gekündigt, weil der Auftraggeber die Zuteilung von Arbeit eingestellt oder die regelmäßige Arbeitsmenge erheblich herabgesetzt hat, erstattet der Auftraggeber dem Arbeitgeber die Aufwendungen für die Zahlung des regelmäßigen Arbeitsverdienstes an den schwerbehinderten Menschen bis zur rechtmäßigen Beendigung seines Arbeitsverhältnisses.

(5) Werden fremde Hilfskräfte eines Hausgewerbetreibenden oder eines Gleichgestellten (§ 2 Abs. 6 des Heimarbeitsgesetzes) einem Auftraggeber gemäß Absatz 4 auf seine Arbeitsplätze für schwerbehinderte Menschen angerechnet, erstattet der Auftrag-

geber die dem Arbeitgeber nach Absatz 3 entstehenden Aufwendungen.

(6) Die den Arbeitgeber nach § 80 Abs. 1 und 5 treffenden Verpflichtungen gelten auch für Personen, die Heimarbeit ausgeben.

§ 128
Schwerbehinderte Beamte und Beamtinnen, Richter und Richterinnen, Soldaten und Soldatinnen

(1) Die besonderen Vorschriften und Grundsätze für die Besetzung der Beamtenstellen sind unbeschadet der Geltung des Teils 2 auch für schwerbehinderte Beamte und Beamtinnen so zu gestalten, dass die Einstellung und Beschäftigung schwerbehinderter Menschen gefördert und ein angemessener Anteil schwerbehinderter Menschen unter den Beamten und Beamtinnen erreicht wird.

(2) Sollen schwerbehinderte Beamte oder Beamtinnen vorzeitig in den Ruhestand versetzt oder entlassen werden, wird vorher das Integrationsamt gehört, das für die Dienststelle zuständig ist, die den Beamten oder die Beamtin beschäftigt, es sei denn, der schwerbehinderte Beamte oder die schwerbehinderte Beamtin hat die vorzeitige Versetzung in den Ruhestand oder die Entlassung selbst beantragt. Die Beteiligung der Schwerbehindertenvertretung gemäß § 95 Abs. 2 bleibt unberührt.

(3) Die Vorschriften der Absätze 1 und 2 finden auf Richter und Richterinnen entsprechende Anwendung.

(4) Für die persönliche Rechtsstellung schwerbehinderter Soldaten und Soldatinnen gelten § 2 Abs. 1 und 2, §§ 69, 93 bis 99 und 116 Abs. 1 sowie §§ 123, 125, 126 und 145 bis 147. Im Übrigen gelten für Soldaten und Soldatinnen die Vorschriften über die persönliche Rechtsstellung der schwerbehinderten Menschen, soweit sie mit den Besonderheiten des Dienstverhältnisses vereinbar sind.

§ 129
Unabhängige Tätigkeit

Soweit zur Ausübung einer unabhängigen Tätigkeit eine Zulassung erforderlich ist, soll schwerbehinderten Menschen, die eine Zulassung beantragen, bei fachlicher Eignung und Erfüllung der sonstigen gesetzlichen Voraussetzungen die Zulassung bevorzugt erteilt werden.

§ 130
Geheimhaltungspflicht

(1) Die Beschäftigten der Integrationsämter, der Bundesanstalt für Arbeit, der Rehabilitationsträger einschließlich ihrer Beschäftigten in gemeinsamen Servicestellen sowie der von diesen Stellen beauftragten Integrationsfachdienste und die Mitglieder der Ausschüsse und des Beirates für die Teilhabe behinderter Menschen (§ 64) und ihre Stellvertreter oder Stellvertreterinnen sowie zur Durchführung ihrer Aufgaben hinzugezogene Sachverständige sind verpflichtet,

1. über ihnen wegen ihres Amtes oder Auftrages bekannt gewordene persönliche Verhältnisse und Angelegenheiten von Beschäftigten auf Arbeitsplätzen für schwerbehinderte Menschen, die ihrer Bedeutung oder ihrem Inhalt nach einer vertraulichen Behandlung bedürfen, Stillschweigen zu bewahren, und

2. ihnen wegen ihres Amtes oder Auftrages bekannt gewordene und vom Arbeitgeber ausdrücklich als geheimhaltungsbedürftig bezeichnete Betriebs- oder Geschäftsgeheimnisse nicht zu offenbaren und nicht zu verwerten.

(2) Diese Pflichten gelten auch nach dem Ausscheiden aus dem Amt oder nach Beendigung des Auftrages. Sie gelten nicht gegenüber der Bundesanstalt für Arbeit, den Integrationsämtern und den Rehabilitationsträgern, soweit deren Aufgaben gegenüber schwerbehinderten Menschen es erfordern, gegenüber der Schwerbehindertenvertretung sowie gegenüber den in § 79 Abs. 1

des Betriebsverfassungsgesetzes und den in den entsprechenden Vorschriften des Personalvertretungsrechts genannten Vertretungen, Personen und Stellen.

§ 131
Statistik

(1) Über schwerbehinderte Menschen wird alle zwei Jahre eine Bundesstatistik durchgeführt. Sie umfasst folgende Tatbestände:
1. die Zahl der schwerbehinderten Menschen mit gültigem Ausweis,
2. persönliche Merkmale schwerbehinderter Menschen wie Alter, Geschlecht, Staatsangehörigkeit, Wohnort,
3. Art, Ursache und Grad der Behinderung.

(2) Für die Erhebung besteht Auskunftspflicht. Auskunftspflichtig sind die nach § 69 Abs. 1 und 5 zuständigen Behörden.

Kapitel 11
Integrationsprojekte

§ 132
Begriff und Personenkreis

(1) Integrationsprojekte sind rechtlich und wirtschaftlich selbstständige Unternehmen (Integrationsunternehmen) oder unternehmensinterne oder von öffentlichen Arbeitgebern im Sinne des § 71 Abs. 3 geführte Betriebe (Integrationsbetriebe) oder Abteilungen (Integrationsabteilungen) zur Beschäftigung schwerbehinderter Menschen auf dem allgemeinen Arbeitsmarkt, deren Teilhabe an einer sonstigen Beschäftigung auf dem allgemeinen Arbeitsmarkt auf Grund von Art oder Schwere der Behinderung oder wegen sonstiger Umstände voraussichtlich trotz Ausschöpfens aller Fördermöglichkeiten und des Einsatzes von Integrationsfachdiensten auf besondere Schwierigkeiten stößt.

§ 132-133　　　　　　　　　　　　　　　　　　　　SGB IX

(2) Schwerbehinderte Menschen nach Absatz 1 sind insbesondere

1. schwerbehinderte Menschen mit geistiger oder seelischer Behinderung oder mit einer schweren Körper-, Sinnes- oder Mehrfachbehinderung, die sich im Arbeitsleben besonders nachteilig auswirkt und allein oder zusammen mit weiteren vermittlungshemmenden Umständen die Teilhabe am allgemeinen Arbeitsmarkt außerhalb eines Integrationsprojekts erschwert oder verhindert,
2. schwerbehinderte Menschen, die nach zielgerichteter Vorbereitung in einer Werkstatt für behinderte Menschen oder in einer psychiatrischen Einrichtung für den Übergang in einen Betrieb oder eine Dienststelle auf dem allgemeinen Arbeitsmarkt in Betracht kommen und auf diesen Übergang vorbereitet werden sollen, sowie
3. schwerbehinderte Menschen nach Beendigung einer schulischen Bildung, die nur dann Aussicht auf eine Beschäftigung auf dem allgemeinen Arbeitsmarkt haben, wenn sie zuvor in einem Integrationsprojekt an berufsvorbereitenden Bildungsmaßnahmen teilnehmen und dort beschäftigt und weiterqualifiziert werden.

(3) Integrationsunternehmen beschäftigen mindestens 25 Prozent schwerbehinderte Menschen im Sinne von Absatz 1. Der Anteil der schwerbehinderten Menschen soll in der Regel 50 Prozent nicht übersteigen.

§ 133
Aufgaben

Die Integrationsprojekte bieten den schwerbehinderten Menschen Beschäftigung und arbeitsbegleitende Betreuung an, soweit erforderlich auch Maßnahmen der beruflichen Weiterbildung oder Gelegenheit zur Teilnahme an entsprechenden außerbetrieblichen Maßnahmen und Unterstützung bei der Vermittlung in eine sonstige Beschäftigung in einem Betrieb oder einer Dienststelle auf dem allgemeinen Arbeitsmarkt sowie geeignete Maßnahmen zur Vorbereitung auf eine Beschäftigung in einem Integrationsprojekt.

§ 134
Finanzielle Leistungen

Integrationsprojekte können aus Mitteln der Ausgleichsabgabe Leistungen für Aufbau, Erweiterung, Modernisierung und Ausstattung einschließlich einer betriebswirtschaftlichen Beratung und für besonderen Aufwand erhalten.

§ 135
Verordnungsermächtigung

Das Bundesministerium für Arbeit und Sozialordnung wird ermächtigt, durch Rechtsverordnung mit Zustimmung des Bundesrates das Nähere über den Begriff und die Aufgaben der Integrationsprojekte, die für sie geltenden fachlichen Anforderungen, die Aufnahmevoraussetzungen und die finanziellen Leistungen zu regeln.

Kapitel 12
Werkstätten für behinderte Menschen

§ 136
Begriff und Aufgaben der Werkstatt für behinderte Menschen

(1) Die Werkstatt für behinderte Menschen ist eine Einrichtung zur Teilhabe behinderter Menschen am Arbeitsleben im Sinne des Kapitels 5 des Teils 1 und zur Eingliederung in das Arbeitsleben. Sie hat denjenigen behinderten Menschen, die wegen Art oder Schwere der Behinderung nicht, noch nicht oder noch nicht wieder auf dem allgemeinen Arbeitsmarkt beschäftigt werden können,

1. eine angemessene berufliche Bildung und eine Beschäftigung zu einem ihrer Leistung angemessenen Arbeitsentgelt aus dem Arbeitsergebnis anzubieten und

2. zu ermöglichen, ihre Leistungs- oder Erwerbsfähigkeit zu erhalten, zu entwickeln, zu erhöhen oder wiederzugewinnen und dabei ihre Persönlichkeit weiterzuentwickeln.

Sie fördert den Übergang geeigneter Personen auf den allgemeinen Arbeitsmarkt durch geeignete Maßnahmen. Sie verfügt über ein möglichst breites Angebot an Berufsbildungs- und Arbeitsplätzen sowie über qualifiziertes Personal und einen begleitenden Dienst.

(2) Die Werkstatt steht allen behinderten Menschen im Sinne des Absatzes 1 unabhängig von Art oder Schwere der Behinderung offen, sofern erwartet werden kann, dass sie spätestens nach Teilnahme an Maßnahmen im Berufsbildungsbereich wenigstens ein Mindestmaß wirtschaftlich verwertbarer Arbeitsleistung erbringen werden. Dies ist nicht der Fall bei behinderten Menschen, bei denen trotz einer der Behinderung angemessenen Betreuung eine erhebliche Selbst- oder Fremdgefährdung zu erwarten ist oder das Ausmaß der erforderlichen Betreuung und Pflege die Teilnahme an Maßnahmen im Berufsbildungsbereich oder sonstige Umstände ein Mindestmaß wirtschaftlich verwertbarer Arbeitsleistung im Arbeitsbereich dauerhaft nicht zulassen.

(3) Behinderte Menschen, die die Voraussetzungen für eine Beschäftigung in einer Werkstatt nicht erfüllen, sollen in Einrichtungen oder Gruppen betreut und gefördert werden, die der Werkstatt angegliedert sind.

§ 137
Aufnahme in die Werkstätten für behinderte Menschen

(1) Anerkannte Werkstätten nehmen diejenigen behinderten Menschen aus ihrem Einzugsgebiet auf, die die Aufnahmevoraussetzungen gemäß § 136 Abs. 2 erfüllen, wenn Leistungen durch die Rehabilitationsträger gewährleistet sind; die Möglichkeit zur Aufnahme in eine andere anerkannte Werkstatt nach Maßgabe des § 3 des Bundessozialhilfegesetzes oder entsprechender Regelungen bleibt unberührt. Die Aufnahme erfolgt unabhängig von

1. der Ursache der Behinderung,
2. der Art der Behinderung, wenn in dem Einzugsgebiet keine besondere Werkstatt für behinderte Menschen für diese Behinderungsart vorhanden ist, und
3. der Schwere der Behinderung, der Minderung der Leistungsfähigkeit und einem besonderen Bedarf an Förderung, begleitender Betreuung oder Pflege.

(2) Behinderte Menschen werden in der Werkstatt beschäftigt, solange die Aufnahmevoraussetzungen nach Absatz 1 vorliegen.

§ 138
Rechtsstellung und Arbeitsentgelt behinderter Menschen

(1) Behinderte Menschen im Arbeitsbereich anerkannter Werkstätten stehen, wenn sie nicht Arbeitnehmer sind, zu den Werkstätten in einem arbeitnehmerähnlichen Rechtsverhältnis, soweit sich aus dem zugrunde liegenden Sozialleistungsverhältnis nichts anderes ergibt.

(2) Die Werkstätten zahlen aus ihrem Arbeitsergebnis an die im Arbeitsbereich beschäftigten behinderten Menschen ein Arbeitsentgelt, das sich aus einem Grundbetrag in Höhe des Ausbildungsgeldes, das die Bundesanstalt für Arbeit nach den für sie geltenden Vorschriften behinderten Menschen im Berufsbildungsbereich zuletzt leistet, und einem leistungsangemessenen Steigerungsbetrag zusammensetzt. Der Steigerungsbetrag bemisst sich nach der individuellen Arbeitsleistung der behinderten Menschen, insbesondere unter Berücksichtigung von Arbeitsmenge und Arbeitsgüte.

(3) Der Inhalt des arbeitnehmerähnlichen Rechtsverhältnisses wird unter Berücksichtigung des zwischen den behinderten Menschen und dem Rehabilitationsträger bestehenden Sozialleistungsverhältnisses durch Werkstattverträge zwischen den behinderten Menschen und dem Träger der Werkstatt näher geregelt.

(4) Hinsichtlich der Rechtsstellung der Teilnehmer an Maßnahmen im Eingangsverfahren und im Berufsbildungsbereich gilt § 36 entsprechend.

§ 139
Mitwirkung

(1) Die in § 138 Abs. 1 genannten behinderten Menschen wirken unabhängig von ihrer Geschäftsfähigkeit durch Werkstatträte in den ihre Interessen berührenden Angelegenheiten der Werkstatt mit. Die Werkstatträte berücksichtigen die Interessen der im Eingangsverfahren und im Berufsbildungsbereich der Werkstätten tätigen behinderten Menschen in angemessener und geeigneter Weise, solange für diese eine Vertretung nach § 36 nicht besteht.

(2) Ein Werkstattrat wird in Werkstätten gewählt; er setzt sich aus mindestens drei Mitgliedern zusammen.

(3) Wahlberechtigt zum Werkstattrat sind alle in § 138 Abs. 1 genannten behinderten Menschen; von ihnen sind die behinderten Menschen wählbar, die am Wahltag seit mindestens sechs Monaten in der Werkstatt beschäftigt sind.

(4) Die Werkstätten für behinderte Menschen unterrichten die Personen, die behinderte Menschen gesetzlich vertreten oder mit ihrer Betreuung beauftragt sind, einmal im Kalenderjahr in einer Eltern- und Betreuerversammlung in angemessener Weise über die Angelegenheiten der Werkstatt, auf die sich die Mitwirkung erstreckt, und hören sie dazu an. In den Werkstätten kann im Einvernehmen mit dem Träger der Werkstatt ein Eltern- und Betreuerbeirat errichtet werden, der die Werkstatt und den Werkstattrat bei ihrer Arbeit berät und durch Vorschläge und Stellungnahmen unterstützt.

§ 140
Anrechnung von Aufträgen auf die Ausgleichsabgabe

(1) Arbeitgeber, die durch Aufträge an anerkannte Werkstätten für behinderte Menschen zur Beschäftigung behinderter Menschen beitragen, können 50 vom Hundert des auf die Arbeitsleistung der Werkstatt entfallenden Rechnungsbetrages solcher Aufträge (Gesamtrechnungsbetrag abzüglich Materialkosten) auf die Ausgleichsabgabe anrechnen. Dabei wird die Arbeitsleistung des

SGB IX § 140-142

Fachpersonals zur Arbeits- und Berufsförderung berücksichtigt, nicht hingegen die Arbeitsleistung sonstiger nichtbehinderter Arbeitnehmerinnen und Arbeitnehmer. Bei Weiterveräußerung von Erzeugnissen anderer anerkannter Werkstätten für behinderte Menschen wird die von diesen erbrachte Arbeitsleistung berücksichtigt. Die Werkstätten bestätigen das Vorliegen der Anrechnungsvoraussetzungen in der Rechnung.

(2) Voraussetzung für die Anrechnung ist, dass

1. die Aufträge innerhalb des Jahres, in dem die Verpflichtung zur Zahlung der Ausgleichsabgabe entsteht, von der Werkstatt für behinderte Menschen ausgeführt und vom Auftraggeber bis spätestens 31. März des Folgejahres vergütet werden und
2. es sich nicht um Aufträge handelt, die Träger einer Gesamteinrichtung an Werkstätten für behinderte Menschen vergeben, die rechtlich unselbständige Teile dieser Einrichtung sind.

(3) Bei der Vergabe von Aufträgen an Zusammenschlüsse anerkannter Werkstätten für behinderte Menschen gilt Absatz 2 entsprechend.

§ 141
Vergabe von Aufträgen durch die öffentliche Hand

Aufträge der öffentlichen Hand, die von anerkannten Werkstätten für behinderte Menschen ausgeführt werden können, werden bevorzugt diesen Werkstätten angeboten. Die Bundesregierung erlässt mit Zustimmung des Bundesrates hierzu allgemeine Verwaltungsvorschriften.

§ 142
Anerkennungsverfahren

Werkstätten für behinderte Menschen, die eine Vergünstigung im Sinne dieses Kapitels in Anspruch nehmen wollen, bedürfen der Anerkennung. Die Entscheidung über die Anerkennung trifft auf Antrag die Bundesanstalt für Arbeit im Einvernehmen mit dem

§ 142-144 SGB IX

überörtlichen Träger der Sozialhilfe. Die Bundesanstalt für Arbeit führt ein Verzeichnis der anerkannten Werkstätten für behinderte Menschen. In dieses Verzeichnis werden auch Zusammenschlüsse anerkannter Werkstätten für behinderte Menschen aufgenommen.

§ 143
Blindenwerkstätten

Die §§ 140 und 141 sind auch zugunsten von Blindenwerkstätten im Sinne des Blindenwarenvertriebsgesetzes vom 9. April 1965 (BGBl. I S. 311), zuletzt geändert durch Gesetz vom 23. November 1994 (BGBl. I S. 3475), anzuwenden.

§ 144
Verordnungsermächtigungen

(1) Die Bundesregierung bestimmt durch Rechtsverordnung mit Zustimmung des Bundesrates das Nähere über den Begriff und die Aufgaben der Werkstatt für behinderte Menschen, die Aufnahmevoraussetzungen, die fachlichen Anforderungen, insbesondere hinsichtlich der Wirtschaftsführung sowie des Begriffs und der Verwendung des Arbeitsergebnisses sowie das Verfahren zur Anerkennung als Werkstatt für behinderte Menschen.

(2)[1] Das Bundesministerium für Arbeit und Sozialordnung bestimmt durch Rechtsverordnung mit Zustimmung des Bundesrates im Einzelnen die Errichtung, Zusammensetzung und Aufgaben des Werkstattrats, die Fragen, auf die sich die Mitwirkung erstreckt, einschließlich Art und Umfang der Mitwirkung, die Vorbereitung und Durchführung der Wahl, einschließlich der Wahlberechtigung und der Wählbarkeit, die Amtszeit sowie die Geschäftsführung des Werkstattrats einschließlich des Erlasses einer Geschäftsordnung und der persönlichen Rechte und Pflichten der

1 In Kraft ab 23.6.2001.

Mitglieder des Werkstattrats und der Kostentragung. Die Rechtsverordnung kann darüber hinaus bestimmen, dass die in ihr getroffenen Regelungen keine Anwendung auf Religionsgemeinschaften und ihre Einrichtungen finden, soweit sie eigene gleichwertige Regelungen getroffen haben.

Kapitel 13
Unentgeltliche Beförderung schwerbehinderter Menschen im öffentlichen Personenverkehr

§ 145
Unentgeltliche Beförderung, Anspruch auf Erstattung der Fahrgeldausfälle

(1) Schwerbehinderte Menschen, die infolge ihrer Behinderung in ihrer Bewegungsfähigkeit im Straßenverkehr erheblich beeinträchtigt oder hilflos oder gehörlos sind, werden von Unternehmern, die öffentlichen Personenverkehr betreiben, gegen Vorzeigen eines entsprechend gekennzeichneten Ausweises nach § 69 Abs. 5 im Nahverkehr im Sinne des § 147 Abs. 1 unentgeltlich befördert; die unentgeltliche Beförderung verpflichtet zur Zahlung eines tarifmäßigen Zuschlages bei der Benutzung zuschlagpflichtiger Züge des Nahverkehrs. Voraussetzung ist, dass der Ausweis mit einer gültigen Wertmarke versehen ist. Sie wird gegen Entrichtung eines Betrages von 120 Deutsche Mark (ab 1.1.2002: 60 Euro) für ein Jahr oder 60 Deutsche Mark (ab 1.1.2002: 30 Euro) für ein halbes Jahr ausgegeben. Wird sie vor Ablauf der Gültigkeitsdauer zurückgegeben, wird auf Antrag für jeden vollen Kalendermonat ihrer Gültigkeit nach Rückgabe ein Betrag von 10 Deutsche Mark (ab 1.1.2002: 5 Euro) erstattet, sofern der zu erstattende Betrag 30 Deutsche Mark (ab 1.1.2002: 15 Euro) nicht unterschreitet; Entsprechendes gilt für jeden vollen Kalendermonat nach dem Tod des schwerbehinderten Menschen. Auf Antrag wird eine für ein Jahr gültige Wertmarke, ohne dass der Betrag nach Satz 3 zu entrichten ist, an schwerbehinderte Menschen ausgegeben,

§ 145   **SGB IX**

1. die blind im Sinne des § 76 Abs. 2a Nr. 3a des Bundessozialhilfegesetzes oder entsprechender Vorschriften oder hilflos im Sinne des § 33b des Einkommensteuergesetzes oder entsprechender Vorschriften sind oder
2. die Arbeitslosenhilfe oder für den Lebensunterhalt laufende Leistungen nach dem Bundessozialhilfegesetz, dem Achten Buch oder den §§ 27a und 27d des Bundesversorgungsgesetzes erhalten oder
3. die am 1. Oktober 1979 die Voraussetzungen nach § 2 Abs. 1 Nr. 1 bis 4 und Abs. 3 des Gesetzes über die unentgeltliche Beförderung von Kriegs- und Wehrdienstbeschädigten sowie von anderen Behinderten im Nahverkehr vom 27. August 1965 (BGBl. I S. 978), das zuletzt durch Artikel 41 des Zuständigkeitsanpassungs-Gesetzes vom 18. März 1975 (BGBl. I S. 705) geändert worden ist, erfüllten, solange der Grad der Minderung der Erwerbsfähigkeit infolge der anerkannten Schädigung auf wenigstens 70 Prozent festgestellt ist oder auf wenigstens 50 Prozent festgestellt ist und sie infolge der Schädigung erheblich gehbehindert sind; das Gleiche gilt für schwerbehinderte Menschen, die diese Voraussetzungen am 1. Oktober 1979 nur deshalb nicht erfüllt haben, weil sie ihren Wohnsitz oder ihren gewöhnlichen Aufenthalt zu diesem Zeitpunkt in dem in Artikel 3 des Einigungsvertrages genannten Gebiet hatten.

Die Wertmarke wird nicht ausgegeben, solange der Ausweis einen gültigen Vermerk über die Inanspruchnahme von Kraftfahrzeugsteuerermäßigung trägt. Die Ausgabe der Wertmarken erfolgt auf Antrag durch die nach § 69 Abs. 5 zuständigen Behörden. Die Landesregierung oder die von ihr bestimmte Stelle kann die Aufgaben nach Absatz 1 Satz 3 bis 5 ganz oder teilweise auf andere Behörden übertragen. Für Streitigkeiten in Zusammenhang mit der Ausgabe der Wertmarke gilt § 51 Abs. 4 des Sozialgerichtsgesetzes entsprechend.

(2) Das Gleiche gilt im Nah- und Fernverkehr im Sinne des § 147, ohne dass die Voraussetzung des Absatzes 1 Satz 2 erfüllt sein muss, für die Beförderung

1. einer Begleitperson eines schwerbehinderten Menschen im Sinne des Absatzes 1, sofern eine ständige Begleitung notwendig und dies im Ausweis des schwerbehinderten Menschen eingetragen ist, und
2. des Handgepäcks, eines mitgeführten Krankenfahrstuhles, soweit die Beschaffenheit des Verkehrsmittels dies zulässt, sonstiger orthopädischer Hilfsmittel und eines Führhundes.

(3) Die durch die unentgeltliche Beförderung nach den Absätzen 1 und 2 entstehenden Fahrgeldausfälle werden nach Maßgabe der §§ 148 bis 150 erstattet.

§ 146
Persönliche Voraussetzungen

(1) In seiner Bewegungsfähigkeit im Straßenverkehr erheblich beeinträchtigt ist, wer infolge einer Einschränkung des Gehvermögens (auch durch innere Leiden oder infolge von Anfällen oder von Störungen der Orientierungsfähigkeit) nicht ohne erhebliche Schwierigkeiten oder nicht ohne Gefahren für sich oder andere Wegstrecken im Ortsverkehr zurückzulegen vermag, die üblicherweise noch zu Fuß zurückgelegt werden. Der Nachweis der erheblichen Beeinträchtigung in der Bewegungsfähigkeit im Straßenverkehr kann bei schwerbehinderten Menschen mit einem Grad der Behinderung von wenigstens 80 nur mit einem Ausweis mit halbseitigem orangefarbenem Flächenaufdruck und eingetragenem Merkzeichen G geführt werden, dessen Gültigkeit frühestens mit dem 1. April 1984 beginnt, oder auf dem ein entsprechender Änderungsvermerk eingetragen ist.

(2) Ständige Begleitung ist bei schwerbehinderten Menschen notwendig, die bei Benutzung von öffentlichen Verkehrsmitteln infolge ihrer Behinderung zur Vermeidung von Gefahren für sich oder andere regelmäßig auf fremde Hilfe angewiesen sind.

§ 147
Nah- und Fernverkehr

(1) Nahverkehr im Sinne dieses Gesetzes ist der öffentliche Personenverkehr mit

1. Straßenbahnen und Obussen im Sinne des Personenbeförderungsgesetzes,
2. Kraftfahrzeugen im Linienverkehr nach den §§ 42 und 43 des Personenbeförderungsgesetzes auf Linien, bei denen die Mehrzahl der Beförderungen eine Strecke von 50 Kilometer nicht übersteigt, es sei denn, dass bei den Verkehrsformen nach § 43 des Personenbeförderungsgesetzes die Genehmigungsbehörde auf die Einhaltung der Vorschriften über die Beförderungsentgelte gemäß § 45 Abs. 3 des Personenbeförderungsgesetzes ganz oder teilweise verzichtet hat,
3. S-Bahnen in der 2. Wagenklasse,
4. Eisenbahnen in der 2. Wagenklasse in Zügen und auf Strecken und Streckenabschnitten, die in ein von mehreren Unternehmern gebildetes, mit den unter Nummer 1, 2 oder 7 genannten Verkehrsmitteln zusammenhängendes Liniennetz mit einheitlichen oder verbundenen Beförderungsentgelten einbezogen sind,
5. Eisenbahnen des Bundes in der 2. Wagenklasse in Zügen, die überwiegend dazu bestimmt sind, die Verkehrsnachfrage im Nahverkehr zu befriedigen (Züge des Nahverkehrs), im Umkreis von 50 Kilometer um den Wohnsitz oder gewöhnlichen Aufenthalt des schwerbehinderten Menschen,
6. sonstigen Eisenbahnen des öffentlichen Verkehrs im Sinne des § 2 Abs. 1 und § 3 Abs. 1 des Allgemeinen Eisenbahngesetzes in der 2. Wagenklasse auf Strecken, bei denen die Mehrzahl der Beförderungen eine Strecke von 50 Kilometer nicht überschreiten,
7. Wasserfahrzeugen im Linien-, Fähr- und Übersetzverkehr, wenn dieser der Beförderung von Personen im Orts- und Nachbarschaftsbereich dient und Ausgangs- und Endpunkt innerhalb dieses Bereiches liegen; Nachbarschaftsbereich ist der Raum zwischen benachbarten Gemeinden, die, ohne un-

mittelbar aneinander grenzen zu müssen, durch einen stetigen, mehr als einmal am Tag durchgeführten Verkehr wirtschaftlich und verkehrsmäßig verbunden sind.

(2) Fernverkehr im Sinne dieses Gesetzes ist der öffentliche Personenverkehr mit

1. Kraftfahrzeugen im Linienverkehr nach § 42 des Personenbeförderungsgesetzes,
2. Eisenbahnen, ausgenommen den Sonderzugverkehr,
3. Wasserfahrzeugen im Fähr- und Übersetzverkehr, sofern keine Häfen außerhalb des Geltungsbereiches dieses Gesetzbuches angelaufen werden, soweit der Verkehr nicht Nahverkehr im Sinne des Absatzes 1 ist.

(3) Die Unternehmer, die öffentlichen Personenverkehr betreiben, weisen im öffentlichen Personenverkehr nach Absatz 1 Nr. 2, 5, 6 und 7 im Fahrplan besonders darauf hin, inwieweit eine Pflicht zur unentgeltlichen Beförderung nach § 145 Abs. 1 nicht besteht.

§ 148
Erstattung der Fahrgeldausfälle im Nahverkehr

(1) Die Fahrgeldausfälle im Nahverkehr werden nach einem Prozentsatz der von den Unternehmern nachgewiesenen Fahrgeldeinnahmen im Nahverkehr erstattet.

(2) Fahrgeldeinnahmen im Sinne dieses Kapitels sind alle Erträge aus dem Fahrkartenverkauf zum genehmigten Beförderungsentgelt; sie umfassen auch Erträge aus der Beförderung von Handgepäck, Krankenfahrstühlen, sonstigen orthopädischen Hilfsmitteln, Tieren sowie aus erhöhten Beförderungsentgelten.

(3) Werden in einem von mehreren Unternehmern gebildeten zusammenhängenden Liniennetz mit einheitlichen oder verbundenen Beförderungsentgelten die Erträge aus dem Fahrkartenverkauf zusammengefasst und dem einzelnen Unternehmer anteilmäßig nach einem vereinbarten Verteilungsschlüssel zugewiesen, so ist der zugewiesene Anteil Ertrag im Sinne des Absatzes 2.

§ 148 SGB IX

(4) Der Prozentsatz im Sinne des Absatzes 1 wird für jedes Land von der Landesregierung oder der von ihr bestimmten Behörde für jeweils ein Jahr bekannt gemacht. Bei der Berechnung des Prozentsatzes ist von folgenden Zahlen auszugehen:

1. der Zahl der in dem Land in dem betreffenden Kalenderjahr ausgegebenen Wertmarken zuzüglich 20 Prozent und der Zahl der in dem Land am Jahresende in Umlauf befindlichen gültigen Ausweise im Sinne des § 145 Abs. 1 Satz 1 von schwerbehinderten Menschen, die das sechste Lebensjahr vollendet haben und bei denen die Notwendigkeit einer ständigen Begleitung im Ausweis eingetragen ist; Wertmarken mit einer Gültigkeitsdauer von einem halben Jahr werden zur Hälfte, zurückgegebene Wertmarken für jeden vollen Kalendermonat vor Rückgabe zu einem Zwölftel gezählt,
2. der in den jährlichen Veröffentlichungen des Statistischen Bundesamtes zum Ende des Vorjahres nachgewiesenen Zahl der Wohnbevölkerung in dem Land abzüglich der Zahl der Kinder, die das sechste Lebensjahr noch nicht vollendet haben, und der Zahlen nach Nummer 1.

Der Prozentsatz ist nach folgender Formel zu berechnen:

$$\frac{\text{Nach Nummer 1 errechnete Zahl}}{\text{Nach Nummer 2 errechnete Zahl}} \times 100.$$

Bei der Festsetzung des Prozentsatzes sich ergebende Bruchteile von 0,005 und mehr werden auf ganze Hundertstel aufgerundet, im Übrigen abgerundet.

(5) Weist ein Unternehmer durch Verkehrszählung nach, dass das Verhältnis zwischen den nach diesem Kapitel unentgeltlich beförderten Fahrgästen und den sonstigen Fahrgästen den nach Absatz 4 festgesetzten Prozentsatz um mindestens ein Drittel übersteigt, wird der Berechnung des Erstattungsbetrages auf Antrag der nachgewiesene Prozentsatz zugrunde gelegt.

§ 149
Erstattung der Fahrgeldausfälle im Fernverkehr

(1) Die Fahrgeldausfälle im Fernverkehr werden nach einem Prozentsatz der von den Unternehmern nachgewiesenen Fahrgeldeinnahmen im Fernverkehr erstattet.

(2) Der maßgebende Prozentsatz wird vom Bundesministerium für Arbeit und Sozialordnung im Einvernehmen mit dem Bundesministerium der Finanzen und dem Bundesministerium für Verkehr, Bau- und Wohnungswesen für jeweils zwei Jahre bekannt gemacht. Bei der Berechnung des Prozentsatzes ist von folgenden, für das letzte Jahr vor Beginn des Zweijahreszeitraumes vorliegenden Zahlen auszugehen:

1. der Zahl der im Geltungsbereich dieses Gesetzes am Jahresende in Umlauf befindlichen gültigen Ausweise nach § 145 Abs. 1 Satz 1, auf denen die Notwendigkeit ständiger Begleitung eingetragen ist, abzüglich 25 Prozent,
2. der in den jährlichen Veröffentlichungen des Statistischen Bundesamtes zum Jahresende nachgewiesenen Zahl der Wohnbevölkerung im Geltungsbereich dieses Gesetzes abzüglich der Zahl der Kinder, die das vierte Lebensjahr noch nicht vollendet haben, und der nach Nummer 1 ermittelten Zahl.

Der Prozentsatz ist nach folgender Formel zu errechnen:

$$\frac{\text{Nach Nummer 1 errechnete Zahl}}{\text{Nach Nummer 2 errechnete Zahl}} \times 100.$$

§ 148 Abs. 4 letzter Satz gilt entsprechend.

§ 150
Erstattungsverfahren

(1) Die Fahrgeldausfälle werden auf Antrag des Unternehmers erstattet. Bei einem von mehreren Unternehmern gebildeten zusammenhängenden Liniennetz mit einheitlichen oder verbundenen Beförderungsentgelten können die Anträge auch von einer

§ 150 SGB IX

Gemeinschaftseinrichtung dieser Unternehmer für ihre Mitglieder gestellt werden. Der Antrag ist bis zum 31. Dezember für das vorangegangene Kalenderjahr zu stellen, und zwar für den Nahverkehr nach § 151 Abs. 1 Satz 1 Nr. 1 und für den Fernverkehr an das Bundesverwaltungsamt, für den übrigen Nahverkehr bei den in Absatz 4 bestimmten Behörden.

(2) Die Unternehmer erhalten auf Antrag Vorauszahlungen für das laufende Kalenderjahr in Höhe von insgesamt 80 Prozent des zuletzt für ein Jahr festgesetzten Erstattungsbetrages. Die Vorauszahlungen werden je zur Hälfte am 15. Juli und am 15. November gezahlt. Der Antrag auf Vorauszahlungen gilt zugleich als Antrag im Sinne des Absatzes 1. Die Vorauszahlungen sind zurückzuzahlen, wenn Unterlagen, die für die Berechnung der Erstattung erforderlich sind, nicht bis zum 31. Dezember des auf die Vorauszahlung folgenden Kalenderjahres vorgelegt sind.

(3) Die Landesregierung oder die von ihr bestimmte Stelle legt die Behörden fest, die über die Anträge auf Erstattung und Vorauszahlung entscheiden und die auf den Bund und das Land entfallenden Beträge auszahlen. § 11 Abs. 2 bis 4 des Personenbeförderungsgesetzes gilt entsprechend.

(4) Erstreckt sich der Nahverkehr auf das Gebiet mehrerer Länder, entscheiden die nach Landesrecht zuständigen Landesbehörden dieser Länder darüber, welcher Teil der Fahrgeldeinnahmen jeweils auf den Bereich ihres Landes entfällt.

(5) Die Unternehmen im Sinne des § 151 Abs. 1 Satz 1 Nr. 1 legen ihren Anträgen an das Bundesverwaltungsamt den Anteil der nachgewiesenen Fahrgeldeinnahmen im Nahverkehr zugrunde, der auf den Bereich des jeweiligen Landes entfällt; für den Nahverkehr von Eisenbahnen des Bundes im Sinne des § 147 Abs. 1 Satz 1 Nr. 5 bestimmt sich dieser Teil nach dem Anteil der Zugkilometer, die von einer Eisenbahn des Bundes mit Zügen des Nahverkehrs im jeweiligen Land erbracht werden.

(6) Hinsichtlich der Erstattungen gemäß § 148 für den Nahverkehr nach § 151 Abs. 1 Satz 1 Nr. 1 und gemäß § 149 sowie der entsprechenden Vorauszahlungen nach Absatz 2 wird dieses Kapitel

in bundeseigener Verwaltung ausgeführt. Die Verwaltungsaufgaben des Bundes erledigt das Bundesverwaltungsamt nach fachlichen Weisungen des Bundesministeriums für Arbeit und Sozialordnung in eigener Zuständigkeit.

(7) Für das Erstattungsverfahren gelten das Verwaltungsverfahrensgesetz und die entsprechenden Gesetze der Länder. Bei Streitigkeiten über die Erstattungen und die Vorauszahlungen ist der Verwaltungsrechtsweg gegeben.

§ 151
Kostentragung

(1) Der Bund trägt die Aufwendungen für die unentgeltliche Beförderung

1. im Nahverkehr, soweit Unternehmen, die sich überwiegend in der Hand des Bundes oder eines mehrheitlich dem Bund gehörenden Unternehmens befinden (auch in Verkehrsverbünden), erstattungsberechtigte Unternehmer sind,
2. im übrigen Nahverkehr für
   a) schwerbehinderte Menschen im Sinne des § 145 Abs. 1, die wegen einer Minderung der Erwerbsfähigkeit um wenigstens 50 Prozent Anspruch auf Versorgung nach dem Bundesversorgungsgesetz oder nach anderen Bundesgesetzen in entsprechender Anwendung der Vorschriften des Bundesversorgungsgesetzes haben oder Entschädigung nach § 28 des Bundesentschädigungsgesetzes erhalten,
   b) ihre Begleitperson im Sinne des § 145 Abs. 2 Nr. 1,
   c) die mitgeführten Gegenstände im Sinne des § 145 Abs. 2 Nr. 2 sowie
3. im Fernverkehr für die Begleitperson und die mitgeführten Gegenstände im Sinne des § 145 Abs. 2.

Die Länder tragen die Aufwendungen für die unentgeltliche Beförderung der übrigen Personengruppen und der mitgeführten Gegenstände im Nahverkehr.

(2) Die nach Absatz 1 Satz 1 Nr. 2 auf den Bund und nach Absatz

1 Satz 2 auf die einzelnen Länder entfallenden Aufwendungen für die unentgeltliche Beförderung im Nahverkehr errechnen sich aus dem Anteil der in dem betreffenden Kalenderjahr ausgegebenen Wertmarken und der am Jahresende in Umlauf befindlichen gültigen Ausweise im Sinne des § 145 Abs. 1 Satz 1 von schwerbehinderten Menschen, die das sechste Lebensjahr vollendet haben und bei denen die Notwendigkeit einer ständigen Begleitung im Ausweis eingetragen ist, der jeweils auf die in Absatz 1 genannten Personengruppen entfällt. Wertmarken mit einer Gültigkeitsdauer von einem halben Jahr werden zur Hälfte, zurückgegebene Wertmarken für jeden vollen Kalendermonat vor Rückgabe zu einem Zwölftel gezählt.

(3) Die auf den Bund entfallenden Ausgaben für die unentgeltliche Beförderung im Nahverkehr werden für Rechnung des Bundes geleistet. Die damit zusammenhängenden Einnahmen werden an den Bund abgeführt. Persönliche und sächliche Verwaltungskosten werden nicht erstattet.

(4) Auf die für Rechnung des Bundes geleisteten Ausgaben und die mit ihnen zusammenhängenden Einnahmen wird § 4 Abs. 2 des Ersten Überleitungsgesetzes in der im Bundesgesetzblatt Teil III, Gliederungsnummer 603-3, veröffentlichten bereinigten Fassung, das zuletzt durch Artikel 2 des Gesetzes vom 20. Dezember 1991 (BGBl. I S. 2317) geändert worden ist, nicht angewendet.

§ 152
Einnahmen aus Wertmarken

Von den durch die Ausgabe der Wertmarke erzielten jährlichen Einnahmen sind an den Bund abzuführen:

1. die Einnahmen aus der Ausgabe von Wertmarken an schwerbehinderte Menschen im Sinne des § 151 Abs. 1 Satz 1 Nr. 2,
2. ein bundeseinheitlicher Anteil der übrigen Einnahmen, der vom Bundesministerium für Arbeit und Sozialordnung im Einvernehmen mit dem Bundesministerium der Finanzen und dem Bundesministerium für Verkehr, Bau- und Wohnungswe-

sen für jeweils ein Jahr bekannt gemacht wird. Er errechnet sich aus dem Anteil der nach § 151 Abs. 1 Satz 1 Nr. 1 vom Bund zu tragenden Aufwendungen an den Gesamtaufwendungen von Bund und Ländern für die unentgeltliche Beförderung im Nahverkehr, abzüglich der Aufwendungen für die unentgeltliche Beförderung der in § 151 Abs. 1 Satz 1 Nr. 2 genannten Personengruppen.

Die durch Ausgabe von Wertmarken an schwerbehinderte Menschen im Sinne des § 151 Abs. 1 Satz 1 Nr. 2 erzielten Einnahmen sind zum 15. Juli und zum 15. November an den Bund abzuführen. Von den eingegangenen übrigen Einnahmen sind zum 15. Juli und zum 15. November Abschlagszahlungen in Höhe des Prozentsatzes, der für das jeweilige Vorjahr nach Satz 1 Nr. 2 bekannt gemacht wird, an den Bund abzuführen. Die auf den Bund entfallenden Einnahmen sind für jedes Haushaltsjahr abzurechnen.

§ 153
Erfassung der Ausweise

Die für die Ausstellung der Ausweise nach § 69 Abs. 5 zuständigen Behörden erfassen

1. die am Jahresende in Umlauf befindlichen gültigen Ausweise, getrennt nach
   a) Art,
   b) besonderen Eintragungen und
   c) Zugehörigkeit zu einer der in § 151 Abs. 1 Satz 1 genannten Gruppen,
2. die im Kalenderjahr ausgegebenen Wertmarken, unterteilt nach der jeweiligen Gültigkeitsdauer, und die daraus erzielten Einnahmen, getrennt nach Zugehörigkeit zu einer der in § 151 Abs. 1 Satz 1 genannten Gruppen als Grundlage für die nach § 148 Abs. 4 Nr. 1 und § 149 Abs. 2 Nr. 1 zu ermittelnde Zahl der Ausweise und Wertmarken, für die nach § 151 Abs. 2 zu ermittelnde Höhe der Aufwendungen sowie für die nach § 152 vorzunehmende Aufteilung der Einnahmen aus der Ausgabe von Wertmarken. Die zuständigen obersten Landesbehörden

teilen dem Bundesministerium für Arbeit und Sozialordnung das Ergebnis der Erfassung nach Satz 1 spätestens bis zum 31. März des Jahres mit, in dem die Prozentsätze festzusetzen sind.

§ 154
Verordnungsermächtigungen

(1) Die Bundesregierung wird ermächtigt, in der Rechtsverordnung auf Grund des § 70 nähere Vorschriften über die Gestaltung der Wertmarken, ihre Verbindung mit dem Ausweis und Vermerke über ihre Gültigkeitsdauer zu erlassen.

(2) Das Bundesministerium für Arbeit und Sozialordnung und das Bundesministerium für Verkehr, Bau- und Wohnungswesen werden ermächtigt, durch Rechtsverordnung festzulegen, welche Zuggattungen von Eisenbahnen des Bundes zu den Zügen des Nahverkehrs im Sinne des § 147 Abs. 1 Nr. 5 und zu den zuschlagpflichtigen Zügen des Nahverkehrs im Sinne des § 145 Abs. 1 Satz 1 zweiter Halbsatz zählen.

Kapitel 14
Straf-, Bußgeld- und Schlussvorschriften

§ 155[1]
Strafvorschriften

(1) Wer unbefugt ein fremdes Geheimnis, namentlich ein zum persönlichen Lebensbereich gehörendes Geheimnis oder ein Betriebs- oder Geschäftsgeheimnis, offenbart, das ihm als Vertrauensperson schwerbehinderter Menschen anvertraut worden oder sonst bekannt geworden ist, wird mit Freiheitsstrafe bis zu einem Jahr oder mit Geldstrafe bestraft.

1 In Kraft ab 1.6.2001.

(2) Handelt der Täter gegen Entgelt oder in der Absicht, sich oder einen anderen zu bereichern oder einen anderen zu schädigen, so ist die Strafe Freiheitsstrafe bis zu zwei Jahren oder Geldstrafe. Ebenso wird bestraft, wer unbefugt ein fremdes Geheimnis, namentlich ein Betriebs- oder Geschäftsgeheimnis, zu dessen Geheimhaltung er nach Absatz 1 verpflichtet ist, verwertet.

(3) Die Tat wird nur auf Antrag verfolgt.

§ 156[1]
Bußgeldvorschriften

(1) Ordnungswidrig handelt, wer vorsätzlich oder fahrlässig

1. entgegen § 71 Abs. 1 Satz 1, auch in Verbindung mit einer Rechtsverordnung nach § 79 Nr. 1, schwerbehinderte Menschen nicht beschäftigt,
2. entgegen § 80 Abs. 1 ein Verzeichnis nicht, nicht richtig, nicht vollständig oder nicht in der vorgeschriebenen Weise führt oder nicht oder nicht rechtzeitig vorlegt,
3. entgegen § 80 Abs. 2 Satz 1 oder Abs. 4 eine Anzeige nicht, nicht richtig, nicht vollständig, nicht in der vorgeschriebenen Weise oder nicht rechtzeitig erstattet,
4. entgegen § 80 Abs. 5 eine Auskunft nicht, nicht richtig, nicht vollständig oder nicht rechtzeitig erteilt,
5. entgegen § 80 Abs. 7 Einblick in den Betrieb oder die Dienststelle nicht oder nicht rechtzeitig gibt,
6. entgegen § 80 Abs. 8 eine dort bezeichnete Person nicht oder nicht rechtzeitig benennt,
7. entgegen § 81 Abs. 1 Satz 4 oder 9 eine dort bezeichnete Vertretung oder einen Beteiligten nicht, nicht richtig, nicht vollständig oder nicht rechtzeitig unterrichtet,
8. entgegen § 81 Abs. 1 Satz 7 eine Entscheidung nicht erörtert, oder
9. entgegen § 95 Abs. 2 Satz 1 die Schwerbehindertenvertretung nicht, nicht richtig, nicht vollständig oder nicht rechtzeitig unterrichtet oder nicht oder nicht rechtzeitig hört.

1 In Kraft ab 1.6.2001.

(2) Die Ordnungswidrigkeit kann mit einer Geldbuße bis zu fünftausend Deutsche Mark (ab 1.1.2002: 2500 Euro) geahndet werden.

(3) Verwaltungsbehörde im Sinne des § 36 Abs. 1 Nr. 1 des Gesetzes über Ordnungswidrigkeiten ist das Landesarbeitsamt.

(4) § 66 des Zehnten Buches gilt entsprechend.

(5) Die Geldbuße ist an das Integrationsamt abzuführen. Für ihre Verwendung gilt § 77 Abs. 5.

§ 157
Stadtstaatenklausel

(1) Der Senat der Freien und Hansestadt Hamburg wird ermächtigt, die Schwerbehindertenvertretung für Angelegenheiten, die mehrere oder alle Dienststellen betreffen, in der Weise zu regeln, dass die Schwerbehindertenvertretungen aller Dienststellen eine Gesamtschwerbehindertenvertretung wählen. Für die Wahl gilt § 94 Abs. 2, 3, 6 und 7 entsprechend.

(2) § 97 Abs. 6 Satz 1 gilt entsprechend.

§ 158
Sonderregelung für den Bundesnachrichtendienst

Für den Bundesnachrichtendienst gilt dieses Gesetz mit folgenden Abweichungen:

1. Der Bundesnachrichtendienst gilt vorbehaltlich der Nummer 3 als einheitliche Dienststelle.
2. Für den Bundesnachrichtendienst gelten die Pflichten zur Vorlage des nach § 80 Abs. 1 zu führenden Verzeichnisses, zur Anzeige nach § 80 Abs. 2 und zur Gewährung von Einblick nach § 80 Abs. 7 nicht. Die Anzeigepflicht nach § 90 Abs. 3 gilt nur für die Beendigung von Probearbeitsverhältnissen.
3. Als Dienststelle im Sinne des Kapitels 5 gelten auch Teile und Stellen des Bundesnachrichtendienstes, die nicht zu seiner

SGB IX § 158

Zentrale gehören. § 94 Abs. 1 Satz 4 und 5 sowie § 97 sind nicht anzuwenden. In den Fällen des § 97 Abs. 6 ist die Schwerbehindertenvertretung der Zentrale des Bundesnachrichtendienstes zuständig. Im Falle des § 94 Abs. 6 Satz 4 lädt der Leiter oder die Leiterin der Dienststelle ein. Die Schwerbehindertenvertretung ist in den Fällen nicht zu beteiligen, in denen die Beteiligung der Personalvertretung nach dem Bundespersonalvertretungsgesetz ausgeschlossen ist. Der Leiter oder die Leiterin des Bundesnachrichtendienstes kann anordnen, dass die Schwerbehindertenvertretung nicht zu beteiligen ist, Unterlagen nicht vorgelegt oder Auskünfte nicht erteilt werden dürfen, wenn und soweit dies aus besonderen nachrichtendienstlichen Gründen geboten ist. Die Rechte und Pflichten der Schwerbehindertenvertretung ruhen, wenn die Rechte und Pflichten der Personalvertretung ruhen. § 96 Abs. 7 Satz 3 ist nach Maßgabe der Sicherheitsbestimmungen des Bundesnachrichtendienstes anzuwenden. § 99 Abs. 2 gilt nur für die in § 99 Abs. 1 genannten Personen und Vertretungen der Zentrale des Bundesnachrichtendienstes.
4. Im Widerspruchsausschuss bei dem Integrationsamt (§ 119) und im Widerspruchsausschuss beim Landesarbeitsamt (§ 120) treten in Angelegenheiten schwerbehinderter Menschen, die beim Bundesnachrichtendienst beschäftigt sind, an die Stelle der Mitglieder, die Arbeitnehmer oder Arbeitnehmerinnen und Arbeitgeber sind (§ 119 Abs. 1 und § 120 Abs. 1), Angehörige des Bundesnachrichtendienstes, an die Stelle der Schwerbehindertenvertretung die Schwerbehindertenvertretung der Zentrale des Bundesnachrichtendienstes. Sie werden dem Integrationsamt und dem Präsidenten oder der Präsidentin des Landesarbeitsamtes vom Leiter oder der Leiterin des Bundesnachrichtendienstes benannt. Die Mitglieder der Ausschüsse müssen nach den dafür geltenden Bestimmungen ermächtigt sein, Kenntnis von Verschlusssachen des in Betracht kommenden Geheimhaltungsgrades zu erhalten.
5. Über Rechtsstreitigkeiten, die auf Grund dieses Buches im Geschäftsbereich des Bundesnachrichtendienstes entstehen, entscheidet im ersten und letzten Rechtszug der oberste Gerichtshof des zuständigen Gerichtszweiges.

§ 159
Übergangsregelung

(1) Abweichend von § 71 Abs. 1 beträgt die Pflichtquote für die in § 71 Abs. 3 Nr. 1 und 4 genannten öffentlichen Arbeitgeber des Bundes weiterhin 6 Prozent, wenn sie am 31. Oktober 1999 auf mindestens 6 Prozent der Arbeitsplätze schwerbehinderte Menschen beschäftigt hatten.

(2) Auf Leistungen nach § 33 Abs. 2 des Schwerbehindertengesetzes in Verbindung mit dem Ersten Abschnitt der Schwerbehinderten-Ausgleichsabgabeverordnung jeweils in der bis zum 30. September 2000 geltenden Fassung sind die zu diesem Zeitpunkt geltenden Rechtsvorschriften weiter anzuwenden, wenn die Entscheidung über die beantragten Leistungen vor dem 1. Oktober 2000 getroffen worden ist.

(3) Eine auf Grund des Schwerbehindertengesetzes getroffene bindende Feststellung über das Vorliegen einer Behinderung, eines Grades der Behinderung und das Vorliegen weiterer gesundheitlicher Merkmale gelten als Feststellungen nach diesem Buch.

(4) Die nach § 56 Abs. 2 des Schwerbehindertengesetzes erlassenen allgemeinen Richtlinien sind bis zum Erlass von allgemeinen Verwaltungsvorschriften nach § 141 weiter anzuwenden.

§ 160
Überprüfungsregelung

Die Bundesregierung berichtet den gesetzgebenden Körperschaften des Bundes bis zum 30. Juni 2003 über die Beschäftigungssituation schwerbehinderter Menschen und schlägt die danach zu treffenden Maßnahmen vor.

Artikel 2

Änderung des Ersten Buches Sozialgesetzbuch
– Allgemeiner Teil –

Das Erste Buch Sozialgesetzbuch – Allgemeiner Teil – (Artikel I des Gesetzes vom 11. Dezember 1975, BGBl. I S. 3015), zuletzt geändert durch Artikel 8 § 1 des Gesetzes vom 18. Mai 2001 (BGBl. I S. 904), wird wie folgt geändert:

1. Die Inhaltsübersicht wird wie folgt geändert:

    a) Die Angabe zu § 10 wird wie folgt gefasst:
    »§ 10 Teilhabe behinderter Menschen«.
    b) Die Angabe zu § 20 wird wie folgt gefasst:
    »§ 20 (aufgehoben)«.
    c) Die Angabe zu § 29 wird wie folgt gefasst:
    »§ 29 Leistungen zur Rehabilitation und Teilhabe behinderter Menschen«.
    d) Die Angabe zu § 64 wird wie folgt gefasst:
    »§ 64 Leistungen zur Teilhabe am Arbeitsleben«.

2. § 10 wird wie folgt gefasst:

»§ 10
Teilhabe behinderter Menschen

Menschen, die körperlich, geistig oder seelisch behindert sind oder denen eine solche Behinderung droht, haben unabhängig von der Ursache der Behinderung zur Förderung ihrer Selbstbestimmung und gleichberechtigten Teilhabe ein Recht auf Hilfe, die notwendig ist, um

1. die Behinderung abzuwenden, zu beseitigen, zu mindern, ihre Verschlimmerung zu verhüten oder ihre Folgen zu mildern,
2. Einschränkungen der Erwerbsfähigkeit oder Pflegebedürftigkeit zu vermeiden, zu überwinden, zu mindern oder eine Verschlimmerung zu verhüten sowie den vorzeitigen Bezug von Sozialleistungen zu vermeiden oder laufende Sozialleistungen zu mindern,
3. ihnen einen ihren Neigungen und Fähigkeiten entsprechenden Platz im Arbeitsleben zu sichern,
4. ihre Entwicklung zu fördern und ihre Teilhabe am Leben in der Gesellschaft und eine möglichst selbstständige und selbstbestimmte Lebensführung zu ermöglichen oder zu erleichtern sowie
5. Benachteiligungen auf Grund der Behinderung entgegenzuwirken.«

Art. 2   **SGB IX**

3. § 17 wird wie folgt geändert:

   a) Absatz 1 wird wie folgt geändert:
      aa) In Nummer 2 am Ende wird das Wort »und« durch ein Komma ersetzt.
      bb) In Nummer 3 am Ende wird der Punkt durch das Wort »und« ersetzt.
      cc) Nach Nummer 3 wird folgende Nummer 4 angefügt:
         »4. ihre Verwaltungs- und Dienstgebäude frei von Zugangs- und Kommunikationsbarrieren sind und Sozialleistungen in barrierefreien Räumen und Anlagen ausgeführt werden.«
   b) Nach Absatz 1 wird folgender Absatz 2 eingefügt:
      »(2) Hörbehinderte Menschen haben das Recht, bei der Ausführung von Sozialleistungen, insbesondere auch bei ärztlichen Untersuchungen und Behandlungen, Gebärdensprache zu verwenden. Die für die Sozialleistung zuständigen Leistungsträger sind verpflichtet, die durch die Verwendung der Gebärdensprache und anderer Kommunikationshilfen entstehenden Kosten zu tragen.«

4. In § 19 Abs. 1 Nr. 3 Buchstabe e werden die Wörter »beruflichen Eingliederung Behinderter« durch die Wörter »Teilhabe behinderter Menschen am Arbeitsleben« ersetzt.

5. § 20 wird aufgehoben.

6. In § 22 Abs. 1 Nr. 2, § 23 Abs. 1 Nr. 1 Buchstabe a und § 24 Abs. 1 Nr. 2 wird jeweils das Wort »Berufsförderung« durch die Wörter »Leistungen zur Teilhabe am Arbeitsleben« ersetzt.

7. § 28 Abs. 1 Nr. 2 Buchstabe c wird wie folgt gefasst:

   »c) Eingliederungshilfe für behinderte Menschen, insbesondere auch Teilhabe am Leben in der Gemeinschaft,«.

8. In § 28 Abs. 1 Nr. 3 wird das Wort »Behinderter« durch die Wörter »behinderter Menschen« ersetzt.

9. § 29 wird wie folgt gefasst:

> »§ 29
> Leistungen zur Rehabilitation und Teilhabe
> behinderter Menschen

(1) Nach dem Recht der Rehabilitation und Teilhabe behinderter Menschen können in Anspruch genommen werden

1. Leistungen zur medizinischen Rehabilitation, insbesondere

   a) Frühförderung behinderter und von Behinderung bedrohter Kinder,
   b) ärztliche und zahnärztliche Behandlung,
   c) Arznei- und Verbandmittel sowie Heilmittel einschließlich physikalischer, Sprach- und Beschäftigungstherapie,
   d) Körperersatzstücke, orthopädische und andere Hilfsmittel,
   e) Belastungserprobung und Arbeitstherapie,

2. Leistungen zur Teilhabe am Arbeitsleben, insbesondere

   a) Hilfen zum Erhalten oder Erlangen eines Arbeitsplatzes,
   b) Berufsvorbereitung, berufliche Anpassung, Ausbildung und Weiterbildung,
   c) sonstige Hilfen zur Förderung der Teilhabe am Arbeitsleben,

3. Leistungen zur Teilhabe am Leben in der Gemeinschaft, insbesondere Hilfen

   a) zur Entwicklung der geistigen und körperlichen Fähigkeiten vor Beginn der Schulpflicht,
   b) zur angemessenen Schulbildung,
   c) zur heilpädagogischen Förderung,
   d) zum Erwerb praktischer Kenntnisse und Fähigkeiten,
   e) zur Ausübung einer angemessenen Tätigkeit, soweit Leistungen zur Teilhabe am Arbeitsleben nicht möglich sind,
   f) zur Förderung der Verständigung mit der Umwelt,
   g) zur Freizeitgestaltung und sonstigen Teilhabe am gesellschaftlichen Leben,

4. unterhaltssichernde und andere ergänzende Leistungen, insbesondere

   a) Krankengeld, Versorgungskrankengeld, Verletztengeld, Übergangsgeld, Ausbildungsgeld oder Unterhaltsbeihilfe,
   b) Beiträge zur gesetzlichen Kranken-, Unfall-, Renten- und Pflegeversicherung sowie zur Bundesanstalt für Arbeit,
   c) Reisekosten,
   d) Haushalts- oder Betriebshilfe und Kinderbetreuungskosten,
   f) Rehabilitationssport und Funktionstraining,

5. besondere Leistungen und sonstige Hilfen zur Teilhabe schwerbehinderter Menschen am Leben in der Gesellschaft, insbesondere am Arbeitsleben.

Art. 2-3

(2) Zuständig sind die in den §§ 19 bis 24, 27 und 28 genannten Leistungsträger und die Integrationsämter.«

10. In § 35 Abs. 1 Satz 4 werden nach dem Wort »Vereinigungen,« die Wörter »gemeinsame Servicestellen, Integrationsfachdienste,« eingefügt.

11. In § 64 werden die Wörter »berufsfördernden Maßnahmen« durch die Wörter »Leistungen zur Teilhabe am Arbeitsleben« ersetzt.

12. In § 68 werden die Nummern 2 und 13 aufgehoben.

Artikel 3

Änderung des Dritten Buches Sozialgesetzbuch – Arbeitsförderung –

Das Dritte Buch Sozialgesetzbuch – Arbeitsförderung – (Artikel 1 des Gesetzes vom 24. März 1997, BGBl. I S. 594, 595), zuletzt geändert durch Artikel 1a des Gesetzes vom 13. Juni 2001 (BGBl. I S. 1027), wird wie folgt geändert:

1. Die Inhaltsübersicht wird wie folgt geändert:
   a) Die Angabe zu § 19 wird wie folgt gefasst:
   »§ 19 Behinderte Menschen«.
   b) Die Überschrift des Siebten Abschnitts des Vierten Kapitels wird wie folgt gefasst:
   »Förderung der Teilhabe behinderter Menschen am Arbeitsleben«.
   c) Die Angabe zu § 97 wird wie folgt gefasst:
   »§ 97 Teilhabe am Arbeitsleben«.
   d) Die Angabe zu § 98 wird wie folgt gefasst:
   »§ 98 Leistungen zur Teilhabe«.
   e) Die Angabe zu § 107 wird wie folgt gefasst:
   »§ 107 Bedarf bei Maßnahmen in anerkannten Werkstätten für behinderte Menschen«.
   f) Die Angabe zu § 110 wird wie folgt gefasst:
   »§ 110 (aufgehoben)«.
   g) Die Angabe zu § 111 wird wie folgt gefasst:
   »§ 111 Sonderfälle der Unterbringung und Verpflegung«.
   h) Die Angabe zu §§ 112, 113 und 114 wird wie folgt gefasst:
   »§§ 112, 113 und 114 (aufgehoben)«.

i) Die Angabe zu § 162 wird wie folgt gefasst:
 »§ 162 Behinderte Menschen ohne Vorbeschäftigungszeit«.
j) Die Angabe zu §§ 163 bis 168 wird wie folgt gefasst:
 »§§ 163 bis 168 (aufgehoben)«.
k) Die Angabe zu § 222a wird wie folgt gefasst:
 »§ 222a Eingliederungszuschuss für besonders betroffene schwerbehinderte Menschen«.
l) Die Überschrift des Zweiten Abschnitts des Fünften Kapitels (nach § 234) wird wie folgt gefasst:
 »Berufliche Ausbildung und Leistungen zur Teilhabe am Arbeitsleben«.
m) Die Angabe zu § 235a wird wie folgt gefasst:
 »§ 235a Zuschüsse zur Ausbildungsvergütung schwerbehinderter Menschen«.
n) Die Überschrift des Zweiten Unterabschnitts des Zweiten Abschnitts des Fünften Kapitels (vor § 236) wird wie folgt gefasst:
 »Förderung der Teilhabe am Arbeitsleben«.
o) Die Angabe zu § 236 wird wie folgt gefasst:
 »§ 236 Ausbildung behinderter Menschen«.
p) Die Angabe zu § 237 wird wie folgt gefasst:
 »§ 237 Arbeitshilfen für behinderte Menschen«.
q) Die Angabe zu § 238 wird wie folgt gefasst:
 »§ 238 Probebeschäftigung behinderter Menschen«.
r) Die Überschrift des Zweiten Abschnitts des Sechsten Kapitels (vor § 248) wird wie folgt gefasst:
 »Förderung von Einrichtungen der beruflichen Aus- und Weiterbildung oder der beruflichen Rehabilitation«.
s) In der Angabe zu § 318 werden die Wörter »beruflicher Eingliederung Behinderter« durch die Wörter »Leistungen zur Teilhabe am Arbeitsleben« ersetzt.
t) Die Überschrift zu § 414 wird wie folgt gefasst:
 »§ 414 (aufgehoben)«.

2. § 3 wird wie folgt geändert:

a) In Absatz 1 Nr. 7 werden nach den Wörtern »allgemeine und« die Wörter »als behinderte Menschen zusätzlich« eingefügt und die Wörter »beruflichen Eingliederung Behinderter« durch die Wörter »Teilhabe am Arbeitsleben und diese ergänzende Leistungen nach diesem und dem Neunten Buch« ersetzt.
b) In Absatz 2 Nr. 4 wird das Wort »Behinderten« durch die Wörter »behinderten Menschen« ersetzt.

Art. 3 **SGB IX**

- c) In Absatz 3 Nr. 3 werden die Wörter »zur beruflichen Eingliederung Behinderter« durch die Wörter »der beruflichen Rehabilitation« ersetzt.
- d) In Absatz 5 werden die Wörter »zur beruflichen Eingliederung Behinderter« durch die Wörter »zur Teilhabe am Arbeitsleben« ersetzt.

3. In § 7 Abs. 3 wird das Wort »Schwerbehinderte« durch die Wörter »schwerbehinderte Menschen« ersetzt.

4. § 19 wird wie folgt gefasst:

»§ 19
Behinderte Menschen

(1) Behindert im Sinne dieses Buches sind Menschen, deren Aussichten, am Arbeitsleben teilzuhaben oder weiter teilzuhaben, wegen Art oder Schwere ihrer Behinderung im Sinne von § 2 Abs. 1 des Neunten Buches nicht nur vorübergehend wesentlich gemindert sind und die deshalb Hilfen zur Teilhabe am Arbeitsleben benötigen, einschließlich lernbehinderter Menschen.

(2) Behinderten Menschen stehen Menschen gleich, denen eine Behinderung mit den in Absatz 1 genannten Folgen droht.«

5. § 22 Abs. 2 Satz 1 wird wie folgt gefasst:
»(2) Allgemeine und besondere Leistungen zur Teilhabe am Arbeitsleben einschließlich der Leistungen an Arbeitgeber und der Leistungen an Träger dürfen nur erbracht werden, sofern nicht ein anderer Rehabilitationsträger im Sinne des Neunten Buches zuständig ist.«

6. § 26 Abs. 1 Nr. 1 wird wie folgt gefasst:
»1. Jugendliche, die in Einrichtungen der beruflichen Rehabilitation nach § 35 des Neunten Buches Leistungen zur Teilhabe am Arbeitsleben erhalten, die ihnen eine Erwerbstätigkeit auf dem allgemeinen Arbeitsmarkt ermöglichen sollen, sowie Personen, die in Einrichtungen der Jugendhilfe für eine Erwerbstätigkeit befähigt werden sollen,«.

7. In § 27 Abs. 2 Satz 2 Nr. 3 wird nach der Angabe »§ 74 Fünftes Buch« die Angabe »§ 28 Neuntes Buch« eingefügt.

8. Die Überschrift des Siebten Abschnitts des Vierten Kapitels wird wie folgt gefasst:

SGB IX Art. 3

»Förderung der Teilhabe behinderter Menschen am Arbeitsleben«.

9. § 97 wird wie folgt gefasst:

»§ 97
Teilhabe am Arbeitsleben

(1) Behinderten Menschen können Leistungen zur Förderung der Teilhabe am Arbeitsleben erbracht werden, die wegen Art oder Schwere der Behinderung erforderlich sind, um ihre Erwerbsfähigkeit zu erhalten, zu bessern, herzustellen oder wiederherzustellen und ihre Teilhabe am Arbeitsleben zu sichern.

(2) Bei der Auswahl der Leistungen sind Eignung, Neigung, bisherige Tätigkeit sowie Lage und Entwicklung des Arbeitsmarktes angemessen zu berücksichtigen. Soweit es erforderlich ist, schließt das Verfahren zur Auswahl der Leistungen eine Abklärung der beruflichen Eignung oder eine Arbeitserprobung ein.«

10. § 98 wird wie folgt gefasst:

»§ 98
Leistungen zur Teilhabe

(1) Für behinderte Menschen können erbracht werden

1. allgemeine Leistungen sowie

2. besondere Leistungen zur Teilhabe am Arbeitsleben und diese ergänzende Leistungen.

(2) Besondere Leistungen zur Teilhabe am Arbeitsleben werden nur erbracht, soweit nicht bereits durch die allgemeinen Leistungen eine Teilhabe am Arbeitsleben erreicht werden kann.«

11. In § 100 Nr. 2 wird das Wort »Eingliederungsaussichten« durch die Wörter »Aussichten auf Teilhabe am Arbeitsleben« ersetzt.

12. § 101 wird wie folgt gefasst:

»§ 101
Besonderheiten

(1) Mobilitätshilfe bei Aufnahme einer Beschäftigung kann auch erbracht werden, wenn der behinderte Mensch nicht arbeitslos ist und durch Mobilitätshilfen eine dauerhafte Teilhabe am Arbeitsleben erreicht werden kann.

Art. 3 SGB IX

(2) Förderungsfähig sind auch berufliche Aus- und Weiterbildungen, die im Rahmen des Berufsausbildungsgesetzes oder der Handwerksordnung abweichend von den Ausbildungsordnungen für staatlich anerkannte Ausbildungsberufe oder in Sonderformen für behinderte Menschen durchgeführt werden. Die Förderung kann bei Bedarf ausbildungsbegleitende Hilfen und Übergangshilfen nach dem Ersten Abschnitt des Sechsten Kapitels umfassen.

(3) Anspruch auf Berufsausbildungsbeihilfe besteht auch, wenn der behinderte Mensch während der beruflichen Ausbildung im Haushalt der Eltern oder eines Elternteils wohnt. In diesen Fällen beträgt der allgemeine Bedarf 520 Deutsche Mark (ab 1.1.2002: 270 Euro) monatlich. Er beträgt 695 Deutsche Mark (ab 1.1.2002: 360 Euro), wenn der behinderte Mensch verheiratet ist oder das 21. Lebensjahr vollendet hat.

(4) Eine Verlängerung der Ausbildung über das vorgesehene Ausbildungsende hinaus, eine Wiederholung der Ausbildung ganz oder in Teilen sowie eine erneute berufliche Ausbildung wird gefördert, wenn Art oder Schwere der Behinderung es erfordern und ohne die Förderung eine dauerhafte Teilhabe am Arbeitsleben nicht erreicht werden kann.

(5) Berufliche Weiterbildung kann auch gefördert werden, wenn behinderte Menschen

1. nicht arbeitslos sind,
2. als Arbeitnehmer ohne Berufsabschluss noch nicht drei Jahre beruflich tätig gewesen sind oder
3. einer längeren Förderung als nichtbehinderte Menschen oder erneuten Förderung bedürfen, um am Arbeitsleben teilzuhaben oder weiter teilzuhaben.

Unterhaltsgeld können behinderte Menschen auch erhalten, wenn sie zur Teilnahme an einer Maßnahme, für die die besonderen Leistungen zur Teilhabe am Arbeitsleben erbracht werden, Übergangsgeld erhalten würden. Weiterbildungskosten können auch übernommen werden, wenn die Vorbeschäftigungszeit nicht erfüllt ist. Förderungsfähig sind auch schulische Ausbildungen, deren Abschluss für die Weiterbildung erforderlich ist.«

13. § 102 wird wie folgt geändert:

a) Absatz 1 Satz 1 Nr. 1 wird wie folgt gefasst:

SGB IX Art. 3

»1. Art oder Schwere der Behinderung oder die Sicherung der Teilhabe am Arbeitsleben die Teilnahme an
   a) einer Maßnahme in einer besonderen Einrichtung für behinderte Menschen oder
   b) einer sonstigen auf die besonderen Bedürfnisse behinderter Menschen ausgerichteten Maßnahme
   unerlässlich machen oder«.

b) In Absatz 1 Satz 2 wird das Wort »Behinderte« durch die Wörter »behinderte Menschen« ersetzt.

c) Absatz 2 wird wie folgt gefasst:
»(2) Leistungen im Eingangsverfahren und im Berufsbildungsbereich der Werkstätten für behinderte Menschen werden nach § 40 des Neunten Buches erbracht.«

14. § 103 wird wie folgt geändert:

   a) Nummer 1 wird wie folgt gefasst:
      »1. das Übergangsgeld nach den §§ 160 bis 163,«.
   b) In Nummer 3 wird das Wort »und« gestrichen und ein Punkt angefügt.
   c) Die Nummer 4 wird aufgehoben.

15. In § 104 Abs. 1 werden nach dem Wort »Behinderte« das Wort »Menschen« eingefügt und in Nummer 2 die Wörter »Arbeitstrainingsbereich einer anerkannten Werkstatt für Behinderte« durch die Wörter »Berufsbildungsbereich einer Werkstatt für behinderte Menschen« ersetzt.

16. § 105 wird wie folgt geändert:

   a) In Absatz 1 Nr. 1, 3 und 4 wird jeweils das Wort »Behinderte« durch die Wörter »behinderte Mensch« ersetzt.
   b) In Absatz 1 Nr. 2 wird das Wort »Behinderte« durch die Wörter »behinderte Menschen« ersetzt.
   c) In Absatz 2 wird das Wort »Behinderten« durch die Wörter »behinderten Menschen« ersetzt.

17. § 106 wird wie folgt geändert:

   a) In Absatz 1 wird das Wort »Behinderte« durch die Wörter »behinderte Mensch« ersetzt.
   b) In Absatz 2 wird das Wort »Behinderten« durch die Wörter »behinderten Menschen« ersetzt.

18. In der Überschrift und im Text des § 107 wird jeweils das Wort »Behinderte« durch die Wörter »behinderte Menschen« ersetzt.

19. § 108 wird wie folgt geändert:

    a) In Absatz 1 wird das Wort »Behinderte« durch die Wörter »behinderte Menschen« ersetzt.

    b) In Absatz 2 Nr. 1 wird das Wort »Behinderten« durch die Wörter »behinderten Menschen« ersetzt.

    c) In Absatz 2 Nr. 2 wird das Wort »Behinderte« durch die Wörter »behinderte Mensch« ersetzt.

20. § 109 Abs. 1 wird wie folgt gefasst:

    »(1) Teilnahmekosten bestimmen sich nach den §§ 33, 44, 53 und 54 des Neunten Buches. Sie beinhalten auch weitere Aufwendungen, die wegen Art und Schwere der Behinderung unvermeidbar entstehen, sowie Kosten für Sonderfälle der Unterkunft und Verpflegung.«

21. § 110 wird aufgehoben.

22. § 111 wird wie folgt gefasst:

    »§ 111
    Sonderfälle der Unterbringung und Verpflegung

    Wird der behinderte Mensch auswärtig, aber nicht in einem Wohnheim, Internat, einer besonderen Einrichtung für behinderte Menschen oder beim Ausbildenden mit voller Verpflegung untergebracht, so wird ein Betrag in Höhe von 495 Deutsche Mark (ab 1.1.2002: 260 Euro) monatlich zuzüglich der nachgewiesenen behinderungsbedingten Mehraufwendungen erbracht.«

23. Die §§ 112, 113 und 114 werden aufgehoben.

24. In § 115 werden die Wörter »beruflichen Eingliederung« durch die Wörter »Teilhabe am Arbeitsleben« ersetzt.

25. § 116 Nr. 3 wird wie folgt gefasst:

    »3. Übergangsgeld bei Teilnahme an Leistungen zur Teilhabe am Arbeitsleben,«.

26. In § 125 Abs. 2 Satz 1 und 3 werden jeweils die Wörter »Maßnahmen zur Rehabilitation oder zur beruflichen Eingliederung Behinderter« durch die Wörter »Leistungen zur medizinischen Rehabilitation oder zur Teilhabe am Arbeitsleben« ersetzt.

SGB IX **Art. 3**

27. In § 126 Abs. 2 Satz 1 werden vor dem Punkt die Wörter »oder behindert und auf Hilfe angewiesen ist« eingefügt.

28. In § 134 Abs. 2 Nr. 7 werden die Wörter »berufsfördernden Maßnahme zur Rehabilitation oder wegen einer Maßnahme zur Förderung der beruflichen Eingliederung Behinderter« durch die Wörter »Leistung zur Teilhabe am Arbeitsleben« ersetzt.

29. § 139 wird wie folgt gefasst:

»§ 139
Berechnung und Leistung

Das Arbeitslosengeld wird für Kalendertage gezahlt; wird es für einen Kalendermonat gezahlt, wird dieser mit 30 Tagen angesetzt.«

30. In § 142 Abs. 1 Nr. 2 werden nach dem Komma hinter dem Wort »Gesetz« die folgenden Wörter eingefügt:

»dem eine Leistung zur Teilhabe zugrunde liegt, wegen der der Arbeitslose keine ganztägige Erwerbstätigkeit ausüben kann,«.

31. In § 144 Abs. 1 Nr. 3 werden die Wörter » beruflichen Eingliederung Behinderter« durch die Wörter »Teilhabe am Arbeitsleben« ersetzt.

32. § 160 wird wie folgt gefasst:

»§ 160
Voraussetzungen

Behinderte Menschen haben Anspruch auf Übergangsgeld, wenn

1. die Vorbeschäftigungszeit für das Übergangsgeld erfüllt ist und
2. sie an einer Maßnahme der Berufsausbildung, der Berufsvorbereitung einschließlich einer wegen der Behinderung erforderlichen Grundausbildung oder an einer Maßnahme der beruflichen Weiterbildung teilnehmen, für die die besonderen Leistungen erbracht werden.

Im Übrigen gelten die Vorschriften des Kapitels 6 des Neunten Buches, soweit in diesem Buch nichts Abweichendes bestimmt ist.«

33. In § 161 Abs. 1 wird das Wort »Behinderte« durch die Wörter »behinderte Mensch« ersetzt.

34. § 162 wird wie folgt geändert:

a) In der Überschrift wird das Wort »Behinderte« durch die Wörter »Behinderte Menschen« ersetzt.

Art. 3   **SGB IX**

b) In Satz 1 wird das Wort »Behinderte« durch die Wörter »Behinderte Menschen« und das Wort »Behinderten« durch die Wörter »behinderten Menschen« ersetzt.

c) In Satz 2 wird das Wort »Behinderte« durch die Wörter »behinderte Mensch« ersetzt.

35. Die §§ 163 bis 168 werden aufgehoben.

36. In § 192 Satz 2 Nr. 5 und § 196 Satz 2 Nr. 5 werden jeweils die Wörter »berufsfördernden Maßnahme« durch die Wörter »Leistung zur Teilhabe am Arbeitsleben« ersetzt.

37. In § 218 Abs. 1 Nr. 2 werden die Wörter »Schwerbehinderte oder sonstige Behinderte« durch die Wörter »schwerbehinderte oder sonstige behinderte Menschen« ersetzt.

38. § 222a wird wie folgt geändert:

a) In der Überschrift wird das Wort »Schwerbehinderte« durch die Wörter »schwerbehinderte Menschen« ersetzt.

b) In Absatz 1 wird das Wort »Schwerbehinderte« durch die Wörter »schwerbehinderte Menschen« und die Angabe »§ 33 Abs. 1 Nr. 3 Buchstabe a bis d des Schwerbehindertengesetzes« durch die Angabe »§ 104 Abs. 1 Nr. 3 Buchstabe a bis d des Neunten Buches« ersetzt.

c) In Absatz 2 wird das Wort »Schwerbehinderten« durch die Wörter »schwerbehinderten Menschen« und das Wort »Schwerbehinderte« durch die Wörter »schwerbehinderte Menschen« ersetzt.

d) Absatz 3 wird wie folgt geändert:

    aa) Es werden das Wort »Schwerbehinderte« durch die Wörter »schwerbehinderte Menschen« und das Wort »Schwerbehindertengesetz« durch die Wörter »Teil 2 des Neunten Buches« ersetzt.

    bb)[1] Dem Absatz 3 wird folgender Satz angefügt: »Zudem ist bei der Festlegung der Dauer der Förderung eine geförderte befristete Vorbeschäftigung beim Arbeitgeber entsprechend zu berücksichtigen.«

e) Absatz 4 wird wie folgt geändert:

    aa) Das Wort »Schwerbehinderte« wird durch die Wörter »schwerbehinderte Menschen« ersetzt.

---

1 In Kraft ab 1.10.2000.

SGB IX   **Art. 3**

bb)[1] Dem Absatz 4 wird folgender Satz angefügt:

»Zeiten einer geförderten befristeten Beschäftigung beim Arbeitgeber sind entsprechend zu berücksichtigen.«

f) In Absatz 5 wird das Wort »Schwerbehinderte« durch die Wörter »schwerbehinderte Menschen« und die Angabe »§ 2 des Schwerbehindertengesetzes« durch die Angabe »§ 2 Abs. 3 des Neunten Buches« ersetzt.

39.[1] § 223 wird wie folgt geändert:

a) In Absatz 1 Nr. 2 wird der Punkt durch ein Semikolon ersetzt und folgender Halbsatz angefügt:

»dies gilt nicht, wenn es sich um die befristete Beschäftigung schwerbehinderter Menschen im Sinne des § 104 Abs. 1 Nr. 3 Buchstabe a bis d des Neuntes Buch handelt.«

b) In Absatz 2 Satz 1 wird das Wort »Schwerbehinderte« jeweils durch die Wörter »schwerbehinderte Menschen« ersetzt.

40. In § 224 Satz 2 wird das Wort »Schwerbehinderte« durch die Wörter »schwerbehinderte Menschen« und das Wort »Schwerbehinderten« durch die Wörter »schwerbehinderten Menschen« ersetzt.

41. § 226 Abs.1 Nr. 1 Buchstabe d wird wie folgt gefasst:

»d) die Voraussetzungen erfüllt, um Entgeltersatzleistungen bei beruflicher Weiterbildung oder bei Leistungen zur Teilhabe am Arbeitsleben zu erhalten.«

42. In der Überschrift des Zweiten Abschnitts (vor § 235) werden die Wörter »beruflichen Eingliederung Behinderter« durch die Wörter »Teilhabe am Arbeitsleben« ersetzt.

43. § 235a wird wie folgt geändert:

a) In der Überschrift wird das Wort »Schwerbehinderter« durch die Wörter »schwerbehinderter Menschen« ersetzt.

b) In Absatz 1 wird das Wort »Schwerbehinderten« durch die Wörter »schwerbehinderten Menschen«, die Angabe »§ 33 Abs. 1 Nr. 3 Buchstabe e des Schwerbehindertengesetzes« durch die Angabe »§ 104 Abs. 1 Nr. 3 Buchstabe e des Neunten Buches« ersetzt und werden die Wörter »in Ausbildungsberufen« gestrichen.

c) In Absatz 3 wird das Wort »Schwerbehinderter« durch die Wörter »schwerbehinderter Menschen« ersetzt.

1 In Kraft ab 1.10.2000.

Art. 3 **SGB IX**

44. In der Überschrift des Zweiten Unterabschnitts des Zweiten Abschnitts des Fünften Kapitels werden die Wörter »beruflichen Eingliederung Behinderter« durch die Wörter »Teilhabe am Arbeitsleben« ersetzt.

45. § 236 wird wie folgt geändert:

   a) In der Überschrift wird das Wort »Behinderter« durch die Wörter »behinderter Menschen« ersetzt.
   b) In Absatz 1 wird das Wort »Behinderten« durch die Wörter »behinderten Menschen« ersetzt.

46. § 237 wird wie folgt geändert:

   a) In der Überschrift wird das Wort »Behinderte« durch die Wörter »behinderte Menschen« ersetzt.
   b) Die Wörter »berufliche Eingliederung Behinderter« werden durch die Wörter »Teilhabe am Arbeitsleben« ersetzt.
   c) Das Wort »Schwerbehindertengesetz« wird durch die Wörter »Teil 2 des Neunten Buches« ersetzt.

47. § 238 wird wie folgt geändert:

   a) In der Überschrift wird das Wort »Behinderter« durch die Wörter »behinderter Menschen« ersetzt.
   b) Im Text wird das Wort »Behinderter« durch die Wörter »behinderter, schwerbehinderter und ihnen gleichgestellter Menschen im Sinne von § 2 des Neunten Buches« ersetzt.
   c) Die Wörter »beruflichen Eingliederung« und »berufliche Eingliederung« werden jeweils durch die Wörter »Teilhabe am Arbeitsleben« ersetzt.

48. In der Überschrift des Zweiten Abschnitts des Sechsten Kapitels werden die Wörter »zur beruflichen Eingliederung Behinderter« durch die Wörter »der beruflichen Rehabilitation« ersetzt.

49. § 248 wird wie folgt geändert:

   a) In Absatz 1 Satz 1 und Absatz 2 werden jeweils die Wörter »zur beruflichen Eingliederung Behinderter« durch die Wörter »Einrichtung der beruflichen Rehabilitation« ersetzt.
   b) In Absatz 1 Satz 2 Nr. 1 und 2 wird jeweils das Wort »Behinderter« durch die Wörter »behinderter Menschen« ersetzt.

50. In § 250 Satz 1 werden die Wörter »zur beruflichen Eingliederung Behinderter« durch die Wörter »der beruflichen Rehabilitation« ersetzt.

SGB IX **Art. 3**

51. § 263 Abs. 1 Nr. 2 wird wie folgt gefasst:

    »2. die Voraussetzungen erfüllen, um Entgeltersatzleistungen bei Arbeitslosigkeit, bei beruflicher Weiterbildung oder bei Leistungen zur Teilhabe am Arbeitsleben zu erhalten.«

52. § 264 Abs. 5 wird wie folgt geändert:

    a) In Satz 1 wird das Wort »Schwerbehinderten« durch die Wörter »schwerbehinderten Menschen« und die Angabe »§ 1 des Schwerbehindertengesetzes« durch die Angabe »§ 2 Abs. 2 des Neunten Buches« ersetzt.

    b) In Satz 2 wird die Angabe »§ 31 Abs. 3a des Schwerbehindertengesetzes« durch die Angabe »§ 108 des Neunten Buches« ersetzt.

53. § 318 wird wie folgt geändert:

    a) In der Überschrift werden die Wörter »beruflicher Eingliederung Behinderter« durch die Wörter »Leistungen zur Teilhabe am Arbeitsleben« ersetzt.

    b) In Satz 1 werden die Wörter »Maßnahme zur beruflichen Eingliederung« durch die Wörter »Leistung zur Teilhabe am Arbeitsleben« ersetzt.

54. In § 321 Nr. 2 werden die Wörter »beruflicher Eingliederung Behinderter« durch die Wörter »bei einer Leistung zur Teilhabe am Arbeitsleben« ersetzt.

55. In § 335 Abs. 2 Satz 2 werden die Wörter »Maßnahme zur Rehabilitation« durch die Wörter »Leistung zur medizinischen Rehabilitation oder zur Teilhabe am Arbeitsleben« ersetzt.

56. In § 339 Satz 3 Nr. 1 werden die Wörter »Maßnahme zur beruflichen Eingliederung Behinderter« durch die Wörter »Leistung zur Teilhabe am Arbeitsleben« ersetzt.

57. In § 344 Abs. 3 werden die Wörter »Personen, die als Behinderte« durch die Wörter »behinderte Menschen, die« und die Wörter »Werkstätte für Behinderte« durch die Wörter »Werkstatt für behinderte Menschen« ersetzt.

58. In § 345 Nr. 1 und § 347 Nr. 1 werden jeweils die Wörter »für Behinderte an Maßnahmen teilnehmen« durch die Wörter »der beruflichen Rehabilitation Leistungen erhalten« ersetzt.

59. § 346 Abs. 2 Nr. 2 wird wie folgt gefasst:

»2. behinderte Menschen, die in einer anerkannten Werkstatt für behinderte Menschen oder in einer nach dem Blindenwarenvertriebsgesetz anerkannten Blindenwerkstätte beschäftigt sind und deren monatliches Bruttoarbeitsentgelt ein Fünftel der monatlichen Bezugsgröße nicht übersteigt,«.

60. In § 349 Abs. 1 werden die Wörter »für Behinderte an einer Maßnahme teilnehmen« durch die Wörter »der beruflichen Rehabilitation Leistungen erhalten« ersetzt.

61. § 411 wird wie folgt geändert:

   a) Absatz 2 wird aufgehoben.
   b) Die Absatzbezeichnung »(1)« wird gestrichen.

62.[1] § 414 wird aufgehoben.

63. In § 430 Abs. 2 und § 434b Abs. 1 Satz 2 werden jeweils die Wörter »beruflichen Eingliederung Behinderter« durch die Wörter »Teilhabe am Arbeitsleben« ersetzt.

64. § 434a Satz 3 wird aufgehoben.

Artikel 4

Änderung des Vierten Buches Sozialgesetzbuch – Gemeinsame Vorschriften für die Sozialversicherung –

In § 2 Abs. 2 Nr. 2 des Vierten Buches Sozialgesetzbuch – Gemeinsame Vorschriften für die Sozialversicherung – (Artikel 1 des Gesetzes vom 23. Dezember 1976, BGBl. I S. 3845), das zuletzt durch Artikel 1 des Gesetzes vom 3. April 2001 (BGBl. I S. 467) geändert worden ist, wird das Wort »Behinderte« durch die Wörter »behinderte Menschen« ersetzt.

---

1 In Kraft ab 1.8.2001.

Artikel 5

Änderung des Fünften Buches Sozialgesetzbuch
– Gesetzliche Krankenversicherung –

Das Fünfte Buch Sozialgesetzbuch – Gesetzliche Krankenversicherung – (Artikel 1 des Gesetzes vom 20. Dezember 1988, BGBl. I S. 2477), zuletzt geändert durch Artikel 6 des Gesetzes vom 13. Juni 2001 (BGBl. I S. 1027), wird wie folgt geändert:

1. In § 2 Abs. 2 Satz 1 werden nach dem Wort »dieses« die Wörter »oder das Neunte« eingefügt und das Wort »vorsieht« durch das Wort »vorsehen« ersetzt.

2. § 5 Abs. 1 wird wie folgt geändert:

   a) In Nummer 6 werden die Wörter »berufsfördernden Maßnahmen zur Rehabilitation« durch die Wörter »Leistungen zur Teilhabe am Arbeitsleben« sowie das Wort »Berufsfindung« durch die Wörter »Abklärungen der beruflichen Eignung« ersetzt.

   b) In Nummer 7 werden das Wort »Behinderte« durch die Wörter »behinderte Menschen« ersetzt und die Wörter »nach dem Schwerbehindertengesetz« gestrichen.

   c) In Nummer 8 wird das Wort »Behinderte« durch die Wörter »behinderte Menschen« ersetzt.

3. § 8 Abs. 1 wird wie folgt geändert:

   a) In Nummer 4 werden die Wörter »berufsfördernden Maßnahme« durch die Wörter »Leistung zur Teilhabe am Arbeitsleben« ersetzt.

   b) In Nummer 7 wird das Wort »Behinderte« durch die Wörter »behinderte Menschen« ersetzt.

4. § 9 wird wie folgt geändert:

   a) In Absatz 1 Nr. 4 wird das Wort »Schwerbehinderte« durch die Wörter »schwerbehinderte Menschen« und die Wörter »§ 1 des Schwerbehindertengesetzes« durch die Wörter »Neunten Buches« ersetzt.

   b) In Absatz 2 Nr. 4 werden die Wörter »§ 4 des Schwerbehindertengesetzes« durch die Wörter »§ 68 des Neunten Buches« ersetzt.

5. In § 10 Abs. 2 Nr. 4 werden die Wörter »wegen körperlicher, geistiger oder seelischer Behinderung« durch die Wörter »als behinderte Menschen (§ 2 Abs. 1 Satz 1 des Neunten Buches)« ersetzt.

Art. 5 **SGB IX**

6. § 11 Abs. 2 wird wie folgt geändert:

   a) Satz 1 wird wie folgt gefasst:
   »Versicherte haben auch Anspruch auf Leistungen zur medizinischen Rehabilitation sowie auf unterhaltssichernde und andere ergänzende Leistungen, die notwendig sind, um eine Behinderung oder Pflegebedürftigkeit abzuwenden, zu beseitigen, zu mindern, auszugleichen, ihre Verschlimmerung zu verhüten oder ihre Folgen zu mildern.«

   b) Dem Absatz 2 wird folgender Satz angefügt:
   »Die Leistungen nach Satz 1 werden unter Beachtung des Neunten Buches erbracht, soweit in diesem Buch nichts anderes bestimmt ist.«

7. § 13 wird wie folgt geändert:

   a) In Absatz 1 werden nach dem Wort »dieses« die Wörter »oder das Neunte« eingefügt.

   b) Dem Absatz 3 wird folgender Satz angefügt:
   »Die Kosten für selbstbeschaffte Leistungen zur medizinischen Rehabilitation nach dem Neunten Buch werden nach § 15 des Neunten Buches erstattet.«

8. § 27 Abs. 1 Nr. 6 wird wie folgt gefasst:

   »6. Leistungen zur medizinischen Rehabilitation und ergänzende Leistungen.«

9. In § 33 Abs. 1 Satz 1 werden nach dem Wort »sichern« die Wörter », einer drohenden Behinderung vorzubeugen« eingefügt.

10. In § 36 Abs. 1 Satz 3 wird das Wort »Behinderten« durch die Wörter »behinderten Menschen« ersetzt.

11. In § 39 Abs. 1 Satz 3 werden der Punkt durch ein Semikolon ersetzt und folgende Wörter angefügt:

    »die akutstationäre Behandlung umfasst auch die im Einzelfall erforderlichen und zum frühestmöglichen Zeitpunkt einsetzenden Leistungen zur Frührehabilitation.«.

12. In § 40 wird die Überschrift wie folgt gefasst:

    »Leistungen zur medizinischen Rehabilitation«.

13. § 43 wird wie folgt geändert:

a) Die Wörter »als ergänzende Leistung« werden durch die Wörter »neben den Leistungen, die nach § 44 Abs. 1 Nr. 2 bis 6 sowie nach §§ 53 und 54 des Neunten Buches als ergänzende Leistungen zu erbringen sind,« ersetzt.
b) Die Nummer 1 wird aufgehoben; die bisherigen Nummern 2 und 3 werden Nummern 1 und 2.
c) In Nummer 2 werden die Wörter »berufsfördernden Leistungen zur Rehabilitation« durch die Wörter »Leistungen zur Teilhabe am Arbeitsleben« ersetzt.

14. In § 43a wird der Punkt durch ein Semikolon ersetzt und angefügt: »§ 30 des Neunten Buches bleibt unberührt.«

15. In § 45 Abs. 1 Satz 1 werden vor dem Punkt die Wörter »oder behindert und auf Hilfe angewiesen ist« eingefügt.

16. § 47 Abs. 5 wird aufgehoben.

17. Dem § 49 wird folgender Absatz 4 angefügt:

»(4) Erbringt ein anderer Träger der Sozialversicherung bei ambulanter Ausführung von Leistungen zur medizinischen Rehabilitation Verletztengeld, Versorgungskrankengeld oder Übergangsgeld, werden diesem Träger auf Verlangen seine Aufwendungen für diese Leistungen im Rahmen der nach § 13 Abs. 2 Nr. 7 des Neunten Buches vereinbarten gemeinsamen Empfehlungen erstattet.«

18. § 51 wird wie folgt geändert:

a) In der Überschrift wird das Wort »Rehabilitation« durch die Wörter »Leistungen zur Teilhabe« ersetzt.
b) In Absatz 1 werden jeweils die Wörter »Maßnahmen zur Rehabilitation« durch die Wörter »Leistungen zur medizinischen Rehabilitation und zur Teilhabe am Arbeitsleben« ersetzt.

19. Dem § 60 wird folgender Absatz 5 angefügt:

»(5) Im Zusammenhang mit Leistungen zur medizinischen Rehabilitation werden Fahr- und andere Reisekosten nach § 53 des Neunten Buches übernommen.«

20. § 73 Abs. 2 Nr. 5 wird wie folgt gefasst:

»5. Verordnung von Leistungen zur medizinischen Rehabilitation,«.

21. In § 79c Satz 2 werden nach dem Wort »Fachausschüsse« die Wörter »insbesondere für rehabilitationsmedizinische Fragen« eingefügt.

Art. 5 **SGB IX**

22. § 92 wird wie folgt geändert:

   a) Absatz 1 wird wie folgt geändert:
      aa) In Satz 1 zweiter Halbsatz werden nach dem Wort »Versorgung« die Wörter »behinderter oder von Behinderung bedrohter Menschen und« eingefügt.
      bb) Satz 2 Nr. 8 wird wie folgt gefasst:
         »8. Verordnung von im Einzelfall gebotenen Leistungen zur medizinischen Rehabilitation und die Beratung über Leistungen zur medizinischen Rehabilitation, Leistungen zur Teilhabe am Arbeitsleben und ergänzende Leistungen zur Rehabilitation.«
   b) In Absatz 5 werden nach dem Wort »Leistungserbringer« die Wörter », den Rehabilitationsträgern (§ 6 Abs. 1 Nr. 2 bis 7 des Neunten Buches) sowie der Bundesarbeitsgemeinschaft für Rehabilitation« eingefügt.

23. In § 107 Abs. 2 Nr. 1 Buchstabe b werden die Wörter »einer drohenden Behinderung oder Pflegebedürftigkeit vorzubeugen, sie nach Eintritt zu beseitigen, zu bessern oder eine Verschlimmerung zu verhüten« durch die Wörter »eine drohende Behinderung oder Pflegebedürftigkeit abzuwenden, zu beseitigen, zu mindern, auszugleichen, ihre Verschlimmerung zu verhüten oder ihre Folgen zu mildern« ersetzt.

24. In § 111 Abs. 1 und Abs. 2 Satz 1 Nr. 2 werden vor dem Wort »Rehabilitation« die Wörter »Leistungen zur medizinischen« eingefügt.

25. In § 111a Satz 1 werden die Wörter »medizinische Rehabilitationsleistungen« durch die Wörter »Leistungen zur medizinischen Rehabilitation« ersetzt.

26. In § 173 Abs. 4 werden die Wörter »berufsfördernde Maßnahmen« durch die Wörter »Leistungen zur Teilhabe am Arbeitsleben« ersetzt; das Wort »Behinderte« wird jeweils durch die Wörter »behinderte Menschen« ersetzt.

27. § 186 wird wie folgt geändert:

   a) In Absatz 5 werden die Wörter »berufsfördernden Maßnahmen zur Rehabilitation« durch die Wörter »Leistungen zur Teilhabe am Arbeitsleben« ersetzt.
   b) In Absatz 6 werden das Wort »Behinderter« durch die Wörter »behinderter Menschen« und das Wort »Behinderte« durch die Wörter »behinderte Menschen« ersetzt.

28. § 190 wird wie folgt geändert:

   a) In Absatz 7 werden die Wörter »berufsfördernden Maßnahmen zur Rehabilitation« durch die Wörter »Leistungen zur Teilhabe am Arbeitsleben« ersetzt.

   b) In Absatz 8 werden das Wort »Behinderten« durch die Wörter »behinderten Menschen« und das Wort »Behinderte« durch die Wörter »behinderte Menschen« ersetzt.

29. In § 192 Abs. 1 Nr. 3 werden die Wörter »medizinischen Maßnahme zur« durch die Wörter »Leistung zur medizinischen Rehabilitation« ersetzt.

30. § 200 Abs. 1 Satz 1 wird wie folgt geändert:

   a) In Nummer 1 wird das Wort »Behinderte« durch die Wörter »behinderte Menschen« ersetzt.

   b) In Nummer 2 werden die Wörter »berufsfördernde Maßnahmen zur Rehabilitation« durch die Wörter »Leistungen zur Teilhabe am Arbeitsleben« ersetzt.

31. § 235 wird wie folgt geändert:

   a) In Absatz 1 Satz 1 werden die Wörter »berufsfördernden Maßnahmen zur Rehabilitation« durch die Wörter »Leistungen zur Teilhabe am Arbeitsleben« ersetzt.

   b) In Absatz 3 wird das Wort »Behinderten« durch die Wörter »behinderten Menschen« ersetzt.

32. § 251 wird wie folgt geändert:

   a) In Absatz 1 werden die Wörter »berufsfördernden Maßnahmen zur Rehabilitation« durch die Wörter »Leistungen zur Teilhabe am Arbeitsleben« ersetzt.

   b) In Absatz 2 wird jeweils das Wort »Behinderten« durch die Wörter »behinderten Menschen« ersetzt.

33. § 275 wird wie folgt geändert:

   a) Absatz 1 Nr. 2 wird wie folgt gefasst:
   »2. zur Einleitung von Leistungen zur Teilhabe, insbesondere zur Koordinierung der Leistungen und Zusammenarbeit der Rehabilitationsträger nach den §§ 10 bis 12 des Neunten Buches, im Benehmen mit dem behandelnden Arzt,«.

   b) In Absatz 2 Nr. 1 werden die Wörter »stationäre Rehabilitations-

Art. 5-6 **SGB IX**

maßnahme« durch die Wörter »Leistungen zur medizinischen Rehabilitation« ersetzt.

34. In § 301 Abs. 1 Nr. 8 wird das Wort »Rehabilitationsmaßnahmen« durch die Wörter »Leistungen zur medizinischen Rehabilitation und ergänzende Leistungen« ersetzt.

Artikel 6

Änderung des Sechsten Buches Sozialgesetzbuch
– Gesetzliche Rentenversicherung –

Das Sechste Buch Sozialgesetzbuch – Gesetzliche Rentenversicherung – (Artikel 1 des Gesetzes vom 18. Dezember 1989, BGBl. I S. 2261, 1990 I S. 1337), zuletzt geändert durch Artikel 7 des Gesetzes vom 13. Juni 2001 (BGBl. I S. 1027), wird wie folgt geändert:

1. Die Inhaltsübersicht wird wie folgt geändert:

   a) Die Überschrift des Ersten Abschnitts des Zweiten Kapitels (vor § 9) wird wie folgt gefasst:
   »Leistungen zur Teilhabe«.

   b) Die Angabe zu § 9 wird wie folgt gefasst:
   »§ 9 Aufgabe der Leistungen zur Teilhabe«.

   c) Die Angabe zu § 14 wird wie folgt gefasst:
   »§ 14 (weggefallen)«.

   d) Die Überschrift des Zweiten Titels des Zweiten Unterabschnitts im Ersten Abschnitt des Zweiten Kapitels (vor § 15) wird wie folgt gefasst:
   »Leistungen zur medizinischen Rehabilitation und zur Teilhabe am Arbeitsleben«.

   e) Die Angabe zu § 15 wird wie folgt gefasst:
   »§ 15 Leistungen zur medizinischen Rehabilitation«.

   f) Die Angabe zu § 16 wird wie folgt gefasst:
   »§ 16 Leistungen zur Teilhabe am Arbeitsleben«.

   g) Die Angabe zu den §§ 17 bis 19 wird wie folgt gefasst:
   »§§ 17 bis 19 (weggefallen)«.

   h) Die Angabe zu § 21 wird wie folgt gefasst:
   »§ 21 Höhe und Berechnung«.

   i) Die Angabe zu den §§ 22 bis 27 wird wie folgt gefasst:

»§§ 22 bis 27 (weggefallen)«.

j) Die Angabe zu § 28 wird wie folgt gefasst:
»§ 28 Ergänzende Leistungen«.

k) Die Angabe zu den §§ 29 und 30 wird wie folgt gefasst:
»§§ 29 und 30 (weggefallen)«.

l) In der Überschrift des Sechsten Titels des Zweiten Unterabschnitts im Ersten Abschnitt des Zweiten Kapitels (vor § 32) wird das Wort »medizinischen« durch die Wörter »Leistungen zur medizinischen Rehabilitation« ersetzt.

m) In der Angabe zu § 32 wird das Wort »medizinischen« durch die Wörter »Leistungen zur medizinischen Rehabilitation« ersetzt.

n) In der Angabe zu § 37 wird das Wort »Schwerbehinderte« durch die Wörter »schwerbehinderte Menschen« ersetzt.

o) In der Angabe zu § 220 wird das Wort »Rehabilitation« durch die Wörter »Leistungen zur Teilhabe« ersetzt.

p) Die Überschrift des Dritten Unterabschnitts im Ersten Abschnitt des Fünften Kapitels (vor § 234) wird wie folgt gefasst: »(weggefallen)«.

q) Die Angabe zu den §§ 235 bis 235b wird wie folgt gefasst:
»§§ 235 bis 235b (weggefallen)«.

r) Die Angabe zu § 236a wird wie folgt gefasst:
»§ 236a Altersrente für schwerbehinderte Menschen«.

s) In der Angabe zu § 287b wird das Wort »Rehabilitation« durch die Wörter »Leistungen zur Teilhabe« ersetzt.

t) In der Überschrift des Zweiten Unterabschnitts im Zweiten Abschnitt des Fünften Kapitels (vor § 301) wird das Wort »Rehabilitation« durch das Wort »Teilhabe« ersetzt.

u) In der Angabe zu § 301 wird das Wort »Rehabilitation« durch das Wort »Teilhabe« ersetzt.

v) In der Angabe zu Anlage 22 wird das Wort »Schwerbehinderte« durch die Wörter »schwerbehinderte Menschen« ersetzt.

2. § 1 Satz 1 wird wie folgt geändert:

a) In den Nummern 2 und 3 werden jeweils das Wort »Behinderte« durch die Wörter »behinderte Menschen« ersetzt.

b) In Nummer 2 Buchstabe a werden die Wörter »nach dem Schwerbehindertengesetz« gestrichen.

3. In § 3 Satz 5 werden die Wörter »berufsfördernder Maßnahmen zur Rehabilitation« durch die Wörter »von Leistungen zur Teilhabe am Arbeitsleben« ersetzt.

Art. 6 **SGB IX**

4. In § 4 Abs. 3 Satz 1 Nr. 2 wird jeweils das Wort »Rehabilitation« durch die Wörter »der Ausführung von Leistungen zur medizinischen Rehabilitation oder zur Teilhabe am Arbeitsleben« ersetzt.

5. Die Überschrift des Ersten Abschnitts des Zweiten Kapitels (vor § 9) wird wie folgt gefasst:

   »Leistungen zur Teilhabe«.

6. § 9 wird wie folgt geändert:

   a) Die Überschrift wird wie folgt gefasst:
   »Aufgabe der Leistungen zur Teilhabe«.

   b) In Absatz 1 Satz 1 werden die Wörter »medizinische, berufsfördernde und ergänzende Leistungen zur Rehabilitation« durch die Wörter »Leistungen zur medizinischen Rehabilitation, Leistungen zur Teilhabe am Arbeitsleben sowie ergänzende Leistungen« ersetzt.

   c) In Absatz 1 Satz 2 1. Halbsatz wird das Wort »Rehabilitation« durch das Wort »Teilhabe« ersetzt.

   d) In Absatz 1 Satz 2 2. Halbsatz werden die Wörter »erfolgreicher Rehabilitation« durch die Wörter »erfolgreichen Leistungen zur Teilhabe« ersetzt.

   e) Absatz 2 Satz 2 wird aufgehoben.

7. § 10 wird wie folgt geändert:

   a) In Absatz 1 1. Halbsatz und Absatz 2 1. Halbsatz wird jeweils das Wort »Rehabilitation« durch das Wort »Teilhabe« ersetzt.

   b) In Absatz 1 Nr. 2 Buchstabe a und b werden jeweils die Wörter »medizinische oder berufsfördernde Leistungen« durch die Wörter »Leistungen zur medizinischen Rehabilitation oder zur Teilhabe am Arbeitsleben« ersetzt.

   c) In Absatz 1 Nr. 2 Buchstabe c werden die Wörter »berufsfördernde Leistungen« durch die Wörter »Leistungen zur Teilhabe am Arbeitsleben« ersetzt.

8. § 11 wird wie folgt geändert:

   a) In Absatz 1 wird das Wort »Rehabilitation« durch das Wort »Teilhabe« ersetzt.

   b) In Absatz 2 Satz 1 werden die Wörter »medizinischen Leistungen zur Rehabilitation« durch die Wörter »Leistungen zur medizinischen Rehabilitation« ersetzt.

   c) Absatz 2 Satz 2 wird wie folgt gefasst:
   »§ 55 Abs. 2 ist entsprechend anzuwenden.«

SGB IX **Art. 6**

    d) In Absatz 2a werden die Wörter »Berufsfördernde Leistungen zur Rehabilitation« durch die Wörter »Leistungen zur Teilhabe am Arbeitsleben« und die Wörter »medizinische Leistungen« durch die Wörter »Leistungen zur medizinischen Rehabilitation« ersetzt.

9. § 12 wird wie folgt geändert:

    a) In Absatz 1 wird das Wort »Rehabilitation« durch das Wort »Teilhabe« ersetzt.

    b) In Absatz 1 Nr. 5 Satz 2 werden die Wörter »berufsfördernden Leistungen« durch die Wörter »Leistungen zur Teilhabe am Arbeitsleben« ersetzt.

    c) In Absatz 2 Satz 1 werden die Wörter »Medizinische Leistungen zur Rehabilitation« durch die Wörter »Leistungen zur medizinischen Rehabilitation« ersetzt.

10. § 13 Abs. 2 wird wie folgt geändert:

    a) In Nummer 1 werden die Wörter »medizinische Leistungen zur Rehabilitation« durch die Wörter »Leistungen zur medizinischen Rehabilitation« und die Wörter »medizinischen Leistungen zur Rehabilitation« durch die Wörter »Ausführung von Leistungen zur medizinischen Rehabilitation« ersetzt.

    b) In den Nummern 2 und 3 werden jeweils die Wörter »medizinische Leistungen zur Rehabilitation« durch die Wörter »Leistungen zur medizinischen Rehabilitation« ersetzt.

11. § 14 wird aufgehoben.

12. Die Überschrift des Zweiten Titels des Zweiten Unterabschnitts im Ersten Abschnitt des Zweiten Kapitels (vor § 15) wird wie folgt gefasst:

»Leistungen zur medizinischen Rehabilitation und zur Teilhabe am Arbeitsleben«.

13. § 15 wird wie folgt geändert:

    a) In der Überschrift werden die Wörter »Medizinische Leistungen zur Rehabilitation« durch die Wörter »Leistungen zur medizinischen Rehabilitation« ersetzt.

    b) Absatz 1 wird wie folgt gefasst:

»(1) Die Träger der Rentenversicherung erbringen im Rahmen von Leistungen zur medizinischen Rehabilitation Leistungen nach den §§ 26 bis 31 des Neunten Buches, ausgenommen Leistungen

Art. 6 SGB IX

nach § 26 Abs. 2 Nr. 2 und § 30 des Neunten Buches. Zahnärztliche Behandlung einschließlich der Versorgung mit Zahnersatz wird nur erbracht, wenn sie unmittelbar und gezielt zur wesentlichen Besserung oder Wiederherstellung der Erwerbsfähigkeit, insbesondere zur Ausübung des bisherigen Berufs, erforderlich und soweit sie nicht als Leistung der Krankenversicherung oder als Hilfe nach Abschnitt 3 Unterabschnitt 4 des Bundessozialhilfegesetzes zu erbringen ist.«

   c) Absatz 2 wird wie folgt geändert:

      aa) In Satz 1 1. Halbsatz werden die Wörter »medizinischen Leistungen zur Rehabilitation« durch die Wörter »Leistungen zur medizinischen Rehabilitation« ersetzt.

      bb) In Satz 1 letzter Halbsatz werden nach dem Wort »Vertrag« die Wörter »nach § 21 des Neunten Buches« eingefügt.

   d) In Absatz 3 Satz 1 werden die Wörter »medizinischen Leistungen zur Rehabilitation« durch die Wörter »Leistungen zur medizinischen Rehabilitation« ersetzt.

14. § 16 wird wie folgt gefasst:

»§ 16
Leistungen zur Teilhabe am Arbeitsleben

Die Träger der Rentenversicherung erbringen die Leistungen zur Teilhabe am Arbeitsleben nach §§ 33 bis 38 des Neunten Buches sowie im Eingangsverfahren und im Berufsbildungsbereich der Werkstätten für behinderte Menschen nach § 40 des Neunten Buches.«

15. Die §§ 17 bis 19 werden aufgehoben.

16. § 20 wird wie folgt geändert:

   a) Absatz 1 wird wie folgt geändert:

      aa) Satz 1 Nr. 1 wird wie folgt gefasst:

         »1. von einem Träger der Rentenversicherung Leistungen zur medizinischen Rehabilitation oder Leistungen zur Teilhabe am Arbeitsleben oder sonstige Leistungen zur Teilhabe erhalten,«.

      bb) Satz 1 Nr. 2 wird aufgehoben.

      cc) In Satz 1 Nr. 3 werden die Wörter »stationären medizinischen oder bei stationären sonstigen Leistungen zur Rehabilitation« durch die Wörter »Leistungen zur medizinischen Rehabilitation oder sonstige Leistungen zur Teilhabe« ersetzt.

SGB IX **Art. 6**

dd) Die Sätze 2 und 3 werden aufgehoben.
b) Absatz 2 wird aufgehoben.

17. § 21 wird wie folgt gefasst:

»§ 21
Höhe und Berechnung

(1) Höhe und Berechnung des Übergangsgeldes bestimmen sich nach Teil 1 Kapitel 6 des Neunten Buches, soweit die Absätze 2 bis 4 nichts Abweichendes bestimmen.

(2) Die Berechnungsgrundlage für das Übergangsgeld wird für Versicherte, die Arbeitseinkommen erzielt haben, und für freiwillig Versicherte, die Arbeitsentgelt erzielt haben, aus 80 vom Hundert des Einkommens ermittelt, das den vor Beginn der Leistungen für das letzte Kalenderjahr (Bemessungszeitraum) gezahlten Beiträgen zugrunde liegt.

(3) § 49 des Neunten Buches wird mit der Maßgabe angewendet, dass Versicherte unmittelbar vor dem Bezug der dort genannten Leistungen Pflichtbeiträge geleistet haben.

(4) Versicherte, die unmittelbar vor Beginn der Arbeitsunfähigkeit oder, wenn sie nicht arbeitsunfähig sind, unmittelbar vor Beginn der medizinischen Leistungen Unterhaltsgeld, Arbeitslosengeld oder Arbeitslosenhilfe bezogen und die zuvor Pflichtbeiträge gezahlt haben, erhalten Übergangsgeld bei medizinischen Leistungen in Höhe des bei Krankheit zu erbringenden Krankengeldes (§ 47b des Fünften Buches).

(5) Für Versicherte, die im Bemessungszeitraum eine Bergmannsprämie bezogen haben, wird die Berechnungsgrundlage um einen Betrag in Höhe der gezahlten Bergmannsprämie erhöht.«

18. Die §§ 22 bis 27 werden aufgehoben.

19. § 28 wird wie folgt gefasst:

»§ 28
Ergänzende Leistungen

Die Leistungen zur Teilhabe werden außer durch das Übergangsgeld ergänzt durch die Leistungen nach § 44 Abs. 1 Nr. 2 bis 6 und Abs. 2 sowie den §§ 53 und 54 des Neunten Buches.«

Art. 6   **SGB IX**

20. § 29 wird aufgehoben.

21. § 30 wird aufgehoben.

22. § 31 wird wie folgt geändert:

    a) In Absatz 1 Satz 1 1. Halbsatz wird das Wort »Rehabilitation« durch das Wort »Teilhabe« ersetzt.

    b) In Absatz 1 Satz 1 Nr. 1 wird das Wort »Rehabilitationserfolges« durch die Wörter »Erfolges der Leistungen zur Teilhabe« ersetzt.

    c) In Absatz 2 Satz 1 letzter Halbsatz werden die Wörter »medizinische Leistungen« durch die Wörter »Leistungen zur medizinischen Rehabilitation« ersetzt.

    d) In Absatz 3 werden am Ende die Wörter »medizinischen, berufsfördernden und ergänzenden Leistungen zur Rehabilitation« durch die Wörter »Leistungen zur medizinischen Rehabilitation, die Leistungen zur Teilhabe am Arbeitsleben und die ergänzenden Leistungen« ersetzt.

23. In der Überschrift des Sechsten Titels des Zweiten Unterabschnitts im Ersten Abschnitt des Zweiten Kapitels (vor § 32) wird das Wort »medizinischen« durch die Wörter »Leistungen zur medizinischen Rehabilitation« ersetzt.

24. § 32 wird wie folgt geändert:

    a) In der Überschrift wird das Wort »medizinischen« durch die Wörter »Leistungen zur medizinischen Rehabilitation« ersetzt.

    b) In Absatz 1 Satz 1 und 2 werden jeweils die Wörter »und § 310 Abs. 1« gestrichen.

    c) In Absatz 1 Satz 1 werden die Wörter »medizinische Leistungen« durch die Wörter »Leistungen zur medizinischen Rehabilitation« ersetzt.

    d) In Absatz 3 wird die Angabe »§ 24 Abs. 1« durch die Angabe »§ 46 Abs. 1 des Neunten Buches« ersetzt.

    e) In Absatz 5 wird das Wort »Rehabilitationsaufwendungen« durch die Wörter »Aufwendungen für die Leistungen zur Teilhabe« ersetzt.

25. § 37 wird wie folgt geändert:

    a) In der Überschrift wird das Wort »Schwerbehinderte« durch die Wörter »schwerbehinderte Menschen« ersetzt.

    b) Satz 1 Nr. 2 wird wie folgt gefasst:

SGB IX **Art. 6**

»2. bei Beginn der Altersrente als schwerbehinderte Menschen (§ 2 Abs. 2 des Neunten Buches) anerkannt sind und«.

26. § 58 wird wie folgt geändert:
    a) In Absatz 1 Nr. 1 wird das Wort »Rehabilitation« durch die Wörter »medizinischen Rehabilitation oder zur Teilhabe am Arbeitsleben« ersetzt.
    b) In Absatz 3 wird das Wort »Rehabilitation« durch die Wörter »der Ausführung der Leistungen zur medizinischen Rehabilitation oder zur Teilhabe am Arbeitsleben« ersetzt.

27. § 116 wird wie folgt geändert:
    a) Absatz 1 wird aufgehoben.
    b) Absatz 2 wird wie folgt geändert:
        aa) Im 1. Halbsatz und im 2. Halbsatz Nr. 2 wird jeweils das Wort »Rehabilitation« durch die Wörter »medizinischen Rehabilitation oder zur Teilhabe am Arbeitsleben« ersetzt.
        bb) Im 2. Halbsatz Nr. 1 werden die Wörter »eine erfolgreiche Rehabilitation« durch die Wörter »ein Erfolg von Leistungen zur medizinischen Rehabilitation oder zur Teilhabe am Arbeitsleben« ersetzt.

28. § 162 wird wie folgt geändert:
    a) In Nummer 2 wird das Wort »Behinderten« durch die Wörter »behinderten Menschen« ersetzt.
    b) In Nummer 2a werden die Wörter »Behinderten, die im Anschluss an eine Beschäftigung in einer nach dem Schwerbehindertengesetz anerkannten Werkstatt für Behinderte in einem Integrationsprojekt (§ 53a des Schwerbehindertengesetzes)« durch die Wörter »behinderten Menschen, die im Anschluss an eine Beschäftigung in einer nach dem Neunten Buch anerkannten Werkstatt für behinderte Menschen in einem Integrationsprojekt (§ 132 des Neunten Buches)« ersetzt.

29. § 168 Abs. 1 wird wie folgt geändert:
    a) In Nummer 2 wird das Wort »Behinderten« durch die Wörter »behinderten Menschen« ersetzt.
    b) In Nummer 2a werden die Wörter »Behinderten, die im Anschluss an eine Beschäftigung in einer nach dem Schwerbehindertengesetz anerkannten Werkstatt für Behinderte in einem Integrationsprojekt (§ 53a des Schwerbehindertengesetzes)« durch die Wörter

»behinderten Menschen, die im Anschluss an eine Beschäftigung in einer nach dem Neunten Buch anerkannten Werkstatt für behinderte Menschen in einem Integrationsprojekt (§ 132 des Neunten Buches)« ersetzt.

30. § 179 wird wie folgt geändert:
   a) In Absatz 1 werden jeweils das Wort »Behinderte« durch die Wörter »behinderte Menschen«, die Wörter »dem Schwerbehindertengesetz anerkannten Werkstatt für Behinderte« durch die Wörter »dem Neunten Buch anerkannten Werkstatt für behinderte Menschen« und die Angabe »§ 53a des Schwerbehindertengesetzes« durch die Angabe »§ 132 des Neunten Buches« ersetzt.
   b) Absatz 1a wird wie folgt geändert:
      aa) In Satz 1 werden nach der Angabe »Satz 1« die Wörter »und 3« angefügt.
      bb) In Satz 2 wird das Wort »Behinderten« durch die Wörter »behinderten Menschen« ersetzt.

31. § 220 wird wie folgt geändert:
   a) In der Überschrift wird das Wort »Rehabilitation« durch die Wörter »Leistungen zur Teilhabe« ersetzt.
   b) In Absatz 1 Satz 1 und Absatz 2 wird jeweils das Wort »Rehabilitation« durch das Wort »Teilhabe« ersetzt.

32. Die Überschrift des Dritten Unterabschnitts im Ersten Abschnitt des Fünften Kapitels (vor § 234) wird wie folgt gefasst:

»(weggefallen)«.

33. Die §§ 235 bis 235b werden aufgehoben.

34. § 236a wird wie folgt geändert:
   a) In der Überschrift und in Satz 1 Nr. 2 wird das Wort »Schwerbehinderte« jeweils durch das Wort »schwerbehinderte Menschen« ersetzt.
   b) In Satz 1 Nr. 2 und Satz 5 Nr. 1 wird die Angabe »(§ 1 Schwerbehindertengesetz)« jeweils durch die Angabe »(§ 2 Abs. 2 des Neunten Buches)« ersetzt.

35. In § 240 Abs. 2 Satz 3 werden die Wörter »beruflichen Rehabilitation« durch die Wörter »Teilhabe am Arbeitsleben« ersetzt.

36. In § 252 Abs. 3 Satz 1, Abs. 6 Satz 1 Nr. 1 und Abs. 7 Satz 1 Nr. 1 wer-

SGB IX **Art. 6**

den jeweils das Wort »Rehabilitation« durch die Wörter »medizinischen Rehabilitation oder zur Teilhabe am Arbeitsleben« ersetzt.

37. § 287b wird wie folgt geändert:

   a) In der Überschrift wird das Wort »Rehabilitation« durch die Wörter »Leistungen zur Teilhabe« ersetzt.

   b) In Absatz 2 Satz 1 und 4 wird jeweils das Wort »Rehabilitation« durch das Wort »Teilhabe« ersetzt.

38. In der Überschrift des Zweiten Unterabschnitts im Zweiten Abschnitt des Fünften Kapitels (vor § 301) wird das Wort »Rehabilitation« durch das Wort »Teilhabe« ersetzt.

39. § 301 wird wie folgt geändert:

   a) In der Überschrift wird das Wort »Rehabilitation« durch das Wort »Teilhabe« ersetzt.

   b) In Absatz 1 und 3 wird jeweils das Wort »Rehabilitation« durch das Wort »Teilhabe« ersetzt.

40. In § 61 Abs. 3 Nr. 3, § 100 Abs. 3 Satz 2, § 102 Abs. 2a, § 111 Abs. 1 und § 115 Abs. 4 wird jeweils das Wort »Rehabilitation« durch die Wörter »medizinischen Rehabilitation oder zur Teilhabe am Arbeitsleben« ersetzt.

41. In § 148 Abs. 1 Satz 2 Nr. 3, § 219 Abs. 1, § 223 Abs. 3 Satz 1 und § 313a Satz 2 Nr. 2 wird jeweils das Wort »Rehabilitation« durch das Wort »Teilhabe« ersetzt.

42. In § 163 Abs. 5 Satz 3, § 166 Abs. 1 Nr. 5, § 170 Abs. 1 Nr. 5, § 229 Abs. 5 Nr. 2 und § 276 Abs. 2 wird jeweils das Wort »Rehabilitation« durch die Wörter »der Ausführung von Leistungen zur Teilhabe« ersetzt.

43. In § 33 Abs. 2 Nr. 3, § 50 Abs. 4 Nr. 2, § 89 Abs. 1 Nr. 3, §§ 103, 104, 302 Abs. 4 und in der Anlage 22 wird das Wort »Schwerbehinderte« jeweils durch die Wörter »schwerbehinderte Menschen« ersetzt.

44. In § 34 Abs. 2 Satz 5 Nr. 2, § 95 Abs. 6 Nr. 2 und § 96a Abs. 1 Nr. 2 wird jeweils das Wort »Behinderter« durch die Wörter »behinderter Mensch« ersetzt.

45. In §§ 180, 256 Abs. 4 und § 291a Abs. 2 wird das Wort »Behinderte« jeweils durch die Wörter »behinderte Menschen« ersetzt.

Artikel 7

Änderung des Siebten Buches Sozialgesetzbuch
– Gesetzliche Unfallversicherung –

Das Siebte Buch Sozialgesetzbuch – Gesetzliche Unfallversicherung – (Artikel 1 des Gesetzes vom 7. August 1996, BGBl. I S. 1254), zuletzt geändert durch Artikel 5 des Gesetzes vom 21. März 2001 (BGBl. I S. 403), wird wie folgt geändert:

1. Die Inhaltsübersicht wird wie folgt geändert:

   a) Die Überschrift des Ersten Abschnitts des Dritten Kapitels (vor § 26) wird wie folgt gefasst:
   »Heilbehandlung, Leistungen zur Teilhabe am Arbeitsleben, Leistungen zur Teilhabe am Leben in der Gemeinschaft und ergänzende Leistungen, Pflege, Geldleistungen«.

   b) Die Überschrift des Dritten Unterabschnitts des Ersten Abschnitts des Dritten Kapitels (vor § 35) wird wie folgt gefasst:
   »Leistungen zur Teilhabe am Arbeitsleben«.

   c) Die Angabe zu § 35 wird wie folgt gefasst:
   »Leistungen zur Teilhabe am Arbeitsleben«.

   d) Die Angabe zu den §§ 36 bis 38 wird wie folgt gefasst:
   »§§ 36 bis 38 (weggefallen)«.

   e) Die Überschrift des Vierten Unterabschnitts des Ersten Abschnitts des Dritten Kapitels (vor § 39) wird wie folgt gefasst:
   »Leistungen zur Teilhabe am Leben in der Gemeinschaft und ergänzende Leistungen«.

   f) Die Angabe zu § 39 wird wie folgt gefasst:
   »Leistungen zur Teilhabe am Leben in der Gemeinschaft und ergänzende Leistungen«.

   g) Die Angabe zu § 42 wird wie folgt gefasst:
   »Haushaltshilfe und Kinderbetreuungskosten«.

   h) Die Überschrift des Sechsten Unterabschnitts des Dritten Kapitels (vor § 45) wird wie folgt gefasst:
   »Geldleistungen während der Heilbehandlung und der Leistungen zur Teilhabe am Arbeitsleben«.

   i) Die Angabe zu § 49 wird wie folgt gefasst:
   »Übergangsgeld«.

   j) Die Angabe zu § 50 wird wie folgt gefasst:
   »Höhe und Berechnung des Übergangsgeldes«.

SGB IX **Art. 7**

k) Die Angabe zu § 51 wird wie folgt gefasst:
»§ 51 (weggefallen)«.

2. § 2 Abs. 1 wird wie folgt geändert:

a) Nummer 4 wird wie folgt gefasst:
»4. behinderte Menschen, die in anerkannten Werkstätten für behinderte Menschen oder in nach dem Blindenwarenvertriebsgesetz anerkannten Blindenwerkstätten oder für diese Einrichtungen in Heimarbeit tätig sind,«.

b) In Nummer 15 Buchstabe a werden die Wörter »Leistungen stationärer oder teilstationärer medizinischer Rehabilitation« durch die Wörter »stationäre, teilstationäre oder ambulante Leistungen zur medizinischen Rehabilitation« ersetzt.

c) In Nummer 15 Buchstabe b werden die Wörter »berufsfördernden Maßnahmen zur Rehabilitation« durch die Wörter »Leistungen zur Teilhabe am Arbeitsleben« ersetzt.

3. § 11 wird wie folgt geändert:

a) In Absatz 1 Nr. 1 werden die Wörter »berufsfördernder Leistungen zur Rehabilitation« durch die Wörter »von Leistungen zur Teilhabe am Arbeitsleben« ersetzt.

b) In Absatz 2 Satz 1 werden die Wörter »berufsfördernden Leistungen zur Rehabilitation« durch die Wörter »Leistungen zur Teilhabe am Arbeitsleben« ersetzt.

4. Die Überschrift des Ersten Abschnitts des Dritten Kapitels (vor § 26) wird wie folgt gefasst:

»Heilbehandlung, Leistungen zur Teilhabe am Arbeitsleben, Leistungen zur Teilhabe am Leben in der Gemeinschaft und ergänzende Leistungen, Pflege, Geldleistungen«.

5. § 26 wird wie folgt geändert:

a) Absatz 1 wird wie folgt gefasst:
»(1) Versicherte haben nach Maßgabe der folgenden Vorschriften und unter Beachtung des Neunten Buches Anspruch auf Heilbehandlung einschließlich Leistungen zur medizinischen Rehabilitation, auf Leistungen zur Teilhabe am Arbeitsleben und am Leben in der Gemeinschaft, auf ergänzende Leistungen, auf Leistungen bei Pflegebedürftigkeit sowie auf Geldleistungen.«

b) Absatz 2 wird wie folgt geändert:

aa) Nummer 2 wird wie folgt gefasst:

»2. den Versicherten einen ihren Neigungen und Fähigkeiten entsprechenden Platz im Arbeitsleben zu sichern,«.

bb) Nummer 3 wird wie folgt gefasst:

»3. Hilfen zur Bewältigung der Anforderungen des täglichen Lebens und zur Teilhabe am Leben in der Gemeinschaft sowie zur Führung eines möglichst selbstständigen Lebens unter Berücksichtigung von Art und Schwere des Gesundheitsschadens bereitzustellen,«.

cc) In Nummer 4 werden die Wörter »zur Rehabilitation« durch die Wörter »zu Leistungen zur Teilhabe am Arbeitsleben und am Leben in der Gemeinschaft« ersetzt.

c) Absatz 4 wird wie folgt geändert:

aa) In Satz 1 wird das Wort »Rehabilitation« durch das Wort »Teilhabe« ersetzt.

bb) In Satz 2 werden nach dem Wort »dieses« die Wörter »oder das Neunte« eingefügt und das Wort »vorsieht« durch das Wort »vorsehen« ersetzt.

d) In Absatz 5 Satz 1 wird das Wort »Rehabilitation« durch die Wörter »der Leistungen zur Teilhabe« ersetzt.

6. In § 27 Abs. 1 Nr. 7 werden die Wörter »einschließlich Belastungserprobung und Arbeitstherapie« durch die Wörter »nach § 26 Abs. 2 Nr. 1 und 3 bis 7 und Abs. 3 des Neunten Buches« ersetzt.

7. Dem § 34 Abs. 8 wird folgender Satz angefügt:

»Soweit die Stellen Leistungen zur medizinischen Rehabilitation ausführen oder an ihrer Ausführung beteiligt sind, werden die Beziehungen durch Verträge nach § 21 des Neunten Buches geregelt.«

8. Die Überschrift des Dritten Unterabschnitts des Ersten Abschnitts des Dritten Kapitels (vor § 35) wird wie folgt gefasst:

»Leistungen zur Teilhabe am Arbeitsleben«.

9. § 35 wird wie folgt gefasst:

»§ 35
Leistungen zur Teilhabe am Arbeitsleben

(1) Die Unfallversicherungsträger erbringen die Leistungen zur Teilhabe am Arbeitsleben nach den §§ 33 bis 38 des Neunten Buches sowie in Werkstätten für behinderte Menschen nach den §§ 40 und 41 des Neun-

ten Buches, soweit in den folgenden Absätzen nichts Abweichendes bestimmt ist.

(2) Die Leistungen zur Teilhabe am Arbeitsleben umfassen auch Hilfen zu einer angemessenen Schulbildung einschließlich der Vorbereitung hierzu oder zur Entwicklung der geistigen und körperlichen Fähigkeiten vor Beginn der Schulpflicht.

(3) Ist eine von Versicherten angestrebte höherwertige Tätigkeit nach ihrer Leistungsfähigkeit und unter Berücksichtigung ihrer Eignung, Neigung und bisherigen Tätigkeit nicht angemessen, kann eine Maßnahme zur Teilhabe am Arbeitsleben bis zur Höhe des Aufwandes gefördert werden, der bei einer angemessenen Maßnahme entstehen würde.

(4) Während einer auf Grund eines Gesetzes angeordneten Freiheitsentziehung werden Leistungen zur Teilhabe am Arbeitsleben erbracht, soweit Belange des Vollzugs nicht entgegenstehen.«

10. Die §§ 36 bis 38 werden aufgehoben.

11. Die Überschrift des Vierten Unterabschnitts des Ersten Abschnitts des Dritten Kapitels (vor § 39) wird wie folgt gefasst:

»Leistungen zur Teilhabe am Leben in der Gemeinschaft und ergänzende Leistungen«.

12. § 39 wird wie folgt geändert:

a) Die Überschrift wird wie folgt gefasst:
»Leistungen zur Teilhabe am Leben in der Gemeinschaft und ergänzende Leistungen«.
b) Absatz 1 wird wie folgt gefasst:
»(1) Neben den in § 44 Abs. 1 Nr. 2 bis 6 und Abs. 2 sowie in den §§ 53 und 54 des Neunten Buches genannten Leistungen umfassen die Leistungen zur Teilhabe am Leben in der Gemeinschaft und die ergänzenden Leistungen
1. Kraftfahrzeughilfe,
2. sonstige Leistungen zur Erreichung und zur Sicherstellung des Erfolges der Leistungen zur medizinischen Rehabilitation und zur Teilhabe.«

13. § 40 wird wie folgt geändert:

a) In Absatz 1 werden die Wörter »Eingliederung in das Berufsleben oder die Teilnahme am Leben in der Gemeinschaft« durch die

Art. 7 **SGB IX**

Wörter »Teilhabe am Arbeitsleben oder am Leben in der Gemeinschaft« ersetzt.

b) In Absatz 3 Satz 2 werden die Wörter »sozialen Rehabilitation« durch die Wörter »Teilhabe am Leben in der Gemeinschaft« ersetzt.

14. § 42 wird wie folgt gefasst:

»§ 42
Haushaltshilfe und Kinderbetreuungskosten

Haushaltshilfe und Leistungen zur Kinderbetreuung nach § 54 Abs. 1 bis 3 des Neunten Buches werden auch bei Leistungen zur Teilhabe am Leben in der Gemeinschaft erbracht.«

15. In § 43 Abs. 1 werden die Wörter »beruflichen Rehabilitation« durch die Wörter »Leistungen zur Teilhabe am Arbeitsleben« ersetzt.

16. In § 44 Abs. 3 werden die Wörter »berufliche Rehabilitation« durch die Wörter »Teilhabe am Arbeitsleben« und das Wort »Behinderte« durch die Wörter »behinderte Menschen« ersetzt.

17. Die Überschrift des Sechsten Unterabschnitts des Ersten Abschnitts des Dritten Kapitels (vor § 45) wird wie folgt gefasst:

»Geldleistungen während der Heilbehandlung und der Leistungen zur Teilhabe am Arbeitsleben«.

18. § 45 wird wie folgt geändert:

a) In Absatz 2 Satz 1 Nr. 1 werden die Wörter »berufsfördernde Leistungen zur Rehabilitation« durch die Wörter »Leistungen zur Teilhabe am Arbeitsleben« ersetzt.

b) In Absatz 2 Satz 2 werden die Wörter »berufsfördernde Maßnahmen« durch die Wörter »Leistungen zur Teilhabe am Arbeitsleben« ersetzt.

c) In Absatz 3 werden die Wörter »berufsfördernde Maßnahmen« durch die Wörter »Leistungen zur Teilhabe am Arbeitsleben« ersetzt.

19. In § 46 Abs. 3 Satz 2 werden die Wörter »berufsfördernde Leistungen« durch die Wörter »Leistungen zur Teilhabe am Arbeitsleben« ersetzt.

20. § 47 Abs. 7 wird aufgehoben.

21. § 49 wird wie folgt gefasst:

»§ 49
Übergangsgeld

Übergangsgeld wird erbracht, wenn Versicherte infolge des Versicherungsfalls Leistungen zur Teilhabe am Arbeitsleben erhalten.«

22. § 50 wird wie folgt gefasst:

»§ 50
Höhe und Berechnung des Übergangsgeldes

Höhe und Berechnung des Übergangsgeldes bestimmen sich nach den §§ 46 bis 51 des Neunten Buches, soweit dieses Buch nichts Abweichendes bestimmt; im Übrigen gelten die Vorschriften für das Verletztengeld entsprechend.«

23. § 51 wird aufgehoben.

24. In § 55 Abs. 4 werden die Wörter »berufsfördernde Leistungen« durch die Wörter »Leistungen zur Teilhabe am Arbeitsleben« ersetzt.

25. In § 177 Abs. 2 werden die Wörter »berufsfördernde und soziale Rehabilitation« durch die Wörter »Leistungen zur Teilhabe am Arbeitsleben und am Leben in der Gemeinschaft« ersetzt.

26. In § 193 Abs. 3 werden die Wörter »Leistungen stationärer medizinischer Rehabilitation« durch die Wörter »stationären Leistungen zur medizinischen Rehabilitation« ersetzt.

27. § 204 wird wie folgt geändert:
   a) Absatz 1 Satz 1 wird wie folgt geändert:
      aa) In Nummer 2 werden jeweils die Wörter »der Rehabilitation« durch die Wörter »zur Teilhabe« ersetzt.
      bb) In den Nummern 3, 4 und 6 wird jeweils das Wort »Rehabilitation« durch die Wörter »Maßnahmen zur Teilhabe« ersetzt.
      cc) In Nummer 5 werden das Wort »Rehabilitationsleistungen« durch die Wörter »Leistungen zur Teilhabe«, das Wort »Rehabilitations-Dokumentation« durch die Wörter »Rehabilitations- und Teilhabe-Dokumentation« und das Wort »Rehabilitation« durch die Wörter »Maßnahmen zur Teilhabe« ersetzt.
   b) In Absatz 2 Satz 1 Nr. 12 wird das Wort »Rehabilitation« durch das Wort »Teilhabe« ersetzt.

28. In § 206 Abs. 2 Satz 1 Nr. 1 wird das Wort »Rehabilitation« durch die Wörter »Maßnahmen zur Teilhabe« ersetzt.

29. In § 214 Abs. 1 Satz 2 werden die Wörter »der beruflichen Rehabilitation« durch die Wörter »zur Teilhabe am Arbeitsleben« ersetzt.

Artikel 8

Änderung des Achten Buches Sozialgesetzbuch
– Kinder- und Jugendhilfe –

Das Achte Buch Sozialgesetzbuch – Kinder- und Jugendhilfe – (Artikel 1 des Gesetzes vom 26. Juni 1990, BGBl. I S. 1163) in der Fassung der Bekanntmachung vom 8. Dezember 1998 (BGBl. I S. 3546), zuletzt geändert durch Artikel 3 § 55 des Gesetzes vom 16. Februar 2001 (BGBl. I S. 266), wird wie folgt geändert:

1. § 35a wird wie folgt geändert:

    a) Absatz 1 wird wie folgt gefasst:
    »(1) Kinder oder Jugendliche haben Anspruch auf Eingliederungshilfe, wenn
    1. ihre seelische Gesundheit mit hoher Wahrscheinlichkeit länger als sechs Monate von dem für ihr Lebensalter typischen Zustand abweicht und
    2. daher ihre Teilhabe am Leben in der Gesellschaft beeinträchtigt ist oder eine solche Beeinträchtigung zu erwarten ist.«

    b) Absatz 2 wird wie folgt gefasst:
    »(2) Die Hilfe wird nach dem Bedarf im Einzelfall
    1. in ambulanter Form,
    2. in Tageseinrichtungen für Kinder oder in anderen teilstationären Einrichtungen,
    3. durch geeignete Pflegepersonen und
    4. in Einrichtungen über Tag und Nacht sowie sonstigen Wohnformen geleistet.«

    c) Absatz 3 wird wie folgt gefasst:
    »(3) Aufgabe und Ziel der Hilfe, die Bestimmung des Personenkreises sowie die Art der Leistungen richten sich nach § 39 Abs. 3 und 4 Satz 1, den §§ 40 und 41 des Bundessozialhilfegesetzes, soweit diese Bestimmungen auch auf seelisch behinderte oder von einer solchen Behinderung bedrohte Personen Anwendung finden.«

    d) Der bisherige Absatz 3 wird Absatz 4.

2. In § 37 Abs.1 Satz 1, § 39 Abs. 1 und 2 Satz 2, 3 und 4, § 40 Satz 1, § 78a

SGB IX   **Art. 8-9**

Abs. 1 Nr. 5 Buchstabe a und b, § 91 Abs. 1 Nr. 5 Buchstabe a und b sowie in § 93 Abs. 4 Satz 2 wird die Angabe »§ 35a Abs. 1 Satz 2« durch die Angabe »§ 35a Abs. 2« ersetzt.

3. In § 40 wird die Angabe »§§ 36 und 37 Abs. 2 bis 4 sowie die §§ 37a, 37b und 38« durch die Angabe »§§ 36, 36a, 36b und 37« ersetzt.

Artikel 9

Änderung des Zehnten Buches Sozialgesetzbuch – Sozialverwaltungsverfahren und Sozialdatenschutz – (SGB X)

Das Zehnte Buch Sozialgesetzbuch – Sozialverwaltungsverfahren und Sozialdatenschutz – in der Fassung der Bekanntmachung vom 18. Januar 2001 (BGBl. I S. 130), zuletzt geändert durch Artikel 8 § 3 des Gesetzes vom 18. Mai 2001 (BGBl. I S. 904), wird wie folgt geändert:

1. In § 19 Abs. 1 wird nach Satz 1 folgender Satz angefügt:

   »Hörbehinderte Menschen haben das Recht, zur Verständigung in der Amtssprache Gebärdensprache zu verwenden; Aufwendungen für Dolmetscher sind von der Behörde oder dem für die Sozialleistung zuständigen Leistungsträger zu tragen.«

2. § 94 wird wie folgt geändert:

   a) Absatz 1 wird aufgehoben.
   b) Absatz 5 wird Absatz 1.
   c) Absatz 2 Satz 1 erster Halbsatz wird wie folgt gefasst:
      »Können nach anderen Büchern Arbeitsgemeinschaften gebildet werden, unterliegen diese staatlicher Aufsicht, die sich auf die Beachtung von Gesetz und sonstigem Recht erstreckt, das für die Arbeitsgemeinschaften, die Leistungsträger und ihre Verbände maßgebend ist;«.

Artikel 10

Änderung des Elften Buches Sozialgesetzbuch
– Soziale Pflegeversicherung –

Das Elfte Buch Sozialgesetzbuch – Soziale Pflegeversicherung – (Artikel 1 des Gesetzes vom 26. Mai 1994, BGBl. I S. 1014, 1015), zuletzt geändert durch Artikel 4 des Gesetzes vom 13. Juni 2001 (BGBl. I S. 1027), wird wie folgt geändert:

1. Die Inhaltsübersicht wird wie folgt geändert:

   a) In der Angabe zu § 5 wird vor dem Wort »Rehabilitation« das Wort »medizinischer« eingefügt.

   b) In der Angabe zu § 32 wird vor dem Wort »Rehabilitation« das Wort »medizinischen« eingefügt.

   c) In der Angabe zum Vierten Titel des dritten Abschnitts des Vierten Kapitels wird das Wort »Behindertenhilfe« durch die Wörter »Hilfe für behinderte Menschen« ersetzt.

2. § 5 wird wie folgt geändert:

   a) Die Überschrift wird wie folgt gefasst:
   »Vorrang von Prävention und medizinischer Rehabilitation«.

   b) In Absatz 1 werden die Wörter »Maßnahmen der Prävention, der Krankenbehandlung und der Rehabilitation« durch die Wörter »Leistungen der Prävention, der Krankenbehandlung und zur medizinischen Rehabilitation« ersetzt.

   c) In Absatz 2 werden die Wörter »medizinischen und ergänzenden Leistungen zur Rehabilitation« durch die Wörter »Leistungen zur medizinischen Rehabilitation und ergänzenden Leistungen« ersetzt.

3. § 6 wird wie folgt geändert:

   a) In Absatz 1 werden die Wörter »medizinische Rehabilitation« durch die Wörter »Leistungen zur medizinischen Rehabilitation« ersetzt.

   b) In Absatz 2 werden die Wörter »Maßnahmen der« durch die Wörter »Leistungen zur« ersetzt.

4. In § 8 Abs. 2 Satz 2 werden die Wörter »Maßnahmen der« durch die Wörter »Leistungen zur« ersetzt.

5. In § 10 Abs. 1 Satz 2 wird das Wort »Behinderten« durch die Wörter »behinderten Menschen« ersetzt.

SGB IX **Art. 10**

6. In § 12 Abs. 2 Satz 2 werden die Wörter »rehabilitative Maßnahmen« durch die Wörter »Leistungen zur medizinischen Rehabilitation« ersetzt.

7. In § 13 Abs. 3 Satz 3 wird das Wort »Behinderte« durch die Wörter »behinderte Menschen« ersetzt.

8. In § 17 Abs. 1 Satz 2 wird das Wort »Behinderten« durch die Wörter »behinderten Menschen« ersetzt.

9. § 18 wird wie folgt geändert:

   a) In Absatz 1 wird nach Satz 1 folgender Satz 2 eingefügt:
   »Die Prüfung erfolgt durch eine Befragung des Versicherten und seiner pflegenden Angehörigen zum Hilfebedarf bei den regelmäßig wiederkehrenden Verrichtungen des täglichen Lebens und eine sich anschließende Untersuchung des Versicherten.«
   b) In dem bisherigen Absatz 1 Satz 2 werden vor den Wörtern »medizinischen Rehabilitation« die Wörter »vorrangigen Leistungen zur« eingefügt.
   c) Nach Absatz 2 wird folgender Absatz 3 eingefügt:
   »(3) Befindet sich der Antragsteller im Krankenhaus oder einer stationären Rehabilitationseinrichtung und liegen Hinweise vor, dass zur Sicherstellung der ambulanten oder stationären Weiterversorgung und Betreuung eine Begutachtung im Krankenhaus erforderlich ist, ist die Begutachtung unverzüglich, spätestens innerhalb einer Woche durchzuführen; die Frist kann durch regionale Vereinbarungen verkürzt werden.«
   d) Aus den Absätzen 3, 4, 5 und 6 werden die Absätze 4, 5, 6 und 7.
   e) In dem bisherigen Absatz 5 Satz 1 werden die Wörter »Maßnahmen zur Rehabilitation« durch die Wörter »Leistungen zur medizinischen Rehabilitation« ersetzt.

10. § 20 Abs. 1 wird wie folgt geändert:

    a) In Nummer 5 wird das Wort »Behinderte« durch die Wörter »behinderte Menschen« ersetzt.
    b) In Nummer 6 werden die Wörter »berufsfördernde Maßnahmen zur Rehabilitation« durch die Wörter »Leistungen zur Teilhabe am Arbeitsleben« und das Wort »Maßnahmen« durch das Wort »Leistungen« ersetzt.
    c) In Nummer 7 werden das Wort »Behinderte« durch die Wörter »Behinderte Menschen« und die Wörter »nach dem Schwerbehindertengesetz« gestrichen.

Art. 10 **SGB IX**

    d) In Nummer 8 wird das Wort »Behinderte« durch die Wörter »Behinderte Menschen« ersetzt.

11. In § 25 Abs. 2 Nr. 4 wird nach dem Wort »Behinderung« die Angabe »(§ 2 Abs. 1 des Neunten Buches)« eingefügt.

12. In § 28 Abs. 1 Nr. 9 wird das Wort »Behindertenhilfe« durch die Wörter »Hilfe für behinderte Menschen« ersetzt.

13. § 31 wird wie folgt geändert:

    a) In Absatz 1 Satz 1 wird das Wort »Rehabilitation« durch die Wörter »medizinischen Rehabilitation und ergänzenden Leistungen« ersetzt.
    b) In Absatz 1 Satz 2 wird das Wort »Rehabilitation« durch die Wörter »medizinischen Rehabilitation« ersetzt.
    c) In Absatz 3 werden die Wörter »Leistungen zur Rehabilitation« durch die Wörter »Leistungen zur medizinischen Rehabilitation« ersetzt und nach dem Wort »dies« die Wörter »dem Versicherten und« eingefügt.
    d) In Absatz 4 werden die Wörter »Leistungen zur Rehabilitation« durch die Wörter »Leistungen zur medizinischen Rehabilitation« ersetzt.

14. § 32 wird wie folgt geändert:

    a) In der Überschrift wird vor dem Wort »Rehabilitation« das Wort »medizinischen« eingefügt.
    b) Absatz 1 wird wie folgt gefasst:
    »(1) Die Pflegekasse erbringt vorläufige Leistungen zur medizinischen Rehabilitation, wenn eine sofortige Leistungserbringung erforderlich ist, um eine unmittelbar drohende Pflegebedürftigkeit zu vermeiden, eine bestehende Pflegebedürftigkeit zu überwinden, zu mindern oder eine Verschlimmerung der Pflegebedürftigkeit zu verhüten, und sonst die sofortige Einleitung der Leistungen gefährdet wäre.«
    c) In Absatz 2 werden nach dem Wort »rechtzeitig« ein Komma und die Wörter »spätestens jedoch vier Wochen nach Antragstellung,« eingefügt.

15. In § 34 Abs. 2 Satz 2 und Abs. 3 werden jeweils die Wörter »medizinischen Rehabilitationsmaßnahme« durch die Wörter »Leistung zur medizinischen Rehabilitation« ersetzt.

SGB IX   **Art. 10, 15**

16. In der Überschrift des Vierten Titels des dritten Abschnitts des Vierten Kapitels wird das Wort »Behindertenhilfe« durch die Wörter »Hilfe für behinderte Menschen« ersetzt.

17. In § 43a Satz 1 werden das Wort »Behindertenhilfe« durch die Wörter »Hilfe für behinderte Menschen«, die Wörter »berufliche und soziale Eingliederung« durch die Wörter »Teilhabe am Arbeitsleben und am Leben in der Gemeinschaft« und das Wort »Behinderte« durch die Wörter »behinderte Menschen« ersetzt.

18. § 71 Abs. 4 wird wie folgt gefasst:

    »(4) Stationäre Einrichtungen, in denen die Leistungen zur medizinischen Vorsorge, zur medizinischen Rehabilitation, zur Teilhabe am Arbeitsleben oder am Leben in der Gemeinschaft, die schulische Ausbildung oder die Erziehung kranker oder behinderter Menschen im Vordergrund des Zweckes der Einrichtung stehen, sowie Krankenhäuser sind keine Pflegeeinrichtungen im Sinne des Absatzes 2.«

19. In § 78 Abs. 2 Satz 3 und § 80 Abs. 1 Satz 2 wird jeweils das Wort »Behinderten« durch die Wörter »behinderten Menschen« ersetzt.

20. § 94 Abs. 1 Nr. 7 wird wie folgt gefasst:

    »7. die Beratung über Leistungen der Prävention und Teilhabe sowie über die Leistungen und Hilfen zur Pflege (§ 7).«

21. § 109 Abs. 2 Nr. 4 wird wie folgt gefasst:

    »4. Leistungen zur Prävention und Teilhabe.«

Artikel 15

Änderung des Bundessozialhilfegesetzes

Das Bundessozialhilfegesetz in der Fassung der Bekanntmachung vom 23. März 1994 (BGBl. I S. 646, 2975), zuletzt geändert durch Artikel 13 des Gesetzes vom 21. Dezember 2000 (BGBl. I S. 1983), wird wie folgt geändert:

1. Die Inhaltsübersicht wird wie folgt geändert:

   a) Die Angabe zu Abschnitt 3, Unterabschnitt 4 wird wie folgt gefasst: »Hilfe bei Krankheit, vorbeugende und sonstige Hilfe §§ 36 bis 38«.

Art. 15   **SGB IX**

b) In Abschnitt 3 werden die Wörter »Unterabschnitt 5 Krankenhilfe, sonstige Hilfe §§ 37 und 37a«, »Unterabschnitt 5a Hilfe zur Familienplanung § 37b« und »Unterabschnitt 6 Hilfe für werdende Mütter und Wöchnerinnen § 38« gestrichen.

c) Die Angabe zu Abschnitt 3, Unterabschnitt 7 wird wie folgt gefasst: »Eingliederungshilfe für behinderte Menschen §§ 39, 40, 40a, 41, 43, 44, 46 und 47«.

d) In der Angabe zu Abschnitt 12 wird das Wort »Sonderbestimmungen« durch das Wort »Sonderbestimmung« und das Wort »Behinderter« durch die Wörter »behinderter Menschen« ersetzt.

2. In § 6 Abs. 1 Satz 2 wird die Angabe »§ 36« durch die Angabe »§ 37 Abs. 2« ersetzt.

3. § 23 wird wie folgt geändert:

   a) In Absatz 1 wird die Angabe »§ 4 Abs. 5 des Schwerbehindertengesetzes« durch die Angabe »§ 69 Abs. 5 des Neunten Buches Sozialgesetzbuch« ersetzt.

   b) In den Absätzen 3 und 4 werden das Wort »Behinderte« durch die Wörter »behinderte Menschen« und die Wörter »Behinderung Bedrohte« durch die Wörter »von einer Behinderung bedrohte Menschen« ersetzt.

   c) In Absatz 3 wird jeweils die Angabe »§ 40 Abs. 1 Nr. 3 bis 5« durch die Angabe »§ 40 Abs. 1 Nr. 3 bis 6« ersetzt.

4. § 27 Abs. 1 wird wie folgt gefasst:

   »(1) Die Hilfe in besonderen Lebenslagen umfasst
   1. Hilfe zum Aufbau oder zur Sicherung der Lebensgrundlage,
   2. Hilfe bei Krankheit, vorbeugende und sonstige Hilfe,
   3. Eingliederungshilfe für behinderte Menschen,
   4. Blindenhilfe,
   5. Hilfe zur Pflege,
   6. Hilfe zur Weiterführung des Haushalts,
   7. Hilfe zur Überwindung besonderer sozialer Schwierigkeiten,
   8. Altenhilfe.«

5. Die Überschrift des Unterabschnitts 4 von Abschnitt 3 wird wie folgt gefasst:

   »Hilfe bei Krankheit, vorbeugende und sonstige Hilfe«.

6. Die §§ 36 bis 38 werden wie folgt gefasst:

SGB IX **Art. 15**

»§ 36
Hilfe zur Familienplanung

Zur Familienplanung werden die ärztliche Beratung, die erforderliche Untersuchung und die Verordnung der empfängnisregelnden Mittel gewährt. Die Kosten für empfängnisverhütende Mittel werden übernommen, wenn diese ärztlich verordnet worden sind.

§ 36a
Hilfe bei Sterilisation

Bei einer nicht rechtswidrigen Sterilisation werden die ärztliche Untersuchung, Beratung und Begutachtung, die ärztliche Behandlung, die Versorgung mit Arznei-, Verbands- und Heilmitteln sowie die Krankenhauspflege gewährt.

§ 36b
Hilfe bei Schwangerschaft und Mutterschaft

Bei Schwangerschaft und Mutterschaft werden

1. ärztliche Behandlung und Betreuung sowie Hebammenhilfe,
2. Versorgung mit Arznei-, Verband- und Heilmitteln,
3. Pflege in einer Anstalt oder einem Heim,
4. häusliche Pflege nach § 69b Abs. 1 und
5. Entbindungsgeld

gewährt. Der Anspruch auf das Entbindungsgeld besteht neben dem Anspruch nach § 23 Abs. 1a.

§ 37
Hilfe bei Krankheit und vorbeugende Hilfe

(1) Um eine Krankheit zu erkennen, zu heilen, ihre Verschlimmerung zu verhüten oder Krankheitsbeschwerden zu lindern, werden Leistungen zur Krankenbehandlung entsprechend dem Dritten Kapitel, Fünften Abschnitt, Ersten Titel des Fünften Buches Sozialgesetzbuch gewährt.

(2) Zur Verhütung und Früherkennung von Krankheiten werden die medizinischen Vorsorgeleistungen und Untersuchungen gewährt. Andere Leistungen werden nur gewährt, wenn ohne diese nach ärztlichem Urteil eine Erkrankung oder ein sonstiger Gesundheitsschaden einzutreten droht.

Art. 15 SGB IX

§ 38
Leistungserbringung, Vergütung, Fahrkosten

(1) Die Hilfen nach diesem Unterabschnitt entsprechen den Leistungen der gesetzlichen Krankenversicherung, soweit in diesem Gesetz keine andere Regelung getroffen ist. Soweit Krankenkassen in ihrer Satzung Umfang und Inhalt der Leistungen bestimmen können, entscheidet der Träger der Sozialhilfe hierüber nach pflichtgemäßem Ermessen.

(2) Hilfen nach diesem Unterabschnitt müssen den im Einzelfall notwendigen Bedarf in voller Höhe befriedigen, wenn finanzielle Eigenleistungen der Versicherten, insbesondere

1. die Zahlung von Zuschüssen,
2. die Übernahme nur eines Teils der Kosten,
3. eine Zuzahlung der Versicherten

vorgesehen sind und nach den §§ 61 und 62 des Fünften Buches Sozialgesetzbuch eine vollständige oder teilweise Befreiung durch die Krankenkasse nicht erfolgt; dies gilt für Betriebsmittelkosten bei Hilfsmitteln entsprechend. Notwendige Kosten für Fahrten einschließlich Krankentransportleistungen werden entsprechend § 60 Abs. 1 bis 3 des Fünften Buches Sozialgesetzbuch übernommen.

(3) Hilfesuchende haben die freie Wahl unter den Ärzten und Zahnärzten sowie den Krankenhäusern entsprechend den Bestimmungen der gesetzlichen Krankenversicherung.

(4) Bei Erbringung von Leistungen nach diesem Unterabschnitt sind die für die gesetzlichen Krankenkassen nach dem Vierten Kapitel des Fünften Buches Sozialgesetzbuch geltenden Regelungen mit Ausnahme des Zweiten Abschnitts des Dritten Titels anzuwenden. Ärzte, Psychotherapeuten im Sinne des § 28 Abs. 3 Satz 1 des Fünften Buches Sozialgesetzbuch und Zahnärzte haben für ihre Leistungen Anspruch auf die Vergütung, welche die Ortskrankenkasse, in deren Bereich der Arzt, Psychotherapeut oder der Zahnarzt niedergelassen ist, für ihre Mitglieder zahlt. Die sich aus den §§ 294, 295, 300 bis 302 des Fünften Buches Sozialgesetzbuch für die Leistungserbringer ergebenden Verpflichtungen gelten auch für die Abrechnung von Leistungen nach diesem Unterabschnitt mit dem Träger der Sozialhilfe. Die Vereinbarungen nach § 303 Abs. 1 sowie § 304 des Fünften Buches Sozialgesetzbuch gelten für den Träger der Sozialhilfe entsprechend.

(5) Hilfesuchenden, die nicht in der gesetzlichen Krankenversicherung versichert sind, wird unter den Voraussetzungen von § 39a Satz 1 des Fünften Buches Sozialgesetzbuch zu stationärer und teilstationärer Versorgung in Hospizen der von den gesetzlichen Krankenkassen entsprechend § 39a Satz 3 des Fünften Buches Sozialgesetzbuch zu zahlende Zuschuss gewährt.

(6) Für Leistungen nach § 40 Abs. 1 Nr. 1 und 2 gelten die Absätze 3 und 4 entsprechend.«

7. Die bisherigen Überschriften »Unterabschnitt 5 Krankenhilfe, sonstige Hilfe«, »Unterabschnitt 5a Hilfe zur Familienplanung« und »Unterabschnitt 6 Hilfe für werdende Mütter und Wöchnerinnen« werden gestrichen.

8. Vor § 39 wird nach der Angabe »Unterabschnitt 7« die Überschrift »Eingliederungshilfe für Behinderte« durch die Überschrift »Eingliederungshilfe für behinderte Menschen« ersetzt.

9. Die §§ 39 bis 41 werden wie folgt gefasst:

»§ 39
Personenkreis und Aufgabe

(1) Personen, die durch eine Behinderung im Sinne von § 2 Abs. 1 Satz 1 des Neunten Buches Sozialgesetzbuch wesentlich in ihrer Fähigkeit, an der Gesellschaft teilzuhaben, eingeschränkt oder von einer solchen wesentlichen Behinderung bedroht sind, ist Eingliederungshilfe zu gewähren, wenn und solange nach der Besonderheit des Einzelfalles, vor allem nach Art oder Schwere der Behinderung, Aussicht besteht, dass die Aufgabe der Eingliederungshilfe erfüllt werden kann. Personen mit einer anderen körperlichen, geistigen oder seelischen Behinderung kann Eingliederungshilfe gewährt werden.

(2) Von einer Behinderung bedroht im Sinne dieses Gesetzes sind Personen, bei denen der Eintritt der Behinderung nach fachlicher Erkenntnis mit hoher Wahrscheinlichkeit zu erwarten ist. Dies gilt für Personen, für die Hilfe bei Krankheit und vorbeugende Hilfe nach § 37 erforderlich ist, nur, wenn auch bei Durchführung dieser Leistungen eine Behinderung einzutreten droht.

(3) Aufgabe der Eingliederungshilfe ist es, eine drohende Behinderung zu verhüten oder eine Behinderung oder deren Folgen zu beseitigen oder zu mildern und die behinderten Menschen in die Gesellschaft einzugliedern. Hierzu gehört vor allem, den behinderten Menschen die

Art. 15 **SGB IX**

Teilnahme am Leben in der Gemeinschaft zu ermöglichen oder zu erleichtern, ihnen die Ausübung eines angemessenen Berufs oder einer sonstigen angemessenen Tätigkeit zu ermöglichen oder sie so weit wie möglich unabhängig von Pflege zu machen.

(4) Für die Leistungen zur Teilhabe gelten die Vorschriften des Neunten Buches Sozialgesetzbuch, soweit sich aus diesem Gesetz und den auf Grund dieses Gesetzes erlassenen Rechtsverordnungen nichts Abweichendes ergibt. Die Zuständigkeit und die Voraussetzungen für die Leistungen zur Teilhabe richten sich nach diesem Gesetz.

(5) Ein Anspruch auf Eingliederungshilfe besteht nicht, wenn gegenüber einem Rehabilitationsträger nach § 6 Nr. 1 bis 6 des Neunten Buches Sozialgesetzbuch ein Anspruch auf gleiche Leistungen besteht.

§ 40
Leistungen der Eingliederungshilfe

(1) Leistungen der Eingliederungshilfe sind vor allem

1. Leistungen zur medizinischen Rehabilitation nach § 26 Abs. 2 und 3 des Neunten Buches Sozialgesetzbuch,
2. Versorgung mit Körperersatzstücken sowie mit orthopädischen oder anderen Hilfsmitteln,
3. Leistungen zur Teilhabe am Arbeitsleben nach § 33 des Neunten Buches Sozialgesetzbuch sowie sonstige Hilfen zur Erlangung eines geeigneten Platzes im Arbeitsleben,
4. Hilfen zu einer angemessenen Schulbildung, vor allem im Rahmen der allgemeinen Schulpflicht und zum Besuch weiterführender Schulen einschließlich der Vorbereitung hierzu; die Bestimmungen über die Ermöglichung der Schulbildung im Rahmen der allgemeinen Schulpflicht bleiben unberührt,
5. Hilfe zur schulischen Ausbildung für einen angemessenen Beruf einschließlich des Besuchs einer Hochschule,
6. Hilfe zur Ausbildung für eine sonstige angemessene Tätigkeit,
7. Leistungen in anerkannten Werkstätten für behinderte Menschen nach § 41 des Neunten Buches Sozialgesetzbuch oder in vergleichbaren sonstigen Beschäftigungsstätten (§ 41),
8. Leistungen zur Teilhabe am Leben in der Gemeinschaft nach § 55 des Neunten Buches Sozialgesetzbuch,
9. nachgehende Hilfe zur Sicherung der Wirksamkeit der ärztlichen und ärztlich verordneten Maßnahmen und zur Sicherung der Teilhabe der behinderten Menschen am Arbeitsleben.

SGB IX **Art. 15**

Die Leistungen zur medizinischen Rehabilitation und zur Teilhabe am Arbeitsleben nach diesem Gesetz entsprechen jeweils den Rehabilitationsleistungen der gesetzlichen Krankenversicherung oder der Bundesanstalt für Arbeit.

(2) Soweit es im Einzelfall gerechtfertigt ist, können Beihilfen an den behinderten oder von einer Behinderung bedrohten Menschen oder an seine Angehörigen zum Besuch während der Durchführung der Leistungen der Eingliederungshilfe in einer Anstalt, einem Heim oder einer gleichartigen Einrichtung gewährt werden.

§ 40a
Sonderregelung für behinderte Menschen in Einrichtungen

Wird Eingliederungshilfe in einer vollstationären Einrichtung der Behindertenhilfe im Sinne des § 43a des Elften Buches Sozialgesetzbuch erbracht, umfasst die Hilfe auch die in der Einrichtung gewährten Pflegeleistungen. Stellt der Träger der Einrichtung fest, dass der behinderte Mensch so pflegebedürftig ist, dass die Pflege in der Einrichtung nicht sichergestellt werden kann, vereinbaren der Träger der Sozialhilfe und die zuständige Pflegekasse mit dem Einrichtungsträger, dass die Hilfe in einer anderen Einrichtung erbracht wird; dabei ist angemessenen Wünschen des behinderten Menschen Rechnung zu tragen.

§ 41
Hilfe in einer sonstigen Beschäftigungsstätte

Hilfe in einer den anerkannten Werkstätten für Behinderte nach § 41 des Neunten Buches Sozialgesetzbuch vergleichbaren sonstigen Beschäftigungsstätte kann gewährt werden.«

10. § 43 wird wie folgt geändert:

a) In Absatz 1 Satz 1 wird das Wort »Behinderte« durch die Wörter »behinderte Menschen« ersetzt.
b) Absatz 2 wird wie folgt geändert:
   aa) Satz 1 wird wie folgt gefasst:
   »Den in § 28 genannten Personen ist die Aufbringung der Mittel nur für die Kosten des Lebensunterhalts zuzumuten
   1.[1] bei heilpädagogischen Maßnahmen für Kinder, die noch nicht eingeschult sind,
   2. bei der Hilfe zu einer angemessenen Schulbildung einschließlich der Vorbereitung hierzu,

1 In Kraft ab 1.7.2000.

Art. 15 **SGB IX**

3. bei der Hilfe, die dem behinderten noch nicht eingeschulten Menschen die für ihn erreichbare Teilnahme am Leben in der Gemeinschaft ermöglichen soll,
4. bei der Hilfe zur schulischen Ausbildung für einen angemessenen Beruf oder zur Ausbildung für eine sonstige angemessene Tätigkeit, wenn die hierzu erforderlichen Leistungen in besonderen Einrichtungen für behinderte Menschen erbracht werden,
5. bei Leistungen zur medizinischen Rehabilitation (§ 26 des Neunten Buches Sozialgesetzbuch),
6. bei Leistungen zur Teilhabe am Arbeitsleben (§ 33 des Neunten Buches Sozialgesetzbuch),
7. bei Leistungen in anerkannten Werkstätten für behinderte Menschen nach § 41 des Neunten Buches Sozialgesetzbuch und in vergleichbaren sonstigen Beschäftigungsstätten (§ 41),
8. bei Hilfen zum Erwerb praktischer Kenntnisse und Fähigkeiten, die erforderlich und geeignet sind, behinderten Menschen die für sie erreichbare Teilhabe am Arbeitsleben zu ermöglichen, soweit diese Hilfen in besonderen teilstationären Einrichtungen für behinderte Menschen erbracht werden.«

bb) In Satz 2 werden nach dem Wort »sind« die Wörter »in den Fällen der Nummern 1 bis 6« eingefügt.
cc) Nach Satz 2 wird folgender Satz eingefügt:
»Die Aufbringung der Mittel nach Satz 1 Nr. 7 und 8 ist aus dem Einkommen nicht zumutbar, wenn das Einkommen des behinderten Menschen insgesamt einen Betrag in Höhe des zweifachen Regelsatzes nach § 22 Abs. 1 nicht übersteigt.«
dd) Satz 4 wird wie folgt gefasst:
»Die zuständigen Landesbehörden können Näheres über die Bemessung der für den häuslichen Lebensbedarf ersparten Aufwendungen und des Kostenbeitrags für das Mittagessen bestimmen.«
ee) Im neuen Satz 5 wird die Angabe »3« durch die Angabe »4« ersetzt.
ff) Folgender Satz wird angefügt:
»Zum Ersatz der Kosten nach § 92a ist insbesondere verpflichtet, wer sich in den Fällen der Nummern 5 und 6 vorsätzlich oder grob fahrlässig nicht oder nicht ausreichend versichert hat.«

11. In § 46 Abs. 2 werden das Wort »Behinderten« durch die Wörter »behinderten Menschen« ersetzt und der Klammerzusatz gestrichen.

12. In § 47 werden das Wort »Behinderten« durch die Wörter »behinderten Menschen« und das Wort »Maßnahmen« durch das Wort »Leistungen« ersetzt.

13. In § 68 Abs. 1 Satz 2 wird das Wort »Behinderten« durch die Wörter »behinderten Menschen« ersetzt.

14. § 81 Abs. 1 wird wie folgt geändert:

   a) In Nummer 1 wird das Wort »Behinderte« durch die Wörter »behinderte Menschen« ersetzt.
   b) In den Nummern 1, 2 und 3 wird jeweils die Angabe »und Abs. 2« gestrichen.
   c) In Nummer 6 wird das Wort »Krankenhilfe« durch die Wörter »Hilfe bei Krankheit« ersetzt.

15. In § 85 Abs. 2 werden folgende Sätze angefügt:

   »Erhält der Hilfeempfänger ein Arbeitsförderungsgeld nach § 43 des Neunten Buches Sozialgesetzbuch, wird von ihm die Aufbringung der Mittel in Höhe des Arbeitsförderungsgeldes nicht verlangt. Die Aufbringung der Mittel wird auch nicht verlangt für Erhöhungsbeträge des Arbeitsentgelts im Arbeitsbereich einer anerkannten Werkstatt für behinderte Menschen auf Grund der Zuordnung der Kosten nach § 41 Abs. 3 in der ab 1. August 1996 geltenden Fassung oder nach § 41 Abs. 3 des Neunten Buches Sozialgesetzbuch, die auf die Zahlung des Arbeitsförderungsgeldes angerechnet werden.«

16. § 88 wird wie folgt geändert:

   a) In Absatz 2 Nr. 2 und 7 wird das Wort »Behinderten« jeweils durch die Wörter »behinderten Menschen« ersetzt.
   b) In Absatz 2 Nr. 2 wird die Angabe »und Abs. 2« gestrichen.
   c) In Absatz 3 Satz 3 wird das Wort »Behinderte« durch die Wörter »behinderte Menschen« ersetzt.

17.[1] § 91 Abs. 2 Satz 2 wird durch folgende Sätze ersetzt:

   »Der Übergang des Anspruchs gegen einen nach bürgerlichem Recht Unterhaltspflichtigen ist ausgeschlossen, wenn dies eine unbillige Härte bedeuten würde. Abweichend von den Sätzen 1 und 2 ist bei

---

1 In Kraft ab 1.1.2002.

Kindern nach Vollendung des 18. Lebensjahres, die Eingliederungshilfe oder Hilfe zur Pflege in vollstationären Einrichtungen erhalten, davon auszugehen, dass der Unterhaltsanspruch gegen die Eltern in Höhe von monatlich 50 Deutsche Mark übergeht. Auf Antrag eines Elternteils sind bei unterhaltspflichtigen Eltern von Kindern nach Satz 3, die das 18. Lebensjahr, nicht jedoch das 27. Lebensjahr vollendet haben, die Sätze 1 und 2 anzuwenden. Bei der Prüfung nach Satz 2 liegt eine unbillige Härte in der Regel bei unterhaltspflichtigen Eltern vor, soweit dem Kind, das das 18. Lebensjahr vollendet hat, Eingliederungshilfe für behinderte Menschen oder Hilfe zur Pflege gewährt wird.«

18. § 100 Abs. 1 wird wie folgt geändert:

   a) In Nummer 1 wird die Angabe »und Abs. 2« gestrichen.
   b) In Nummer 2 wird das Wort »Behinderter« durch die Wörter »behinderter Menschen« ersetzt.
   c) In Nummer 6 wird das Wort »Behinderte« durch die Wörter »behinderte Menschen« ersetzt.

19. § 120 wird wie folgt geändert:

   a) In Absatz 1 werden die Wörter »Krankenhilfe, Hilfe für werdende Mütter und Wöchnerinnen« durch die Wörter »Hilfe bei Krankheit, Hilfe bei Schwangerschaft und Mutterschaft« ersetzt.
   b) In Absatz 3 wird das Wort »Krankenhilfe« durch die Wörter »Hilfe bei Krankheit« ersetzt.

20. In der Überschrift des Abschnitts 12 werden das Wort »Sonderbestimmungen« durch das Wort »Sonderbestimmung« und das Wort »Behinderter« durch die Wörter »behinderter Menschen« ersetzt.

21. Die §§ 123 bis 125, 126a und 126b werden aufgehoben.

22. In § 126 werden

   a) in Nummer 1
      aa) in Satz 1 das Wort »Behinderte« durch die Wörter »behinderte Menschen« und das Wort »Behinderten« durch die Wörter »behinderten Menschen« und in Satz 2 das Wort »Behinderte« durch die Wörter »behinderte Mensch« ersetzt;
      bb) in Satz 3 der Klammerzusatz gestrichen,
   b) in Nummer 3 Satz 2 das Wort »Behinderten« durch die Wörter »behinderten Menschen«
   ersetzt.

SGB IX **Art. 15-16**

23. In § 128 Abs. 2 wird das Wort »Behinderte« durch die Wörter »behinderte Menschen« ersetzt.

24. In § 143 wird das Wort »Behinderte« durch die Wörter »behinderte Menschen« ersetzt.

Artikel 16

Änderung der Eingliederungshilfe-Verordnung

Die Eingliederungshilfe-Verordnung in der Fassung der Bekanntmachung vom 1. Februar 1975 (BGBl. I S. 433), zuletzt geändert durch Artikel 21 des Gesetzes vom 24. März 1997 (BGBl. I S. 594), wird wie folgt geändert:

1. Die §§ 4, 5, 7, 11, 14, 15, 18, 19, 21 sowie Abschnitt III werden gestrichen.

2. In den §§ 1 und 3 wird jeweils in der Überschrift das Wort »Behinderte« durch die Wörter »behinderte Menschen« ersetzt.

3. In § 1 werden Satz 1 gestrichen und in Satz 2 die Wörter »Die Voraussetzung des Satzes 1 ist erfüllt bei« durch die Wörter »Durch körperliche Gebrechen wesentlich in ihrer Teilhabefähigkeit eingeschränkt im Sinne des § 39 Abs. 1 Satz 1 des Gesetzes sind« ersetzt.

4. § 2 wird wie folgt gefasst:

»§ 2
Geistig wesentlich behinderte Menschen

Geistig wesentlich behindert im Sinne des § 39 Abs. 1 Satz 1 des Gesetzes sind Personen, die infolge einer Schwäche ihrer geistigen Kräfte in erheblichem Umfange in ihrer Fähigkeit zur Teilhabe am Leben in der Gesellschaft eingeschränkt sind.«

5. In § 3 werden Satz 1 gestrichen und in Satz 2 die Wörter »Seelische Störungen, die eine Behinderung im Sinne des Satzes 1 zur Folge haben können« durch die Wörter »Seelische Störungen, die eine wesentliche Einschränkung der Teilhabefähigkeit im Sinne des § 39 Abs. 1 Satz 1 des Gesetzes zur Folge haben können« ersetzt.

6. Vor § 6 wird die Überschrift »Maßnahmen der Eingliederungshilfe« durch die Überschrift »Leistungen der Eingliederungshilfe« ersetzt.

7. § 6 wird wie folgt gefasst:

»§ 6
Rehabilitationssport

Zu den Leistungen im Sinne des § 40 Abs. 1 Nr. 1 des Gesetzes gehört auch ärztlich verordneter Rehabilitationssport in Gruppen unter ärztlicher Betreuung und Überwachung.«

8. § 8 Abs. 1 Satz 2 wird wie folgt gefasst:

»Sie wird in angemessenem Umfang gewährt, wenn der behinderte Mensch wegen Art oder Schwere seiner Behinderung insbesondere zur Teilhabe am Arbeitsleben auf die Benutzung eines Kraftfahrzeuges angewiesen ist; bei Teilhabe am Arbeitsleben findet die Kraftfahrzeughilfe-Verordnung Anwendung.«

9. § 9 wird wie folgt geändert:

   a) In Absatz 2 Nr. 1 wird das Wort »Behinderte« durch die Wörter »behinderte Menschen« ersetzt.
   b) In Absatz 2 Nr. 9 wird das Wort »Hörbehinderte« durch die Wörter »hörbehinderte Menschen« ersetzt.
   c) In Absatz 2 Nr. 10 wird das Wort »Sprachbehinderte« durch die Wörter »sprachbehinderte Menschen« ersetzt.
   d) In Absatz 2 Nr. 11 wird das Wort »Behinderte« durch die Wörter »behinderte Mensch« ersetzt.
   e) In Absatz 2 Nr. 12 werden die Wörter »für Behinderte« durch die Wörter »für behinderte Menschen« und die Wörter »der Behinderte« durch die Wörter »der behinderte Mensch« ersetzt.
   f) In Absatz 3 wird das Wort »Behinderte« durch die Wörter »behinderte Mensch« ersetzt.

10. In § 10 werden Absatz 5 gestrichen und in Absatz 6 das Wort »Behinderte« durch die Wörter »behinderte Mensch« ersetzt.

11. § 12 wird wie folgt geändert:

   a) Die Angabe »§ 40 Abs. 1 Nr. 3« wird durch die Angabe »§ 40 Abs. 1 Nr. 4« ersetzt.
   b) In den Nummern 1 bis 3 wird jeweils das Wort »Behinderten« durch die Wörter »behinderten Menschen« ersetzt.
   c) In den Nummern 1 und 2 werden jeweils nach dem Wort »zugunsten« die Wörter »körperlich und geistig« eingefügt.

12. § 13 wird wie folgt geändert:

    a) Die Überschrift wird wie folgt gefasst:
    »Schulische Ausbildung für einen Beruf«.
    b) In Absatz 1 werden die Wörter »Die Hilfe zur Ausbildung« durch die Wörter »Die Hilfe zur schulischen Ausbildung« und die Angabe »§ 40 Abs. 1 Nr. 4« durch die Angabe »§ 40 Abs. 1 Nr. 5« ersetzt, die Nummer 1 gestrichen sowie in Nummer 6 vor dem Wort »Ausbildungsstätten« das Wort »schulischer« und in Nummer 9 vor dem Wort »Ausbildung« das Wort »schulische« eingefügt.
    c) Absatz 2 wird wie folgt gefasst:
    »(2) Die Hilfe nach Absatz 1 wird gewährt, wenn
    1. zu erwarten ist, dass das Ziel der Ausbildung oder der Vorbereitungsmaßnahmen erreicht wird,
    2. der beabsichtigte Ausbildungsweg erforderlich ist,
    3. der Beruf oder die Tätigkeit voraussichtlich eine ausreichende Lebensgrundlage bieten oder, falls dies wegen Art oder Schwere der Behinderung nicht möglich ist, zur Lebensgrundlage in angemessenem Umfang beitragen wird.«
    d) Absatz 3 wird gestrichen.

13. Nach § 13 wird folgender § 13a eingefügt:

    »§ 13a
    Ausbildung für eine sonstige angemessene Tätigkeit

    Hilfe zur Ausbildung für eine sonstige angemessene Tätigkeit im Sinne des § 40 Abs. 1 Nr. 6 des Gesetzes wird insbesondere gewährt, wenn die Ausbildung für einen Beruf aus besonderen Gründen, vor allem wegen Art und Schwere der Behinderung, unterbleibt. § 13 Abs. 2 gilt entsprechend.«

14. In § 16 werden die Wörter »für Behinderte« durch die Wörter »für behinderte Menschen« und in den Nummern 3 und 4 jeweils das Wort »Behinderten« durch die Wörter »behinderten Menschen« ersetzt.

15. § 17 wird wie folgt geändert:

    a) In Absatz 1 wird die Angabe »§ 40 Abs. 1 Nr. 6 und 7« durch die Angabe »§ 40 Abs. 1 Nr. 3, 7 und 9« ersetzt.
    b) In Absatz 2 werden die Angabe »Abs. 1 Satz 2« gestrichen und das Wort »Behinderte« durch die Wörter »behinderte Menschen«, die Wörter »Werkstatt für Behinderte« durch die Wörter »Werkstatt für behinderte Menschen« sowie die Angabe »§ 54a des Schwer-

behindertengesetzes« durch die Angabe »§ 137 des Neunten Buches Sozialgesetzbuch« ersetzt.

16. In § 20 wird das Wort »Behinderter« durch die Wörter »behinderter Mensch« ersetzt.

17. In § 22 wird das Wort »Behinderten« durch die Wörter »behinderten Menschen« ersetzt.

18. In § 23 werden die Wörter »Eingliederungshilfe für Behinderte« durch die Wörter »Eingliederungshilfe für behinderte Menschen« und das Wort »Behinderten« durch die Wörter »behinderten Menschen« ersetzt.

Artikel 17

Änderung der Verordnung zur Durchführung des § 76 Abs. 2a Nr. 3 Buchstabe b des Bundessozialhilfegesetzes

In § 1 Satz 1 der Verordnung zur Durchführung des § 76 Abs. 2a Nr. 3 Buchstabe b des Bundessozialhilfegesetzes vom 28. Juni 1974 (BGBl. I S. 1365), die durch Artikel 10 des Gesetzes vom 23. Juni 1993 (BGBl. I S. 944) geändert worden ist, wird das Wort »Behinderte« durch die Wörter »Behinderte Menschen« ersetzt.

Artikel 18

Änderung der Verordnung zur Durchführung des § 88 Abs. 2 Nr. 8 des Bundessozialhilfegesetzes

In § 1 Abs. 1 Satz 2 der Verordnung zur Durchführung des § 88 Abs. 2 Nr. 8 des Bundessozialhilfegesetzes vom 11. Februar 1988 (BGBl. I S. 150), die zuletzt durch Artikel 17 des Gesetzes vom 21. Dezember 2000 (BGBl. I S. 1983) geändert worden ist, wird die Angabe »§ 24 Abs. 1 Satz 2 oder Abs. 2 Satz 1« durch die Angabe »§ 76 Abs. 2a Nr. 3« ersetzt.

Artikel 19

Änderung des Aufstiegsfortbildungsförderungsgesetzes

§ 3 Satz 1 Nr. 3 des Aufstiegsfortbildungsförderungsgesetzes vom 23. April 1996 (BGBl. I S. 623), das zuletzt durch Artikel 8 des Gesetzes vom 19. März 2001 (BGBl. I S. 390) geändert worden ist, wird wie folgt neu gefasst:

»3. Leistungen zur Rehabilitation nach den für einen Rehabilitationsträger im Sinne des Neunten Buches Sozialgesetzbuch geltenden Vorschriften erbracht werden.«

Artikel 23

Änderung des Arbeitsgerichtsgesetzes

Das Arbeitsgerichtsgesetz in der Fassung der Bekanntmachung vom 2. Juli 1979 (BGBl. I S. 853, 1036), zuletzt geändert durch Artikel 20 des Gesetzes vom 21. Dezember 2000 (BGBl. I S. 1983), wird wie folgt geändert:

1. § 2 Abs. 1 Nr. 10 wird wie folgt gefasst:

»10. bürgerliche Rechtsstreitigkeiten zwischen behinderten Menschen im Arbeitsbereich von Werkstätten für behinderte Menschen und den Trägern der Werkstätten aus den in § 138 des Neunten Buches Sozialgesetzbuch geregelten arbeitnehmerähnlichen Rechtsverhältnissen.«

2. § 2a Abs. 1 Nr. 3a wird wie folgt gefasst:

»3a. Angelegenheiten aus den §§ 94, 95, 139 des Neunten Buches Sozialgesetzbuch,«.

Artikel 24

Änderung des Sozialgerichtsgesetzes

7. § 51 wird wie folgt geändert:

Art. 24-25 **SGB IX**

a) Nach Absatz 3 wird folgender Absatz 4 eingefügt:
 »(4) Die Gerichte der Sozialgerichtsbarkeit entscheiden auch über Streitigkeiten bei der Feststellung von Behinderungen und ihren Grad sowie weitere gesundheitliche Merkmale, ferner über die Ausstellung, Verlängerung, Berichtigung und Einziehung von Ausweisen nach § 69 des Neunten Buches Sozialgesetzbuch.«
b) Der bisherige Absatz 4 wird Absatz 5.

Artikel 25

Änderung des Gesetzes zur Beendigung der Diskriminierung gleichgeschlechtlicher Gemeinschaften: Lebensgemeinschaften

Das Gesetz zur Beendigung der Diskriminierung gleichgeschlechtlicher Gemeinschaften: Lebenspartnerschaften vom 16. Februar 2001 (BGBl. I S. 266) wird in Artikel 3 wie folgt geändert:

1. In § 44 wird die Nummer 7 gestrichen.

2. § 49 wird wie folgt geändert:

    a) In Nummer 6 wird die Angabe »Abs. 2 Satz 5« durch die Angabe »Abs. 3 Satz 3« ersetzt.
    b) Nummer 12 wird gestrichen.

3. In § 53 wird die Nummer 1 gestrichen.

4. In § 54 wird die Nummer 6 gestrichen.

5. Nach § 55 wird folgender § 55a eingefügt:

»§ 55a
Neuntes Buch Sozialgesetzbuch
– Rehabilitation und Teilhabe behinderter Menschen –

In § 46 Abs. 1 Satz 2 Nr. 1 des Neunten Buches Sozialgesetzbuch – Rehabilitation und Teilhabe behinderter Menschen – vom 19. Juni 2001 (BGBl. I S. 1046), werden nach dem Wort »Ehegatte« die Wörter »oder Lebenspartner« eingefügt.«

Artikel 41

Änderung des Berufsbildungsgesetzes

Das Berufsbildungsgesetz vom 14. August 1969 (BGBl. I S. 1112), zuletzt geändert durch Artikel 14 des Gesetzes vom 30. November 2000 (BGBl. I S. 1638), wird wie folgt geändert:

1. In der Überschrift zum Dritten Teil, Siebten Abschnitt wird das Wort »Behinderter« durch die Wörter »behinderter Menschen« ersetzt.

2. § 48 wird wie folgt geändert:

   a) In Absatz 1 werden die Wörter »körperlich, geistig oder seelisch Behinderter« durch die Wörter »behinderter Menschen (§ 2 Abs. 1 Satz 1 des Neunten Buches Sozialgesetzbuch)« ersetzt.
   b) Die Absätze 2 und 3 werden aufgehoben.

3. Nach § 48 werden folgende §§ 48a und 48b eingefügt:

»§ 48a
Berufsausbildung in anerkannten Ausbildungsberufen

(1) Regelungen nach den §§ 41 und 44 sollen die besonderen Verhältnisse behinderter Menschen berücksichtigen. Dies gilt insbesondere für die zeitliche und sachliche Gliederung der Ausbildung, die Dauer von Prüfungszeiten, die Zulassung von Hilfsmitteln und die Inanspruchnahme von Hilfeleistungen Dritter wie Gebärdensprachdolmetscher für hörbehinderte Menschen.

(2) Der Berufsausbildungsvertrag mit einem behinderten Menschen ist in das Verzeichnis der Berufsausbildungsverhältnisse (§ 31) einzutragen. Der behinderte Mensch ist zur Abschlussprüfung auch zuzulassen, wenn die Voraussetzungen des § 39 Abs. 1 nicht vorliegen.

§ 48b
Ausbildungsregelungen der zuständigen Stellen

(1) Für behinderte Menschen, für die wegen Art und Schwere ihrer Behinderung eine Ausbildung in einem anerkannten Ausbildungsberuf im Rahmen von § 48a nicht in Betracht kommt, können die zuständigen Stellen unter Berücksichtigung von Empfehlungen des Hauptausschusses auf Grund von Vorschlägen des Ausschusses für Fragen behinderter Menschen beim Bundesinstitut für Berufsbildung entsprechende Ausbildungsregelungen treffen. Die Ausbildungsinhalte sollen unter Berück-

Art. 41, 44 **SGB IX**

sichtigung von Lage und Entwicklung des allgemeinen Arbeitsmarktes aus den Inhalten anerkannter Ausbildungsberufe entwickelt werden.

(2) § 48a Abs. 2 Satz 1 gilt entsprechend.«

4. In § 49 werden die Wörter »körperlich, geistig oder seelisch Behinderter« durch die Wörter »behinderter Menschen (§ 2 Abs. 1 Satz 1) des Neunten Buches Sozialgesetzbuch« ersetzt.

Artikel 44

Änderung des Gesetzes über die Alterssicherung der Landwirte

Das Gesetz über die Alterssicherung der Landwirte vom 29. Juli 1994 (BGBl. I S. 1890, 1891), zuletzt geändert durch Artikel 6 des Gesetzes vom 21. März 2001 (BGBl. I S. 403), wird wie folgt geändert:

1. Die Inhaltsübersicht wird wie folgt geändert:

    a) Die Überschrift des Ersten Abschnitts des Zweiten Kapitels wird wie folgt gefasst:
    »Leistungen zur Teilhabe«.

    b) Die Angabe zu § 7 wird wie folgt gefasst:
    »§ 7 Aufgabe der Leistungen zur Teilhabe«.

    c) Die Angabe zu § 42 wird wie folgt gefasst:
    »§ 42 Leistungen zur Teilhabe, Renten«.

    d) In der Angabe zu § 80 wird das Wort »Rehabilitation« durch das Wort »Teilhabe« ersetzt.

    e) Die Überschrift des Dritten Unterabschnitts des Ersten Abschnitts des Fünften Kapitels (vor § 86) wird wie folgt gefasst:
    »Teilhabe«.

    f) Die Angabe zu § 86 wird wie folgt gefasst:
    »§ 86 Teilhabe«.

    g) In der Überschrift des Zweiten Unterabschnitts des Zweiten Abschnitts des Fünften Kapitels (vor § 95) und in der Angabe zu § 95 wird das Wort »Rehabilitation« durch das Wort »Teilhabe« ersetzt.

2. Die Überschrift des Ersten Abschnitts des Zweiten Kapitels wird wie folgt gefasst:

    »Leistungen zur Teilhabe«.

3. § 7 wird wie folgt geändert:

   a) In der Überschrift wird das Wort »Rehabilitation« durch die Wörter »Leistungen zur Teilhabe« ersetzt.
   b) Absatz 1 wird wie folgt geändert:
      aa) In Satz 1 werden die Wörter »medizinische und ergänzende Leistungen zur Rehabilitation« durch die Wörter »Leistungen zur medizinischen Rehabilitation sowie sonstige und ergänzende Leistungen« ersetzt.
      bb) In Satz 2 erster Halbsatz wird das Wort »Rehabilitation« durch das Wort »Teilhabe« ersetzt.
      cc) In Satz 2 zweiter Halbsatz werden die Wörter »erfolgreicher Rehabilitation« durch die Wörter »erfolgreichen Leistungen zur Teilhabe« ersetzt.
   c) Absatz 2 Satz 2 wird aufgehoben.

4. In § 8 Abs. 1 und 2 werden jeweils die Wörter »medizinische Leistungen zur Rehabilitation« durch die Wörter »Leistungen zur medizinischen Rehabilitation« ersetzt.

5. § 10 wird wie folgt geändert:

   a) Absatz 1 wird wie folgt geändert:
      aa) Satz 1 wird wie folgt gefasst:
         »Für Umfang und Ort der Leistungen zur medizinischen Rehabilitation sowie der sonstigen und ergänzenden Leistungen gelten §§ 13 und 15, § 31 Abs. 1 Satz 1 Nr. 1, 3 bis 5, § 31 Abs.1 Satz 2, § 31 Abs. 2 Satz 1 und § 32 Abs. 1, 2, 4 und 5 des Sechsten Buches Sozialgesetzbuch sowie §§ 18, 44 Abs. 1 Nr. 3 bis 6 und Abs. 2 und § 53 des Neunten Buches Sozialgesetzbuch entsprechend.«
      bb) In Satz 2 werden die Wörter »Leistungen zur medizinischen Rehabilitation« durch das Wort »Leistung« ersetzt.
   b) Absatz 2 wird wie folgt geändert:
      aa) Satz 1 wird durch folgende Sätze ersetzt:
         »Betriebshilfe kann erbracht werden, wenn
         1. dem Landwirt wegen einer Leistung zur medizinischen Rehabilitation, einer sonstigen Leistung oder während der Dauer einer ärztlich verordneten Schonungszeit die Weiterführung des Betriebs nicht möglich ist,
         2. die Leistung zur Aufrechterhaltung des Unternehmens der Landwirtschaft erforderlich ist und

Art. 44   **SGB IX**

       3. in dem Unternehmen keine Arbeitnehmer oder mitarbeitenden Familienangehörigen ständig beschäftigt werden.

       Haushaltshilfe kann erbracht werden, wenn dem Landwirt wegen einer Leistung zur medizinischen Rehabilitation, einer sonstigen Leistung oder während der Dauer einer ärztlich verordneten Schonungszeit die Weiterführung des Haushalts nicht möglich und diese auf andere Weise nicht sicherzustellen ist und

       1. die Leistung zur Aufrechterhaltung des Haushalts erforderlich ist und

       2. im Haushalt keine Arbeitnehmer oder mitarbeitenden Familienangehörigen ständig beschäftigt werden.«

    bb) Die bisherigen Sätze 2 und 3 werden die Sätze 3 und 4.

6. § 36 Abs. 1 wird wie folgt gefasst:

»(1) Betriebshilfe kann bei Arbeitsunfähigkeit des Versicherten erbracht werden, wenn die Leistung zur Aufrechterhaltung des Unternehmens der Landwirtschaft erforderlich ist und die Erbringung dieser Leistung durch einen Träger der gesetzlichen Krankenversicherung oder eine landwirtschaftliche Berufsgenossenschaft kraft Gesetzes ausgeschlossen ist. Haushaltshilfe kann in entsprechender Anwendung des Satzes 1 erbracht werden, wenn die Weiterführung des Haushalts nicht möglich und diese auf andere Weise nicht sicherzustellen ist.«

7. § 37 wird wie folgt geändert:

   a) Absatz 1 wird wie folgt gefasst:

     »(1) Betriebshilfe kann für den überlebenden Ehegatten eines Landwirts erbracht werden, wenn er das Unternehmen des Verstorbenen als versicherungspflichtiger Landwirt weiterführt und

     1. die Leistung zur Aufrechterhaltung des Unternehmens der Landwirtschaft erforderlich ist und

     2. in dem Unternehmen keine Arbeitnehmer oder mitarbeitenden Familienangehörigen ständig beschäftigt werden.

     Haushaltshilfe kann in entsprechender Anwendung des Satzes 1 erbracht werden, wenn die Weiterführung des Haushalts nicht möglich und diese auf andere Weise nicht sicherzustellen ist.«

   b) Absatz 4 wird aufgehoben.

   c) Der bisherige Absatz 5 wird Absatz 4.

8. § 39 wird wie folgt geändert:

SGB IX Art. 44

a) Absätze 1 und 2 werden wie folgt gefasst:

»(1) Betriebshilfe kann für den versicherten Landwirt erbracht werden, wenn

1. eine Person, die die Aufgaben eines versicherten Landwirts oder seines Ehegatten außerhalb eines rentenversicherungspflichtigen Beschäftigungsverhältnisses ständig wahrgenommen hat, gestorben ist,
2. die Leistung zur Aufrechterhaltung des Unternehmens der Landwirtschaft erforderlich ist und
3. in dem Unternehmen keine Arbeitnehmer oder mitarbeitenden Familienangehörigen ständig beschäftigt werden.

Haushaltshilfe kann in entsprechender Anwendung des Satzes 1 erbracht werden, wenn die Weiterführung des Haushalts nicht möglich und diese auf andere Weise nicht sicherzustellen ist.

(2) Betriebs- und Haushaltshilfe kann in entsprechender Anwendung von Absatz 1 auch erbracht werden, wenn

1. ein alleinstehender versicherter Landwirt gestorben ist oder
2. der versicherte Landwirt und sein Ehegatte gestorben sind.«

b) In Absatz 3 wird die Angabe »§ 37 Abs. 2 bis 5« durch die Angabe »§ 37 Abs. 2 bis 4« ersetzt.

9. § 42 wird wie folgt geändert:

a) Die Überschrift wird wie folgt gefasst:
»Leistungen zur Teilhabe, Renten«.
b) In Absatz 1 wird das Wort »Rehabilitation« durch das Wort »Teilhabe« ersetzt.

10. In § 44 wird die Angabe »1 und Absatz« gestrichen.

11. In § 80 wird in der Überschrift und in Absatz 4 das Wort »Rehabilitation« durch das Wort »Teilhabe« ersetzt.

12. Die Überschrift des Dritten Unterabschnitts des Ersten Abschnitts des Fünften Kapitels (vor § 86) wird wie folgt gefasst:

»Teilhabe«.

13. § 86 wird wie folgt geändert:

a) In der Überschrift wird das Wort »Rehabilitation« durch das Wort »Teilhabe« ersetzt.
b) In Satz 1 werden die Wörter »medizinische Leistungen zur Rehabilitation« durch die Wörter »Leistungen zur medizinischen Rehabilitation« ersetzt.

14. In der Überschrift des Zweiten Unterabschnitts des Zweiten Abschnitts des Fünften Kapitels (vor § 95), in der Überschrift zu § 95 und in § 95 Satz 1 wird jeweils das Wort »Rehabilitation« durch das Wort »Teilhabe« ersetzt.

Artikel 45

Änderung des Zweiten Gesetzes über die Krankenversicherung der Landwirte

Das Zweite Gesetz über die Krankenversicherung der Landwirte vom 20. Dezember 1988 (BGBl. I S. 2477, 2557), zuletzt geändert durch Artikel 3 § 43 des Gesetzes vom 16. Februar 2001 (BGBl. I S. 266), wird wie folgt geändert:

1. § 3 Abs. 2 wird wie folgt geändert:

   a) In Nummer 3 werden die Wörter »berufsfördernder Maßnahmen zur Rehabilitation« durch die Wörter »Leistungen zur Teilhabe am Arbeitsleben« ersetzt.

   b) In Nummer 4 wird das Wort »Behinderten« durch die Wörter »behinderten Menschen« ersetzt.

2. In § 25 Abs. 1 Nr. 2 werden die Wörter »einer medizinischen Maßnahme zur Rehabilitation« durch die Wörter »Leistungen zur medizinischen Rehabilitation« ersetzt.

3. In der Überschrift des § 30 und in § 30 werden die Wörter »berufsfördernden Maßnahmen« durch die Wörter »Leistungen zur Teilhabe am Arbeitsleben« ersetzt.

Artikel 47

Änderung des Bundesversorgungsgesetzes

Das Bundesversorgungsgesetz in der Fassung der Bekanntmachung vom 22. Januar 1982 (BGBl. I S. 21), zuletzt geändert durch Artikel 9 des Gesetzes vom 21. März 2001 (BGBl. I S. 403), wird wie folgt geändert:

1. In § 1 Abs. 2 Satz 1 Buchstabe e werden die Wörter »berufsfördernde

SGB IX **Art. 47**

Maßnahmen zur Rehabilitation« durch die Wörter »Leistungen zur Teilhabe am Arbeitsleben« ersetzt.

2. § 10 wird wie folgt geändert:

   a) In Absatz 1 Satz 1 werden die Wörter »um die Beschädigten möglichst auf Dauer in Arbeit, Beruf und Gesellschaft einzugliedern« durch die Wörter »um den Beschädigten entsprechend den in § 4 Abs.1 des Neunten Buches Sozialgesetzbuch genannten Zielen eine möglichst umfassende Teilhabe am Leben in der Gesellschaft zu ermöglichen« ersetzt.

   b) In Absatz 4 Satz 2 werden die Wörter »sie möglichst auf Dauer in Arbeit, Beruf und Gesellschaft einzugliedern« durch die Wörter »ihnen entsprechend den in § 4 Abs.1 des Neunten Buches Sozialgesetzbuch genannten Zielen eine möglichst umfassende Teilhabe am Leben in der Gesellschaft zu ermöglichen« ersetzt.

   c) In Absatz 5 Satz 1 werden die Wörter »berufsfördernden Maßnahmen zur Rehabilitation« durch die Wörter »Leistung zur Teilhabe am Arbeitsleben« ersetzt.

3. In § 11 Abs. 1 Satz 1 Nr. 10 wird der Punkt durch ein Komma ersetzt und folgende Nr. 11 angefügt:

   »11. Psychotherapie als ärztliche und psychotherapeutische Behandlung und Soziotherapie.«

4. In § 12 Abs. 1 Satz 2 werden die Wörter »medizinische und ergänzende Leistungen zur Rehabilitation« durch die Wörter »Leistungen zur medizinischen Rehabilitation und ergänzende Leistungen« ersetzt.

5. § 16c wird aufgehoben.

6. In § 16e werden die Wörter »berufsfördernde Leistungen« durch die Wörter »Leistungen zur Teilhabe am Arbeitsleben« ersetzt.

7. In § 18 Abs. 1 Satz 1 werden nach dem Wort »Gesetz« die Wörter »oder dem Neunten Buch Sozialgesetzbuch« eingefügt.

8. § 25b Abs. 1 Nr. 1 wird wie folgt gefasst:

   »1. Leistungen zur Teilhabe am Arbeitsleben und ergänzende Leistungen (§§ 26 und 26a),«.

9. In § 25c Abs. 1 Satz 1 zweiter Halbsatz wird die Angabe »§ 26 Abs. 6« durch die Angabe »§ 26 Abs. 5« ersetzt.

Art. 47 **SGB IX**

10. In § 25d Abs. 1 Satz 1 zweiter Halbsatz wird die Angabe »9« durch die Angabe »4« ersetzt.

11. In § 25e Abs. 3 wird die Angabe »§ 26 Abs. 6 Satz 2« durch die Angabe »§ 26 Abs. 5 Satz 2« ersetzt.

12. In § 25f Abs. 2 Nr. 2 wird die Angabe »§ 27d Abs. 1 Nr. 7« durch die Angabe »§ 27d Abs. 1 Nr. 4« ersetzt.

13. § 26 wird wie folgt gefasst:

    »§ 26

    (1) Beschädigte erhalten Leistungen zur Teilhabe am Arbeitsleben nach den §§ 33 bis 38 des Neunten Buches Sozialgesetzbuch sowie im Eingangsverfahren und im Berufsbildungsbereich der Werkstätten für behinderte Menschen nach § 40 des Neunten Buches Sozialgesetzbuch.

    (2) Bei Unterbringung des Beschädigten in einer Einrichtung der beruflichen Rehabilitation werden dort entstehende Aufwendungen vom Träger der Kriegsopferfürsorge als Sachleistungen getragen.

    (3) Zu den Leistungen zur Teilhabe am Arbeitsleben gehören auch Hilfen zur Gründung und Erhaltung einer selbstständigen Existenz; Geldleistungen hierfür sollen in der Regel als Darlehen gewährt werden.

    (4) Die Leistungen zur Teilhabe am Arbeitsleben einschließlich der Leistungen im Eingangsverfahren und im Berufsbildungsbereich einer anerkannten Werkstatt für behinderte Menschen werden ergänzt durch:

    1. Übergangsgeld und Unterhaltsbeihilfe nach Maßgabe des § 26a,
    2. Entrichtung von Beiträgen zur gesetzlichen Rentenversicherung für Zeiten des Bezuges von Übergangsgeld, Erstattung der Aufwendungen zur Alterssicherung von nicht rentenversicherungspflichtigen Beschädigten für freiwillige Beiträge zur gesetzlichen Rentenversicherung, für Beiträge zu öffentlich-rechtlichen berufsständischen Versicherungs- und Versorgungseinrichtungen und zu öffentlichen oder privaten Versicherungsunternehmen auf Grund von Lebensversicherungsverträgen bis zur Höhe der Beiträge, die zur gesetzlichen Rentenversicherung für Zeiten des Bezuges von Übergangsgeld zu entrichten wären,
    3. Haushaltshilfe nach § 54 des Neunten Buches Sozialgesetzbuch,

SGB IX **Art. 47**

4. sonstige Hilfen, die unter Berücksichtigung von Art und Schwere der Schädigung erforderlich sind, um das Ziel der Rehabilitation zu erreichen oder zu sichern,
5. Reisekosten nach § 53 des Neunten Buches Sozialgesetzbuch.

(5) Soweit nach Absatz 1 oder Absatz 4 Nr. 4 Hilfen zum Erreichen des Arbeitsplatzes oder des Ortes einer Leistung zur Teilhabe am Arbeitsleben, insbesondere Hilfen zur Beschaffung und Unterhaltung eines Kraftfahrzeugs in Betracht kommen, kann zur Angleichung dieser Leistungen im Rahmen einer Rechtsverordnung nach § 27f der Einsatz von Einkommen abweichend von § 25e Abs. 1 und 2 sowie § 27d Abs. 5 bestimmt und von Einsatz und Verwertung von Vermögen ganz oder teilweise abgesehen werden. Im Übrigen ist bei den Leistungen zur Teilhabe am Arbeitsleben und den sie ergänzenden Leistungen mit Ausnahme der sonstigen Hilfen nach Absatz 4 Nr. 4 Einkommen und Vermögen nicht zu berücksichtigen; § 26a bleibt unberührt.

(6) Witwen und Witwern, die zur Erhaltung einer angemessenen Lebensstellung erwerbstätig sein wollen, sind in begründeten Fällen Hilfen in sinngemäßer Anwendung der Absätze 1 bis 5 mit Ausnahme des Absatzes 4 Nr. 4 zu gewähren.«

14. § 26a wird wie folgt gefasst:

»§ 26a

(1) Der Anspruch auf Übergangsgeld sowie die Höhe und Berechnung bestimmen sich nach Kapitel 6 des Neunten Buches Sozialgesetzbuch; im Übrigen gelten für die Berechnung des Übergangsgelds die §§ 16a, 16b und 16f entsprechend.

(2) Hat der Beschädigte Einkünfte im Sinne von § 16b Abs. 1 erzielt und unmittelbar vor Beginn der Leistung zur Teilhabe am Arbeitsleben kein Versorgungskrankengeld, Krankengeld, Verletztengeld oder Übergangsgeld bezogen, so gilt für die Berechnung des Übergangsgelds § 16b Abs. 2 bis 4 und Abs. 6 entsprechend. Bei Beschädigten, die Versorgung auf Grund einer Wehrdienstbeschädigung oder einer Zivildienstbeschädigung erhalten, sind der Berechnung des Regelentgelts die vor der Beendigung des Wehrdienstes bezogenen Einkünfte (Geld- und Sachbezüge) als Soldat, für Soldaten, die Wehrsold bezogen haben, und für Zivildienstleistende, zehn Achtel der vor der Beendigung des Wehrdienstes oder Zivildienstes bezogenen Einkünfte (Geld- und Sachbezüge) als Soldat oder Zivildienstleistender zugrunde zu legen, wenn

Art. 47 SGB IX

   a) der Beschädigte vor Beginn des Wehrdienstes oder Zivildienstes kein Arbeitseinkommen erzielt hat oder
   b) das nach § 46 Abs. 1 Satz 1 oder § 47 Abs. 1 des Neunten Buches Sozialgesetzbuch oder nach Absatz 2 Satz 1 zu berücksichtigende Entgelt niedriger ist.

(3) Beschädigte, die vor Beginn der Leistung zur Teilhabe am Arbeitsleben beruflich nicht tätig gewesen sind, erhalten anstelle des Übergangsgelds eine Unterhaltsbeihilfe; das gilt nicht für Beschädigte im Sinne des Absatzes 2 Satz 2. Für die Bemessung der Unterhaltsbeihilfe sind die Vorschriften über Leistungen für den Lebensunterhalt bei Gewährung von Erziehungsbeihilfe entsprechend anzuwenden; § 25d Abs. 2 gilt nicht bei volljährigen Beschädigten. Unterhaltsbeihilfe wird nur bis zur Höhe des Übergangsgelds, das ein ehemaliger wehrpflichtiger Soldat der Wehrsoldgruppe 1 erhält, gewährt. Bei Unterbringung des Beschädigten in einer Rehabilitationseinrichtung ist der Berechnung der Unterhaltsbeihilfe lediglich ein angemessener Betrag zur Abgeltung zusätzlicher weiterer Bedürfnisse und Aufwendungen aus weiterlaufenden unabweislichen Verpflichtungen zugrunde zu legen.

(4) Kommen neben Leistungen nach § 26 weitere Hilfen der Kriegsopferfürsorge in Betracht, gelten Übergangsgeld und Unterhaltsbeihilfe als Einkommen.«

15. § 26c wird wie folgt geändert:

   a) In Absatz 1 Satz 2 wird das Wort »Behinderten« durch die Wörter »behinderten Menschen« ersetzt.
   b) In Absatz 10 Satz 2 wird die Angabe »§ 27d Abs. 1 Nr. 7« durch die Angabe »§ 27d Abs. 1 Nr. 4« ersetzt.

16. § 27d Abs. 1 wird wie folgt gefasst:

»(1) Als Hilfen in besonderen Lebenslagen erhalten Beschädigte und Hinterbliebene
1. Hilfe zum Aufbau oder zur Sicherung der Lebensgrundlage,
2. Hilfe zur Familienplanung, bei Sterilisation sowie bei Schwangerschaft und Mutterschaft,
3. Eingliederungshilfe für behinderte Menschen,
4. Blindenhilfe,
5. Hilfe zur Überwindung besonderer sozialer Schwierigkeiten.«

17. § 27h Abs. 2 Satz 2 wird durch folgende Sätze ersetzt:

»Der Übergang des Anspruchs gegen einen nach bürgerlichem Recht Unterhaltpflichtigen ist ausgeschlossen, wenn dies eine unbillige Härte bedeuten würde. Abweichend von den Sätzen 1 und 2 ist bei Kindern nach Vollendung des 18. Lebensjahres, die Eingliederungshilfe oder Hilfe zur Pflege in vollstationären Einrichtungen erhalten, davon auszugehen, dass der Unterhaltsanspruch gegen die Eltern in Höhe von monatlich 50 Deutsche Mark übergeht. Auf Antrag eines Elternteils sind bei unterhaltspflichtigen Eltern von Kindern nach Satz 3, die das 18. Lebensjahr, nicht jedoch das 27. Lebensjahr vollendet haben, die Sätze 1 und 2 anzuwenden. Bei der Prüfung nach Satz 2 liegt eine unbillige Härte in der Regel bei unterhaltspflichtigen Eltern vor, soweit dem Kind, das das 18. Lebensjahr vollendet hat, Eingliederungshilfe für behinderte Menschen nach § 27d oder Hilfe zur Pflege nach § 26c gewährt wird.«

18. In § 29 werden die Wörter »Maßnahmen zur Rehabilitation« durch die Wörter »Leistungen zur medizinischen Rehabilitation oder zur Teilhabe am Arbeitsleben« ersetzt.

Artikel 48

Änderung der Kriegsopferfürsorgeverordnung

Die Verordnung zur Kriegsopferfürsorge vom 16. Januar 1979 (BGBl. I S. 80), zuletzt geändert durch Artikel 3 § 46 des Gesetzes vom 16. Februar 2001 (BGBl. I S. 266), wird wie folgt geändert:

1. Die Inhaltsübersicht wird wie folgt geändert:

   a) Die Überschrift zu Abschnitt 1 wird wie folgt gefasst: »Hilfen zur Teilhabe am Arbeitsleben«.

   b) In den Überschriften zu § 10 und § 14 werden die Wörter »berufsfördernde Maßnahmen« durch die Wörter »Leistungen zur Teilhabe am Arbeitsleben« ersetzt.

2. § 1 wird wie folgt geändert::

   a) In Absatz 1 werden die Wörter »berufsfördernden Leistungen zur Rehabilitation« durch die Wörter »Leistungen zur Teilhabe am Arbeitsleben« ersetzt.

   b) In Absatz 2 werden die Wörter »berufsfördernder Maßnahmen« durch die Wörter »von Leistungen zur Teilhabe am Arbeitsleben«

und die Wörter »berufsfördernden Maßnahmen« jeweils durch die Wörter »Leistungen zur Teilhabe am Arbeitsleben« ersetzt.

c) In den Absätzen 4 und 5 werden die Wörter »berufsfördernde Maßnahmen« durch die Wörter »Leistungen zur Teilhabe am Arbeitsleben« ersetzt.

d) In den Absätzen 6 und 7 werden die Wörter »berufsfördernde Maßnahme« durch die Wörter »Maßnahme zur Teilhabe am Arbeitsleben« ersetzt.

3. § 2 wird wie folgt geändert:

a) In Absatz 1 Satz 1 Nr. 3 wird die Angabe »§ 11 Abs. 3 des Schwerbehindertengesetzes« durch die Angabe »§ 81 Abs. 4 Satz 1 Nr. 5 des Neunten Buches Sozialgesetzbuch« ersetzt.

b) In Absatz 2 werden die Wörter »berufsfördernden Maßnahme« durch die Wörter »Maßnahme zur Teilhabe am Arbeitsleben« ersetzt.

c) In Absatz 3 Nr. 3 wird die Angabe »§ 11 Abs. 3 des Schwerbehindertengesetzes« durch die Angabe »§ 81 Abs. 4 Satz 1 Nr. 4 des Neunten Buches Sozialgesetzbuch« ersetzt.

4. In § 3 werden die Wörter »der Berufsfindung« durch die Wörter »zur Abklärung der beruflichen Eignung« ersetzt.

5. In § 4 Abs. 2 Nr. 3 wird das Wort »Behinderte« durch die Wörter »behinderte Menschen« ersetzt.

6. § 10 wird wie folgt geändert:

a) In Absatz 1 werden die Wörter »berufsfördernde Maßnahmen« durch die Wörter »Leistungen zur Teilhabe am Arbeitsleben« ersetzt.

b) In Absatz 2 werden die Wörter »berufsfördernden Maßnahmen« durch die Wörter »Leistungen zur Teilhabe am Arbeitsleben« ersetzt.

7. In den §§ 12 und 14 werden die Wörter »berufsfördernde Maßnahmen« durch die Wörter »Leistungen zur Teilhabe am Arbeitsleben« ersetzt.

8. § 15 wird wie folgt gefasst:

»§ 15
Pauschalierte Abgeltung von Kosten

Die Kosten im Sinne des § 33 Abs. 7 des Neunten Buches Sozialgesetzbuch können durch Pauschbeträge abgegolten werden.«

SGB IX **Art. 48, 53**

9. § 16 wird wie folgt geändert:

   a) Absatz 1 wird wie folgt geändert:
      aa) In Satz 1 werden die Wörter »berufsfördernden Maßnahme« durch die Wörter »Leistungen zur Teilhabe am Arbeitsleben« und die Angabe »§ 26a Abs. 5« durch die Angabe »§ 26a Abs. 3« ersetzt.
      bb) Satz 2 wird gestrichen.
   b) In Absatz 2 wird die Angabe »§ 26a Abs. 5 letzter Satz« durch die Angabe »§ 26a Abs. 3 Satz 3« ersetzt.

10. In § 17 Abs. 1 werden die Wörter »berufsfördernde Leistungen zur Rehabilitation« durch die Wörter »Leistungen zur Teilhabe am Arbeitsleben« ersetzt.

11. In § 55 werden die Wörter »berufsfördernden Leistungen zur Rehabilitation« durch die Wörter »Leistungen zur Teilhabe am Arbeitsleben« ersetzt.

12. In § 56 werden die Wörter »berufsfördernder Maßnahmen« durch die Wörter »von Leistungen zur Teilhabe am Arbeitsleben« ersetzt.

Artikel 53
Änderung der Kraftfahrzeughilfe-Verordnung

Die Kraftfahrzeughilfe-Verordnung vom 28. September 1987 (BGBl. I S. 2251), zuletzt geändert durch Artikel 63 des Gesetzes vom 21. Dezember 2000 (BGBl. I S. 1983), wird wie folgt geändert:

1. In § 1 werden die Wörter »Eingliederung Behinderter in das Arbeitsleben« durch die Wörter »Teilhabe behinderter Menschen am Arbeitsleben« ersetzt.

2. § 3 wird wie folgt geändert:

   a) In den Absätzen 1 und 3 wird jeweils das Wort »Behinderte« durch die Wörter »behinderte Mensch« ersetzt.
   b) In Absatz 1 Nr. 1 wird das Wort »Maßnahme« durch das Wort »Leistung« ersetzt.
   c) In Absatz 3 wird das Wort »er« gestrichen und die Wörter »dauerhaft beruflich eingegliedert« durch die Wörter »die Teilhabe am Arbeitsleben dauerhaft gesichert« ersetzt.

d) In Absatz 4 wird das Wort »Behinderte« durch die Wörter »behinderte Menschen« ersetzt.

3. In § 4 Abs. 1 wird das Wort »Behinderte« durch die Wörter »behinderte Mensch« ersetzt.

4. In § 6 Abs. 1 bis 3 wird jeweils das Wort »Behinderten« durch die Wörter »behinderten Menschen« ersetzt.

5. In § 7 Satz 2 wird das Wort »Behinderten« durch die Wörter »behinderten Menschen« ersetzt.

6. In § 8 Abs. 1 Satz 2 wird das Wort »Behinderten« durch die Wörter »behinderten Menschen« ersetzt.

7. In § 9 Abs. 1 wird jeweils das Wort »Behinderte« durch die Wörter »behinderte Mensch« und das Wort »Behinderten« durch die Wörter »behinderten Menschen« ersetzt.

8. In § 10 wird das Wort »Maßnahme« durch das Wort »Leistung« ersetzt.

9. § 13 wird wie folgt geändert:

   a) In Absatz 1 werden die Wörter »berufliche Rehabilitation« durch die Wörter »Teilhabe am Arbeitsleben« ersetzt.

   b) In Absatz 2 wird das Wort »Behinderten« durch die Wörter »behinderten Menschen« ersetzt.

10. § 14 wird aufgehoben, § 15 wird § 14.

Artikel 54

Änderung der Wahlordnung Schwerbehindertengesetz

Die Wahlordnung Schwerbehindertengesetz in der Fassung der Bekanntmachung vom 23. April 1990 (BGBl. I S. 811), geändert durch Artikel 3 des Gesetzes vom 29. September 2000 (BGBl. I S. 1394), wird wie folgt geändert:

1. Die Überschrift wird wie folgt gefasst:

   »Wahlordnung Schwerbehindertenvertretungen (SchwbVWO)«.

2. Die Inhaltsübersicht wird wie folgt geändert:

   a) Die Angabe zu § 3 wird wie folgt gefasst:

SGB IX **Art. 54**

»§ 3 Liste der Wahlberechtigten«.

b) In der Angabe zu § 4 wird das Wort »Wählerliste« durch die Wörter »Liste der Wahlberechtigten« ersetzt.
c) Der Angabe zu § 8 werden die Wörter »und Bewerberinnen« angefügt.
d) In den Angaben zu den §§ 17, 21 und 26 wird das Wort »Stellvertreters« durch die Wörter »stellvertretenden Mitglieds« ersetzt.
e) Den Angaben zu dem Dritten Teil werden die Wörter »und Staatsanwältinnen« angefügt.
f) Den Angaben zu dem Vierten Teil und den §§ 24 und 27 werden die Wörter »und Richterinnen« angefügt.

3. § 1 wird wie folgt geändert:

a) In Absatz 1 werden vor dem Wort »von« die Wörter »oder eine« und nach dem Wort »Vorsitzenden« die Wörter »oder Vorsitzende« eingefügt.
b) In Absatz 2 werden nach dem Wort »Vorsitzender« die Wörter »oder Vorsitzende« eingefügt, die Wörter »Schwerbehinderten und Gleichgestellten« durch die Wörter »schwerbehinderten und diesen gleichgestellten behinderten Menschen« und die Angabe »§ 24 Abs. 6 Satz 4 des Schwerbehindertengesetzes« durch die Angabe »§ 94 Abs. 6 Satz 4 des Neunten Buches Sozialgesetzbuch« ersetzt.

4. § 2 wird wie folgt geändert:

a) In Absatz 1 Satz 2 werden nach dem Wort »Wahlhelfer« die Wörter »oder Wahlhelferin« eingefügt.
b) In Absatz 2 Satz 3 werden die Wörter »vom Vorsitzenden« durch die Wörter »von dem Vorsitzenden oder der Vorsitzenden« ersetzt.
c) In Absatz 4 wird das Wort »Stellvertreter« durch die Wörter »stellvertretende Mitglieder« ersetzt.
d) In den Absätzen 5 und 6 wird das Wort »Wählerliste« durch die Wörter »Liste der Wahlberechtigten« ersetzt.

5. In der Überschrift des § 3 und in Absatz 2 wird das Wort »Wählerliste« durch die Wörter »Liste der Wahlberechtigten« ersetzt.

6. § 4 wird wie folgt geändert:

a) In der Überschrift wird das Wort »Wählerliste« durch die Wörter »Liste der Wahlberechtigten« ersetzt.
b) Absatz 1 wird wie folgt gefasst:
»(1) Wer wahlberechtigt oder in dem Betrieb oder der Dienststelle

Art. 54 SGB IX

beschäftigt ist und ein berechtigtes Interesse an einer ordnungsgemäßen Wahl glaubhaft macht, kann innerhalb von zwei Wochen nach Erlass des Wahlausschreibens beim Wahlvorstand schriftlich Einspruch gegen die Richtigkeit der Liste der Wahlberechtigten einlegen.«

c) Absatz 2 wird wie folgt gefasst:

»(2) Über Einsprüche nach Absatz 1 entscheidet der Wahlvorstand unverzüglich. Hält er den Einspruch für begründet, berichtigt er die Liste der Wahlberechtigten. Der Person, die den Einspruch eingelegt hat, wird die Entscheidung des Wahlvorstandes unverzüglich mitgeteilt; die Entscheidung muss ihr spätestens am Tag vor dem Beginn der Stimmabgabe zugehen.«

d) In Absatz 3 wird das Wort »Wählerliste« jeweils durch die Wörter »Liste der Wahlberechtigten« ersetzt.

7. § 5 Abs. 1 wird wie folgt geändert:

a) In Satz 1 werden die Wörter »vom Vorsitzenden« durch die Wörter »von dem oder der Vorsitzenden« ersetzt.

b) Satz 2 wird wie folgt geändert:

aa) In Nummer 4 wird das Wort »Wählerliste« durch die Wörter »Liste der Wahlberechtigten« ersetzt.

bb) In Nummer 5 werden die Wörter »dass nur der Beschäftigte wählen kann, der in die Wählerliste eingetragen ist, und dass Einsprüche gegen die Wählerliste« durch die Wörter »dass nur wählen kann, wer in die Liste der Wahlberechtigten eingetragen ist und dass Einsprüche gegen die Richtigkeit der Liste der Wahlberechtigten« ersetzt.

cc) In Nummer 6 wird das Wort »Stellvertreter« durch die Wörter »stellvertretenden Mitglieder« ersetzt.

dd) In Nummer 7 wird das Wort »Stellvertreter« jeweils durch die Wörter »stellvertretende Mitglieder« ersetzt.

ee) In Nummer 8 werden das Wort »Stellvertreters« durch die Wörter »stellvertretenden Mitglieds« ersetzt, nach dem Wort »Bewerber« die Wörter »oder eine Bewerberin« eingefügt und das Wort »Stellvertreter« durch die Wörter »stellvertretendes Mitglied« ersetzt.

8. § 6 wird wie folgt geändert:

a) Absatz 1 wird wie folgt geändert:

aa) In den Sätzen 2 und 4 werden nach dem Wort »Bewerber« jeweils die Wörter »oder eine Bewerberin« eingefügt und das Wort »Stellvertreter« durch die Wörter »stellvertretendes Mitglied« ersetzt.

    bb) In Satz 3 werden das Wort »Stellvertreter« durch die Wörter »stellvertretender Mitglieder« ersetzt und nach dem Wort »Bewerber« die Wörter »oder Bewerberinnen« eingefügt.

b) In Absatz 2 werden in den Sätzen 2 und 3 nach dem Wort »Bewerber« jeweils die Wörter »oder Bewerberinnen« eingefügt.

c) Absatz 3 wird wie folgt gefasst:
»(3) Eine Person, die sich bewirbt, kann nur auf einem Wahlvorschlag benannt werden, es sei denn, sie ist in einem Wahlvorschlag als Schwerbehindertenvertretung und in einem anderen Wahlvorschlag als stellvertretendes Mitglied benannt. Der Wahlvorstand fordert eine Person, die mit ihrer schriftlichen Zustimmung auf mehreren Wahlvorschlägen für dasselbe Amt benannt ist, auf, innerhalb von drei Arbeitstagen zu erklären, auf welchem der Wahlvorschläge sie benannt bleiben will. Wird diese Erklärung nicht fristgerecht abgegeben, wird der Bewerber oder die Bewerberin von sämtlichen Wahlvorschlägen gestrichen.«

9. In § 7 Abs. 3 werden die Wörter »des Stellvertreters« und »der Stellvertreter« durch die Wörter »der stellvertretenden Mitglieder« ersetzt und nach dem Wort »Bewerber« die Wörter »oder Bewerberinnnen« eingefügt.

10. § 8 wird wie folgt gefasst:

»§ 8
Bekanntmachung der Bewerber und Bewerberinnen

Der Wahlvorstand macht spätestens eine Woche vor Beginn der Stimmabgabe die Namen der Bewerber und Bewerberinnen aus gültigen Wahlvorschlägen in alphabetischer Reihenfolge, getrennt nach Bewerbungen für die Schwerbehindertenvertretung und als stellvertretendes Mitglied, bis zum Abschluss der Stimmabgabe in gleicher Weise bekannt wie das Wahlausschreiben.«

11. § 9 wird wie folgt geändert:

a) Absatz 1 wird wie folgt gefasst:
»(1) Wer wahlberechtigt ist, kann seine Stimme nur für eine Person abgeben, die rechtswirksam als Bewerber oder Bewerberin vorgeschlagen ist.«

Art. 54 SGB IX

b) Absatz 2 Satz 2 wird wie folgt gefasst:
»Auf dem Stimmzettel sind die Personen, die sich für das Amt der Schwerbehindertenvertretung und als stellvertretendes Mitglied bewerben, getrennt in alphabetischer Reihenfolge unter Angabe von Familienname, Vorname, Geburtsdatum und Art der Beschäftigung aufgeführt.«

c) In Absatz 3 werden das Wort »Stellvertreter« durch die Wörter »stellvertretende Mitglieder« ersetzt und nach dem Wort »Bewerber« die Wörter »oder Bewerberinnen« eingefügt.

d) Absatz 4 wird wie folgt gefasst:
»(4) Bei der Stimmabgabe wird durch Ankreuzen an der im Stimmzettel jeweils vorgesehenen Stelle die von dem Wählenden gewählte Person für das Amt der Schwerbehindertenvertretung und der Stellvertretung gekennzeichnet. Werden mehrere stellvertretende Mitglieder gewählt, können Bewerber oder Bewerberinnen in entsprechender Anzahl angekreuzt werden.«

e) In Absatz 5 werden nach dem Wort »Bewerber« die Wörter »und Bewerberinnen« und nach dem Wort »Wählers« die Wörter »oder der Wählerin« eingefügt.

12. § 10 wird wie folgt geändert:

a) In Absatz 2 werden nach dem Wort »Wahlhelfer« die Wörter »oder Wahlhelferinnen« und nach dem Wort »Wahlhelfers« die Wörter »oder einer Wahlhelferin« eingefügt.

b) Absatz 3 wird wie folgt geändert:
aa) In Satz 1 werden nach dem Wort »Wähler« die Wörter »oder die Wählerin« eingefügt und die Wörter »er seinen Namen angibt« durch die Wörter »der Name des Wählers oder der Wählerin angegeben wird« ersetzt.
bb) In Satz 2 werden nach dem Wort »Wählers« die Wörter »oder der Wählerin« eingefügt und das Wort »Wählerliste« durch die Wörter »Liste der Wahlberechtigten« ersetzt.

c) Absatz 4 wird wie folgt geändert:
aa) Die Sätze 1 bis 3 werden wie folgt gefasst:
»Wer infolge seiner Behinderung bei der Stimmabgabe beeinträchtigt ist, bestimmt eine Person, die ihm bei der Stimmabgabe behilflich sein soll, und teilt dies dem Wahlvorstand mit. Personen, die sich bei der Wahl bewerben, Mitglieder des Wahlvorstandes sowie Wahlhelfer und Wahlhelferinnen dürfen nicht als Person nach Satz 1 bestimmt werden. Die Hilfe-

SGB IX **Art. 54**

>   leistung beschränkt sich auf die Erfüllung der Wünsche des Wählers oder der Wählerin zur Stimmabgabe; die nach Satz 1 bestimmte Person darf gemeinsam mit dem Wähler oder der Wählerin die Wahlzelle aufsuchen.«
> bb) In Satz 4 werden das Wort »Vertrauensperson« durch die Wörter »nach Satz 1 bestimmte Person« und die Wörter »eines anderen« durch die Wörter »einer anderen Person« ersetzt.
> cc) In Satz 5 werden die Wörter »Wähler, die des Lesens unkundig sind« durch die Wörter »des Lesens unkundige Wähler und Wählerinnen« ersetzt.

13. § 11 wird wie folgt geändert:
    a) Absatz 1 wird wie folgt gefasst:
       »(1) Der Wahlvorstand übergibt oder übersendet den Wahlberechtigten, die an der persönlichen Stimmabgabe verhindert sind, auf deren Verlangen
       1. das Wahlausschreiben,
       2. den Stimmzettel und den Wahlumschlag,
       3. eine vorgedruckte Erklärung, die der Wähler oder die Wählerin abgibt,
       4. einen größeren Freiumschlag, der die Anschrift des Wahlvorstandes und als Absender Namen und Anschrift der wahlberechtigten Person sowie den Vermerk »Schriftliche Stimmabgabe« trägt.

       In der Erklärung nach Nummer 3 versichert der Wähler oder die Wählerin gegenüber dem Wahlvorstand, dass er oder sie den Stimmzettel persönlich gekennzeichnet hat oder unter den Voraussetzungen des § 10 Abs. 4 durch eine andere Person hat kennzeichnen lassen. Der Wahlvorstand soll zusätzlich zu den Unterlagen nach den Nummern 1 bis 4 ein Merkblatt über die schriftliche Stimmabgabe übersenden oder übergeben. Er vermerkt die Übergabe oder Übersendung der Unterlagen in der Liste der Wahlberechtigten.«
    b) Absatz 3 wird wie folgt geändert:
       aa) In Satz 1 werden die Wörter »Der Wähler gibt seine Stimme in der Weise ab, dass er« durch die Wörter »Die Stimgabe erfolgt in der Weise, dass der Wähler oder die Wählerin« ersetzt.
       bb) In Satz 2 werden nach dem Wort »Wähler« die Wörter »oder

die Wählerin« eingefügt und die Wörter »Person seines Vertrauens« durch die Wörter »andere Person« ersetzt.

14. In § 12 Abs. 1 Satz 2 wird das Wort »Wählerliste« durch die Wörter »Liste der Wahlberechtigten« ersetzt.

15. § 13 wird wie folgt geändert:
    a) Absatz 2 Satz 1 wird wie folgt gefasst:
       »Gewählt für das Amt der Schwerbehindertenvertretung oder als stellvertretendes Mitglied ist der Bewerber oder die Bewerberin, der oder die jeweils die meisten Stimmen erhalten hat.«
    b) Absatz 3 wird wie folgt gefasst:
       »(3) Werden mehrere stellvertretende Mitglieder gewählt, ist als zweites stellvertretendes Mitglied der Bewerber oder die Bewerberin mit der zweithöchsten Stimmenzahl gewählt. Entsprechendes gilt für die Wahl weiterer stellvertretender Mitglieder. Für die Wahl und die Reihenfolge stellvertretender Mitglieder gilt Absatz 2 Satz 2 entsprechend.«
    c) Absatz 4 wird wie folgt geändert:
       aa) Satz 1 wird wie folgt gefasst:
           »Der Wahlvorstand fertigt eine Niederschrift des Wahlergebnisses, die von dem oder der Vorsitzenden sowie mindestens einem weiteren Mitglied des Wahlvorstandes unterschrieben wird.«
       bb) In Satz 2 werden nach dem Wort »Bewerber« die Wörter »und jede Bewerberin« und nach den Wörtern »gewählten Bewerber« die Wörter »und Bewerberinnen« eingefügt.

16. § 14 wird wie folgt gefasst:

»§ 14
Benachrichtigung der Gewählten und Annahme der Wahl

(1) Der Wahlvorstand benachrichtigt die für das Amt der Schwerbehindertenvertretung oder als stellvertretendes Mitglied Gewählten unverzüglich schriftlich gegen Empfangsbestätigung von ihrer Wahl. Erklärt eine gewählte Person nicht innerhalb von drei Arbeitstagen nach Zugang der Benachrichtigung dem Wahlvorstand ihre Ablehnung der Wahl, ist diese angenommen.

(2) Wird eine Wahl abgelehnt, tritt an die Stelle der Person, die abgelehnt hat, der Bewerber oder die Bewerberin für das Amt der Schwerbehindertenvertretung oder als stellvertretendes Mitglied mit

der nächsthöheren Stimmenzahl. Satz 1 gilt für die Wahl mehrerer stellvertretender Mitglieder mit der Maßgabe, dass jeweils der Bewerber oder die Bewerberin mit der nächsthöheren Stimmenzahl nachrückt.«

17. In § 15 werden die Wörter »des Vertrauensmannes oder der Vertrauensfrau und seiner oder ihrer Stellvertreter« durch die Wörter »der Personen, die das Amt der Schwerbehindertenvertretung oder des stellvertretenden Mitglieds innehaben,« ersetzt.

18. § 17 wird wie folgt geändert:

    a) In der Überschrift wird das Wort »Stellvertreters« durch die Wörter »stellvertretenden Mitglieds« ersetzt.

    b) Satz 1 erster Halbsatz wird wie folgt gefasst:
    »Scheidet das einzige stellvertretende Mitglied aus oder ist ein stellvertretendes Mitglied noch nicht gewählt,«.

19. § 20 wird wie folgt geändert:

    a) Absatz 1 wird wie folgt gefasst:
    »(1) Die Wahlversammlung wird von einer Person geleitet, die mit einfacher Stimmenmehrheit gewählt wird (Wahlleitung). Die Wahlversammlung kann zur Unterstützung der Wahlleitung Wahlhelfer oder Wahlhelferinnen bestimmen.«

    b) Absatz 2 wird wie folgt geändert:
    aa) In den Sätzen 1 und 2 wird das Wort »Stellvertreter« jeweils durch die Wörter »stellvertretende Mitglieder« ersetzt.
    bb) In Satz 3 werden die Wörter »Jeder Wähler kann Kandidaten« durch die Wörter »Jede Person, die wahlberechtigt ist, kann Personen« und das Wort »Stellvertreter« durch die Wörter »stellvertretenden Mitglieder« ersetzt.

    c) Absatz 3 wird wie folgt geändert:
    aa) In Satz 2 werden die Wörter »vom Wahlleiter die Kandidaten« durch die Wörter »von der Wahlleitung die vorgeschlagenen Personen« ersetzt.
    bb) In Satz 3 werden die Wörter »Der Wahlleiter« durch die Wörter »Die Wahlleitung« ersetzt und nach dem Wort »Wähler« die Wörter »und Wählerinnen« eingefügt.
    cc) In Satz 4 werden nach dem Wort »Wähler« die Wörter »oder die Wählerin« eingefügt und die Wörter »dem Wahlleiter« durch die Wörter »der Wahlleitung« ersetzt.
    dd) In Satz 5 werden das Wort »Dieser« durch das Wort »Diese«

ersetzt und nach dem Wort »Wählers« jeweils die Wörter »oder der Wählerin« eingefügt.

20. § 21 wird wie folgt geändert:

   a) In der Überschrift wird das Wort »Stellvertreters« durch die Wörter »stellvertretenden Mitglieds« ersetzt.
   b) Satz 1 wird wie folgt gefasst:
      »Scheidet das einzige stellvertretende Mitglied aus oder ist ein stellvertretendes Mitglied noch nicht gewählt, lädt die Schwerbehindertenvertretung die Wahlberechtigten unverzüglich zur Wahlversammlung zur Wahl eines oder mehrerer stellvertretender Mitglieder ein.«

21. In § 22 Abs. 3 wird die Angabe »§ 27 Abs. 7 des Schwerbehindertengesetzes« durch die Angabe »§ 97 Abs. 8 des Neunten Buches Sozialgesetzbuch« ersetzt.

22. Der Überschrift des Dritten Teils werden die Wörter »und Staatsanwältinnen« angefügt.

23. In § 23 werden nach dem Wort »Staatsanwälte« die Wörter »und Staatsanwältinnen« eingefügt und die Angabe »§ 24 Abs. 1 Satz 3 des Schwerbehindertengesetzes« durch die Angabe »§ 94 Abs. 1 Satz 3 des Neunten Buches Sozialgesetzbuch« ersetzt.

24. Der Überschrift des Vierten Teils werden die Wörter »und Richterinnen« angefügt.

25. § 24 wird wie folgt geändert:

   a) Der Überschrift werden die Wörter »und Richterinnen« angefügt.
   b) In Absatz 1 werden nach dem Wort »Richter« die Wörter »und Richterinnen« eingefügt und das Wort »Wählerliste« durch die Wörter »Liste der Wahlberechtigten« ersetzt.
   c) In Absatz 2 werden nach dem Wort »Richter« jeweils die Wörter »und Richterinnen« eingefügt und die Angabe »§ 24 Abs. 6 Satz 4 des Schwerbehindertengesetzes« durch die Angabe »§ 94 Abs. 6 Satz 4 des Neunten Buches Sozialgesetzbuch« ersetzt.

26. § 25 wird wie folgt geändert:

   a) In Absatz 1 werden nach dem Wort »des« die Wörter »oder des« eingefügt und das Wort »Stellvertreter« durch die Wörter »stellvertretenden Mitglieder« ersetzt.

SGB IX   **Art. 54, 55**

b) In Absatz 2 werden die Wörter »Der Leiter« durch die Wörter »Die Leitung« ersetzt.

27. § 26 wird wie folgt geändert:

 a) In der Überschrift wird das Wort »Stellvertreters« durch die Wörter »stellvertretenden Mitglieds« ersetzt.

 b) Satz 1 wird wie folgt gefasst:
 »Scheidet das einzige stellvertretende Mitglied vorzeitig aus dem Amt aus oder ist ein stellvertretendes Mitglied noch nicht gewählt, lädt die Schwerbehindertenvertretung der schwerbehinderten Richter und Richterinnen unverzüglich zur Wahlversammlung zur Wahl eines oder mehrerer stellvertretender Mitglieder für den Rest ihrer Amtszeit ein.«

28. In § 27 werden in der Überschrift und in Satz 1 jeweils nach dem Wort »Richter« die Wörter »und Richterinnen« eingefügt.

29. In § 1 Abs. 2 Satz 3, § 19 Abs. 2 und § 24 Abs. 2 Satz 2 werden die Wörter »der Hauptfürsorgestelle« und »die Hauptfürsorgestelle« durch die Wörter »des Integrationsamtes« und »das Integrationsamt« ersetzt.

Artikel 55
Änderung der Werkstättenverordnung Schwerbehindertengesetz

Die Werkstättenverordnung Schwerbehindertengesetz vom 13. August 1980 (BGBl. I S. 1365), zuletzt geändert durch Artikel 4 des Gesetzes vom 29. September 2000 (BGBl. I S. 1394), wird wie folgt geändert:

1. Die Überschrift der Verordnung wird wie folgt gefasst:

 »Werkstättenverordnung (WVO)«.

2. In der Überschrift des Ersten Abschnitts wird das Wort »Behinderte« durch die Wörter »behinderte Menschen« ersetzt.

3. § 1 wird wie folgt geändert:

 a) In Absatz 1 werden das Wort »Behinderte« durch die Wörter »behinderte Menschen«, das Wort »Behinderten« durch die Wörter

Art. 55 **SGB IX**

»behinderten Menschen« und die Angabe »§ 54 Abs. 2 des Schwerbehindertengesetzes« durch die Angabe »§ 136 Abs. 2 des Neunten Buches Sozialgesetzbuch« ersetzt.

b) In Absatz 2 wird das Wort »Arbeitstrainings-« durch das Wort »Berufsbildungs-« ersetzt.

4. In § 2 Satz 3 wird das Wort »Sozialleistungsträgers« durch das Wort »Rehabilitationsträgers« und werden die Wörter »Gewährung von berufsfördernden oder ergänzenden Leistungen zur Rehabilitation« durch die Wörter »Erbringung von Leistungen zur Teilhabe am Arbeitsleben und ergänzende Leistungen« ersetzt.

5. § 3 wird wie folgt geändert:

   a) Absatz 1 wird wie folgt gefasst:

   »(1) Die Werkstatt führt im Benehmen mit dem zuständigen Rehabilitationsträger Eingangsverfahren durch. Aufgabe des Eingangsverfahrens ist es festzustellen, ob die Werkstatt die geeignete Einrichtung zur Teilhabe behinderter Menschen am Arbeitsleben und zur Eingliederung in das Arbeitsleben im Sinne des § 136 des Neunten Buches Sozialgesetzbuch ist, sowie welche Bereiche der Werkstatt und welche Leistungen zur Teilhabe am Arbeitsleben und ergänzende Leistungen oder Leistungen zur Eingliederung in das Arbeitsleben in Betracht kommen und einen Eingliederungsplan zu erstellen.«

   b) Absatz 2 wird wie folgt gefasst:

   »(2) Das Eingangsverfahren dauert im Einzelfall bis zu drei Monate. Es dauert bis zu vier Wochen, wenn die notwendigen Feststellungen in dieser Zeit getroffen werden können.«

   c) In Absatz 3 werden jeweils das Wort »Behinderten« durch die Wörter »behinderten Menschen«, das Wort »Sozialleistungsträger« durch das Wort »Rehabilitationsträger« und das Wort »Sozialleistungsträgers« durch das Wort »Rehabilitationsträgers« ersetzt.

   d) In Absatz 4 werden das Wort »Behinderte« durch die Wörter »behinderte Menschen« und das Wort »Behinderten« durch die Wörter »behinderten Menschen« ersetzt sowie nach dem Wort »Maßnahmen« die Wörter »und welche anderen Leistungen zur Teilhabe« eingefügt.

6. § 4 wird wie folgt geändert:

   a) In der Überschrift wird das Wort »Arbeitstrainingsbereich« durch das Wort »Berufsbildungsbereich« ersetzt.

b) Absatz 1 wird wie folgt gefasst:

»(1) Die Werkstatt führt im Benehmen mit dem im Berufsbildungsbereich und dem im Arbeitsbereich zuständigen Rehabilitationsträger Maßnahmen im Berufsbildungsbereich (Einzelmaßnahmen und Lehrgänge) zur Verbesserung der Teilhabe am Arbeitsleben unter Einschluss angemessener Maßnahmen zur Weiterentwicklung der Persönlichkeit des behinderten Menschen durch. Sie fördert die behinderten Menschen so, dass sie spätestens nach Teilnahme an Maßnahmen des Berufsbildungsbereichs in der Lage sind, wenigstens ein Mindestmaß wirtschaftlich verwertbarer Arbeitsleistung im Sinne des § 136 Abs. 2 des Neunten Buches Sozialgesetzbuch zu erbringen.«

c) In Absatz 2 werden die Wörter »berufsfördernden Maßnahmen« durch die Wörter »Leistungen zur Teilhabe am Arbeitsleben« und das Wort »Behinderten« durch die Wörter »behinderten Menschen« ersetzt.

d) In Absatz 4 wird das Wort »Behinderten« durch die Wörter »behinderten Menschen« ersetzt.

e) Absatz 6 Satz 1 und 2 werden wie folgt gefasst:

»Rechtzeitig vor Beendigung einer Maßnahme im Sinne des Absatzes 1 Satz 1 hat der Fachausschuss gegenüber dem zuständigen Rehabilitationsträger eine Stellungnahme dazu abzugeben, ob

1. die Teilnahme an einer anderen oder weiterführenden beruflichen Bildungsmaßnahme oder
2. eine Wiederholung der Maßnahme im Berufsbildungsbereich oder
3. eine Beschäftigung im Arbeitsbereich der Werkstatt oder auf dem allgemeinen Arbeitsmarkt einschließlich einem Integrationsprojekt (§ 132 des Neunten Buches Sozialgesetzbuch)

zweckmäßig erscheint. Das Gleiche gilt im Falle des vorzeitigen Abbruchs oder Wechsels der Maßnahme im Berufsbildungsbereich sowie des Ausscheidens aus der Werkstatt.«

7. § 5 wird wie folgt geändert:

a) In Absatz 1 und Absatz 2 Satz 2 wird jeweils das Wort »Behinderten« durch die Wörter »behinderten Menschen« ersetzt.

b) In Absatz 3 werden das Wort »Arbeitstrainingsbereich« durch das Wort »Berufsbildungsbereich« und das Wort »Behinderten« durch die Wörter »behinderten Menschen« ersetzt.

c) Absatz 4 wird wie folgt geändert:

Art. 55 **SGB IX**

    aa) In Satz 1 wird das Wort »Behinderten« durch die Wörter »behinderten Menschen« ersetzt.

    bb) In Satz 2 werden das Wort »Sozialleistungsträger« durch das Wort »Rehabilitationsträger«, das Wort »Behinderten« durch die Wörter »behinderten Menschen« und die Wörter »die Hauptfürsorgestelle« durch die Wörter »das Integrationsamt« ersetzt.

  d) Nach Absatz 4 wird folgender Absatz 5 angefügt:

    »(5) Der Fachausschuss wird bei der Planung und Durchführung von Maßnahmen nach den Absätzen 3 und 4 beteiligt. Er gibt auf Vorschlag des Trägers der Werkstatt oder des zuständigen Rehabilitationsträgers in regelmäßigen Abständen, wenigstens einmal jährlich, gegenüber dem zuständigen Rehabilitationsträger eine Stellungnahme dazu ab, welche behinderten Menschen für einen Übergang auf den allgemeinen Arbeitsmarkt in Betracht kommen und welche übergangsfördernden Maßnahmen dazu erforderlich sind. Im Übrigen gilt § 3 Abs. 3 entsprechend.«

8. § 6 wird wie folgt geändert:

  a) In Absatz 1 werden das Wort »Behinderten« durch die Wörter »behinderten Menschen« und das Wort »Arbeitstrainings-« durch das Wort »Berufsbildungs-« ersetzt.

  b) In Absatz 2 werden das Wort »Behinderten« durch die Wörter »behinderten Menschen« ersetzt und nach dem Wort »Behinderung« die Wörter »oder zur Erfüllung des Erziehungsauftrages« eingefügt.

9. § 8 wird wie folgt geändert:

  a) In Absatz 1 wird die Angabe »Eingliederung Behinderter in das Arbeitsleben und den in § 54 des Schwerbehindertengesetzes« durch die Angabe »Teilhabe behinderter Menschen am Arbeitsleben und zur Eingliederung in das Arbeitsleben und den in § 136 des Neunten Buches Sozialgesetzbuch« ersetzt.

  b) In Absatz 3 wird das Wort »Behinderten« durch die Wörter »behinderten Menschen« ersetzt.

  c) In Absatz 4 wird das Wort »Sozialleistungsträgern« durch das Wort »Rehabilitationsträgern« ersetzt.

10. § 9 wird wie folgt geändert:

  a) In Absatz 1 werden jeweils das Wort »Behinderten« durch die Wörter »behinderten Menschen« ersetzt.

b) In Absatz 3 werden das Wort »Behinderten« durch die Wörter »behinderten Menschen«, das Wort »Arbeitstrainings-« durch das Wort »Berufsbildungs-« und das Wort »Arbeitstrainingsbereich« durch das Wort »Berufsbildungsbereich« ersetzt.

c) In Absatz 4 wird das Wort »Arbeitstrainingsbereichs« durch das Wort »Berufsbildungsbereichs« und das Wort »Sozialleistungsträger« durch das Wort »Rehabilitationsträger« ersetzt.

11. In § 10 werden jeweils das Wort »Behinderten« durch die Wörter »behinderten Menschen«, das Wort »Behinderte« durch die Wörter »behinderte Menschen« und das Wort »Sozialleistungsträgern« durch das Wort »Rehabilitationsträgern« ersetzt.

12. § 12 wird wie folgt geändert:

   a) Absatz 1 wird wie folgt geändert:
      aa) In Satz 4 wird nach dem Wort »Arbeitsergebnis« die Angabe »seine Zusammensetzung im Einzelnen gemäß Absatz 4« eingefügt.
      bb) In Satz 5 wird nach dem Wort »Arbeitsergebnisses« die Angabe »seine Zusammensetzung im Einzelnen gemäß Absatz 4« eingefügt.
      cc) In Satz 7 wird das Wort »Sozialleistungsträgern« durch das Wort »Rehabilitationsträgern« ersetzt.

   b) In Absatz 3 werden das Wort »Behinderten« durch die Wörter »behinderten Menschen« und die Angabe »§ 54 Abs. 1 Satz 2 und § 54b des Schwerbehindertengesetzes« durch die Angabe »§ 136 Abs. 1 Satz 2 und § 138 des Neunten Buches Sozialgesetzbuch« ersetzt.

   c) Absatz 4 wird wie folgt geändert:
      aa) In Satz 1 werden die Angabe »§ 54b des Schwerbehindertengesetzes« durch die Angabe »§ 138 des Neunten Buches« ersetzt und nach dem Wort »Betriebs« die Wörter »im Arbeitsbereich« eingefügt.
      bb) In Satz 2 wird das Wort »Sozialleistungsträgern« durch das Wort »Rehabilitationsträgern« ersetzt.
      cc) Satz 3 wird wie folgt gefasst:
      »Notwendige Kosten des laufenden Betriebs sind die Kosten nach § 41 Abs. 3 Satz 3 und 4 des Neunten Buches Sozialgesetzbuch im Rahmen der getroffenen Vereinbarungen sowie die mit der wirtschaftlichen Betätigung der Werkstatt in Zusammenhang stehenden notwendigen Kosten, die auch in ei-

nem Wirtschaftsunternehmen üblicherweise entstehen und infolgedessen nach § 41 Abs. 3 des Neunten Buches Sozialgesetzbuch von den Rehabilitationsträgern nicht übernommen werden, nicht hingegen die Kosten für die Arbeitsentgelte nach § 138 Abs. 2 des Neunten Buches Sozialgesetzbuch und das Arbeitsförderungsgeld nach § 43 des Neunten Buches Sozialgesetzbuch.«

d) Absatz 5 wird wie folgt geändert:
   aa) In Nummer 1 wird die Angabe »§ 54b Abs. 2 des Schwerbehindertengesetzes« durch die Angabe »§ 138 Abs. 2 des Neunten Buches Sozialgesetzbuch« ersetzt.
   bb) In Nummer 2 wird die Angabe »§ 54b des Schwerbehindertengesetzes« durch die Angabe »§ 138 des Neunten Buches Sozialgesetzbuch« und die Angabe »drei« durch die Angabe »sechs« ersetzt.
   cc) In Nummer 3 wird das Wort »Sozialleistungsträger« durch das Wort »Rehabilitationsträger« ersetzt.

e) Nach Absatz 5 wird folgender Absatz 6 angefügt:
   »(6) Die Werkstatt legt die Ermittlung des Arbeitsergebnisses nach Absatz 4 und dessen Verwendung nach Absatz 5 gegenüber den beiden Anerkennungsbehörden nach § 142 Satz 2 des Neunten Buches Sozialgesetzbuch auf deren Verlangen offen. Diese sind berechtigt, die Angaben durch Einsicht in die nach Absatz 1 zu führenden Unterlagen zu überprüfen.«

13. § 13 wird wie folgt geändert:

a) Absatz 1 wird wie folgt geändert:
   aa) In Satz 1 wird das Wort »Behinderten« durch die Wörter »behinderten Menschen« ersetzt.
   bb) Satz 2 wird wie folgt gefasst:
       »Über die Vereinbarungen sind die zuständigen Rehabilitationsträger zu unterrichten.«

b) In Absatz 2 werden die Angabe »§ 54 Abs. 1 Satz 2 und § 54b des Schwerbehindertengesetzes« durch die Angabe »§ 136 Abs. 1 Satz 2 und § 138 des Neunten Buches Sozialgesetzbuch« und das Wort »Behinderten« durch die Wörter »behinderten Menschen« ersetzt.

14. In § 14 werden das Wort »Behinderten« durch die Wörter »behinderten Menschen« und die Angabe »§ 54c des Schwerbehindertengesetzes« durch die Angabe »§ 139 des Neunten Buches Sozialgesetzbuch« ersetzt.

SGB IX **Art. 55, 56**

15. In § 15 wird das Wort »Behinderte« durch die Wörter »behinderte Menschen« und die Angabe »§ 54a Abs. 1 Satz 2 Nr. 2 des Schwerbehindertengesetzes« durch die Angabe »§ 137 Abs. 1 Satz 2 Nr. 2 des Neunten Buches Sozialgesetzbuch« ersetzt.

16. In der Überschrift des Zweiten Abschnitts wird das Wort »Behinderte« durch die Wörter »behinderte Menschen« ersetzt.

17. In § 17 Abs. 1 wird die Angabe »§ 54 des Schwerbehindertengesetzes« durch die Angabe »§ 136 des Neunten Buches Sozialgesetzbuch« ersetzt.

18. In § 18 wird in Absatz 2 die Angabe »§ 57 Abs. 1 Satz 2 des Schwerbehindertengesetzes« durch die Angabe »§ 142 Abs. 1 Satz 2 des Neunten Buches Sozialgesetzbuch« und in Absatz 4 das Wort »Behinderte« durch die Wörter »behinderte Menschen« ersetzt.

19. § 20 wird wie folgt geändert:

    a) In Satz 1 Nr. 2 wird das Wort »Behinderte« durch die Wörter »behinderte Menschen« ersetzt.

    b) In Satz 1 Nr. 3 Buchstabe b werden das Wort »Behinderten« durch die Wörter »behinderten Menschen« und die Angabe »§ 54 des Schwerbehindertengesetzes« durch die Angabe »§ 136 des Neunten Buches Sozialgesetzbuch« ersetzt.

    c) In Satz 1 Nr. 3 Buchstabe c wird das Wort »Behinderten« durch die Wörter »behinderten Menschen« ersetzt.

Artikel 56

Änderung der Ausweisverordnung Schwerbehindertengesetz

Die Ausweisverordnung Schwerbehindertengesetz in der Fassung der Bekanntmachung vom 25. Juli 1991 (BGBl. I S. 1739), geändert durch Artikel 6 Abs. 104 des Gesetzes vom 27. Dezember 1993 (BGBl. I S. 2378), wird wie folgt geändert:

1. Die Überschrift der Verordnung wird wie folgt gefasst:

   »Schwerbehindertenausweisverordnung«.

2. In der Überschrift des Ersten Abschnitts wird das Wort »Schwerbehinderte« durch die Wörter »schwerbehinderte Menschen« ersetzt.

Art. 56 **SGB IX**

3. § 1 wird wie folgt geändert:

   a) In Absatz 1 werden das Wort »Schwerbehinderter« durch die Wörter »schwerbehinderter Mensch«, die Angabe »§ 4 Abs. 5 des Schwerbehindertengesetzes« durch die Angabe »§ 69 Abs. 5 des Neunten Buches Sozialgesetzbuch« und das Wort »Schwerbehindertengesetz« durch die Wörter »Neunten Buch Sozialgesetzbuch« ersetzt.

   b) In Absatz 2 wird das Wort »Schwerbehinderte« durch die Wörter »schwerbehinderte Menschen« ersetzt.

   c) In Absatz 3 werden das Wort »Schwerbehinderte« durch die Wörter »schwerbehinderte Menschen« und die Angabe »§ 65 Abs. 1 Satz 1 Nr. 2 Buchstabe a des Schwerbehindertengesetzes« durch die Angabe »§ 151 Abs. 1 Satz 1 Nr. 2 Buchstabe a des Neunten Buches Sozialgesetzbuch« ersetzt.

   d) In Absatz 4 wird das Wort »Schwerbehinderte« durch die Wörter »schwerbehinderte Menschen« ersetzt.

4. In § 2 wird jeweils das Wort »Schwerbehinderte« durch die Wörter »schwerbehinderte Mensch« ersetzt.

5. § 3 wird wie folgt geändert:

   a) Absatz 1 wird wie folgt geändert:

      aa) Das Wort »Schwerbehinderte« wird durch die Wörter »schwerbehinderte Mensch« ersetzt.

      bb) In Nummer 3 wird die Angabe »§ 24 Abs. 1« durch die Angabe »§ 76 Abs. 2a Nr. 3« ersetzt.

      cc) Nach Nummer 3 wird folgende Nummer 4 eingefügt:

      »4. **Gl** wenn der schwerbehinderte Mensch gehörlos im Sinne des § 145 des Neunten Buches Sozialgesetzbuch ist,«.

      dd) Die bisherigen Nummern 4 und 5 werden Nummern 5 und 6.

   b) In Absatz 2 werden das Wort »Schwerbehinderten« durch die Wörter »schwerbehinderten Menschen«, die Angabe »§ 60 Abs. 2 des Schwerbehindertengesetzes« durch die Angabe »§ 146 Abs. 2 des Neunten Buches Sozialgesetzbuch« und die Angabe »§ 60 Abs. 1 Satz 1 des Schwerbehindertengesetzes« durch die Angabe »§ 146 Abs. 1 Satz 1 des Neunten Buches Sozialgesetzbuch« ersetzt.

6. § 3a wird wie folgt geändert:

   a) In Absatz 1 wird das Wort »Schwerbehinderte« durch die Wörter »schwerbehinderte Menschen« ersetzt.

SGB IX **Art. 56**

    b) In Absatz 2 werden das Wort »Schwerbehinderte« durch die Wörter »Schwerbehinderte Menschen« und die Angabe »§ 59 Abs. 1 Satz 3 des Schwerbehindertengesetzes« durch die Angabe »§ 145 Abs. 1 Satz 3 des Neunten Buches Sozialgesetzbuch« ersetzt.

    c) In Absatz 3 wird das Wort »Schwerbehinderte« durch die Wörter »Schwerbehinderte Menschen« ersetzt.

    d) In Absatz 4 werden das Wort »Schwerbehinderte« durch die Wörter »Schwerbehinderte Menschen« und die Wörter »wenn Schwerbehinderte« durch die Wörter »wenn schwerbehinderte Menschen« ersetzt.

7. In § 4 Abs. 1 wird das Wort »Schwerbehinderten« durch die Wörter »schwerbehinderten Menschen« ersetzt.

8. § 5 wird wie folgt geändert:

    a) In Absatz 1 wird das Wort »Schwerbehinderte« durch die Wörter »schwerbehinderte Menschen« ersetzt.

    b) In Absatz 2 wird das Wort »Schwerbehinderten« durch die Wörter »schwerbehinderten Menschen« ersetzt.

9. § 6 wird wie folgt geändert:

    a) Absatz 1 wird wie folgt geändert:

        aa) Satz 1 wird wie folgt gefasst:
»Auf der Rückseite des Ausweises ist als Beginn der Gültigkeit des Ausweises einzutragen:

          1. in den Fällen des § 69 Abs. 1 und 4 des Neunten Buches Sozialgesetzbuch der Tag des Eingangs des Antrags auf Feststellung nach diesen Vorschriften,

          2. in den Fällen des § 69 Abs. 2 des Neunten Buches Sozialgesetzbuch der Tag des Eingangs des Antrags auf Ausstellung des Ausweises nach § 69 Abs. 5 des Neunten Buches Sozialgesetzbuch.«

        bb) In Satz 2 werden das Wort »Schwerbehinderten« durch die Wörter »schwerbehinderten Menschen« und das Wort »Schwerbehinderter« durch die Wörter »schwerbehinderter Mensch« ersetzt.

    b) In Absatz 2 wird die Angabe »§ 4 Abs. 5 Satz 1 des Schwerbehindertengesetzes« durch die Angabe »§ 69 Abs. 5 Satz 1 des Neunten Buches Sozialgesetzbuch« ersetzt.

    c) In den Absätzen 3 und 4 werden das Wort »Schwerbehinderte« durch die Wörter »schwerbehinderte Menschen« ersetzt.

Art. 56   **SGB IX**

    d) In Absatz 5 wird das Wort »Schwerbehinderten« durch die Wörter »schwerbehinderten Menschen« ersetzt.

10. In § 7 Abs. 1 wird die Angabe »§ 4 Abs. 5 des Schwerbehindertengesetzes« durch die Angabe »§ 69 Abs. 5 des Neunten Buches Sozialgesetzbuch« ersetzt.

11. § 8 wird wie folgt geändert:

    a) In Absatz 1 werden das Wort »Schwerbehinderte« durch die Wörter »schwerbehinderte Menschen« und die Angabe »§ 1 des Schwerbehindertengesetzes« durch die Angabe »§ 2 Abs. 2 des Neunten Buches Sozialgesetzbuch« ersetzt.
    b) In Absatz 2 wird die Angabe »§ 3 Abs. 1 Nr. 5« durch die Angabe »§ 3 Abs. 1 Nr. 6« ersetzt.

12. Nach § 8 wird folgender Dritter Abschnitt angefügt:

    »Dritter Abschnitt: Übergangsregelung

    § 9
    Übergangsregelung

    Ein Ausweis, der nach dem bis zum 30. Juni 2001 geltenden Recht ausgestellt worden ist, bleibt bis zum Ablauf seiner Gültigkeitsdauer gültig, es sei denn, er ist einzuziehen. Ein Ausweis, der nach dem bis zum 30. Juni 2001 geltenden Recht ausgestellt worden ist, kann auf Antrag unter den Voraussetzungen des § 6 Abs. 6 verlängert werden.«

13. In Muster 1 werden das Wort »Schwerbehinderter« durch die Wörter »schwerbehinderter Mensch«, das Wort »Schwerbehinderten« durch die Wörter »schwerbehinderten Menschen« und das Wort »Schwerbehindertengesetz« durch die Wörter »Neunten Buch Sozialgesetzbuch« ersetzt.

14. In Muster 2 werden nach den Wörtern »Der Inhaber« die Wörter »oder die Inhaberin« eingefügt und die Angabe »(§ 59 Abs. 1 Sätze 1 und 2 SchwbG)« durch die Angabe »(§ 145 Abs. 1 Satz 1 und 2 des Neunten Buches Sozialgesetzbuch)« ersetzt.

15. In Muster 4 werden nach dem Wort »Ausweisinhabers« jeweils die Wörter »oder der Ausweisinhaberin« und nach dem Wort »Ausweisinhaber« die Wörter »oder die Ausweisinhaberin« eingefügt, die Angabe »§ 61 Abs. 1 des Schwerbehindertengesetzes« durch die Angabe »§ 147 Abs. 1 des Neunten Buches Sozialgesetzbuch« und die Angabe

»§ 61 des Schwerbehindertengesetzes« durch die Angabe »§ 147 des Neunten Buches Sozialgesetzbuch« ersetzt.

16. In Muster 5 werden nach dem Wort »Inhaber« die Wörter »oder die Inhaberin« eingefügt und die Angabe »§ 61 Abs. 1 Nr. 5 des Schwerbehindertengesetzes« durch die Angabe »§ 147 Abs. 1 Nr. 5 des Neunten Buches Sozialgesetzbuch« ersetzt.

Artikel 57
Änderung der Schwerbehinderten-Ausgleichsabgabeverordnung

Die Schwerbehinderten-Ausgleichsabgabeverordnung vom 28. März 1988 (BGBl. I S. 484), zuletzt geändert durch Artikel 22 Nr. 1 Buchstabe s des Gesetzes vom 20. Dezember 2000 (BGBl. I S. 1827), wird wie folgt geändert:

1. Die Überschrift wird wie folgt gefasst:

    »Schwerbehinderten-
    Ausgleichsabgabeverordnung – SchwbAV«.

2. Die Inhaltsübersicht wird wie folgt geändert:

    a) In den Überschriften des Zweiten Abschnitts, des Zweiten Abschnitts 3. Unterabschnitt und des Dritten Abschnitts 2. Unterabschnitt werden jeweils die Wörter »Eingliederung Schwerbehinderter in das Arbeits- und Berufsleben« durch die Wörter »Teilhabe schwerbehinderter Menschen am Arbeitsleben« ersetzt.

    b) In den Überschriften des Zweiten Abschnitts 1. Unterabschnitt und des 2. Unterabschnitts I, des § 15 und des § 26 werden das Wort »Schwerbehinderte« durch die Wörter »schwerbehinderte Menschen« ersetzt.

    c) Die Angabe zu § 16 wird wie folgt gefasst:
    »§ 16 Arbeitsmarktprogramme für schwerbehinderte Menschen«.

    d) In der Überschrift des Zweiten Abschnitts 2. Unterabschnitt werden die Wörter »Arbeits- und Berufsleben« durch das Wort »Arbeitsleben« ersetzt.

    e) Die Angabe zu § 22 wird wie folgt gefasst:
    »§ 22 Hilfen zur Beschaffung, Ausstattung und Erhaltung einer behinderungsgerechten Wohnung«.

f) Die Angabe zu § 23 wird wie folgt gefasst:«
   »§ 23 (aufgehoben)«.
g) Vor der Angabe zu § 28 wird folgende Angabe eingefügt:
   »§ 27a Leistungen an Integrationsfachdienste«.
h) In der Überschrift des § 28 wird das Wort »Schwerbehinderter« durch die Wörter »schwerbehinderter Menschen« ersetzt.
i) Nach der Angabe zu § 28 wird folgende Angabe eingefügt:
   »§ 28a Leistungen an Integrationsprojekte«.
j) In der Überschrift des § 45 wird das Wort »Bundesministers« durch das Wort »Bundesministeriums« ersetzt.

3. In der Überschrift des Zweiten Abschnitts werden die Wörter »Eingliederung Schwerbehinderter in das Arbeits- und Berufsleben« durch die Wörter »Teilhabe schwerbehinderter Menschen am Arbeitsleben« ersetzt.

4. § 14 Abs. 1 wird wie folgt geändert:

   a) In Nummer 1 wird das Wort »Schwerbehinderte« durch die Wörter »schwerbehinderte Menschen« ersetzt.
   b) In Nummer 2 werden die Wörter »Arbeits- und Berufsleben« durch das Wort »Arbeitsleben« ersetzt.
   c) In Nummer 3 werden die Wörter »Eingliederung Schwerbehinderter in das Arbeits- und Berufsleben« durch die Wörter »Teilhabe schwerbehinderter Menschen am Arbeitsleben« ersetzt.
   d) In Nummer 4 werden die Wörter »Eingliederung Schwerbehinderter in das Arbeits- und Berufsleben« durch die Wörter »Teilhabe schwerbehinderter Menschen am Arbeitsleben« sowie das Wort »Bundesminister« durch das Wort »Bundesministerium« ersetzt.

5. In der Überschrift des Zweiten Abschnitts 1. Unterabschnitt wird das Wort »Schwerbehinderte« durch die Wörter »schwerbehinderte Menschen« ersetzt.

6. § 15 wird wie folgt geändert:

   a) In der Überschrift wird das Wort »Schwerbehinderte« durch die Wörter »schwerbehinderte Menschen« ersetzt.
   b) Absatz 1 Satz 1 wird wie folgt geändert:
      aa) In Nummer 1 wird das Wort »Schwerbehinderte« durch die Wörter »schwerbehinderte Menschen« ersetzt.
      bb) In Nummer 1 Buchstabe a wird die Angabe »§ 5 des Schwerbehindertengesetzes« durch die Angabe »§ 71 des Neunten Buches Sozialgesetzbuch« ersetzt.

SGB IX Art. 57

- cc) In Nummer 1 Buchstabe b wird das Wort »Schwerbehinderten« durch die Wörter »schwerbehinderten Menschen« und die Angabe »§ 5 Abs. 1 Satz 2 und § 6 des Schwerbehindertengesetzes« durch die Angabe »§ 71 Abs. 1 Satz 2 und § 72 des Neunten Buches Sozialgesetzbuch« ersetzt.
- dd) In Nummer 1 Buchstabe d wird das Wort »Behinderte« durch die Wörter »behinderte Menschen« ersetzt.
- ee) In Nummer 1 Buchstabe e wird die Angabe »§ 14 Abs. 2 Satz 1, Abs. 3 Satz 1 Nr. 1, 4 und 5 und Abs. 4 Satz 1 des Schwerbehindertengesetzes« durch die Angabe »§ 81 Abs. 3 Satz 1, Abs. 4 Satz 1 Nr. 1, 4 und 5 und Abs. 5 Satz 1 des Neunten Buches Sozialgesetzbuch« ersetzt.
- ff) In Nummer 2 werden das Wort »Schwerbehinderte« durch die Wörter »schwerbehinderte Menschen«, die Wörter »Maßnahmen zur beruflichen Rehabilitation« durch die Wörter »Leistungen zur Teilhabe am Arbeitsleben nach § 33 Abs. 3 Nr. 3 des Neunten Buches Sozialgesetzbuch« und das Wort »Schwerbehinderten« durch die Wörter »schwerbehinderten Menschen« ersetzt.
- c) In Absatz 1 Satz 2 wird das Wort »Schwerbehinderter« durch die Wörter »schwerbehinderter Menschen« ersetzt.
- d) In Absatz 3 werden die Wörter »Arbeits- und Berufsleben« durch das Wort »Arbeitsleben« ersetzt.

7. § 16 wird wie folgt geändert:
   a) Die Überschrift wird wie folgt gefasst:
      »Arbeitsmarktprogramme für
      schwerbehinderte Menschen«.
   b) Die Angabe »(1)« wird gestrichen.
   c) Die Angabe »Sonderprogramme gemäß § 33 Abs. 3 des Schwerbehindertengesetzes« wird durch die Angabe »Arbeitsmarktprogramme gemäß § 104 Abs. 3 des Neunten Buches Sozialgesetzbuch« ersetzt.

8. In der Überschrift des Zweiten Abschnitts 2. Unterabschnitt werden die Wörter »Arbeits- und Berufsleben« durch das Wort »Arbeitsleben« ersetzt.

9. § 17 wird wie folgt geändert:
   a) Absatz 1 Satz 1 wird wie folgt geändert:
      aa) Die Wörter »Arbeits- und Berufsleben« werden durch das Wort »Arbeitsleben« ersetzt.

bb) In Nummer 1 und Nummer 2 Buchstabe a wird jeweils das Wort »Schwerbehinderte« durch die Wörter »schwerbehinderte Menschen« ersetzt.
cc) Nummer 1 Buchstabe d wird wie folgt gefasst:
»d) zur Beschaffung, Ausstattung und Erhaltung einer behinderungsgerechten Wohnung (§ 22),«.
dd) Nummer 1 Buchstabe e wird gestrichen.
ee) Nummer 3 wird wie folgt gefasst:
»3. an Träger von Integrationsfachdiensten zu den Kosten ihrer Inanspruchnahme (§ 27a) einschließlich freier gemeinnütziger Einrichtungen und Organisationen zu den Kosten einer psychosozialen Betreuung schwerbehinderter Menschen (§ 28) sowie an Träger von Integrationsunternehmen und an öffentliche Arbeitgeber im Sinne des § 71 Abs. 3 des Neunten Buches Sozialgesetzbuch, soweit sie Integrationsbetriebe und Integrationsabteilungen führen,«.
b) In Absatz 1 Satz 2 werden die Wörter »Eingliederung Schwerbehinderter in das Arbeits- und Berufsleben« durch die Wörter »Teilhabe schwerbehinderter Menschen am Arbeitsleben« ersetzt.
c) In Absatz 1a werden das Wort »Schwerbehinderte« durch die Wörter »Schwerbehinderte Menschen«, die Wörter »der Hauptfürsorgestelle« durch die Wörter »des Integrationsamtes«, die Wörter »Arbeits- und Berufsleben« durch das Wort »Arbeitsleben« und das Wort »ihr« durch das Wort »ihm« ersetzt.
d) In Absatz 2 Satz 1 wird nach der Angabe »Absatz 1« die Angabe »und Absatz 1a« eingefügt und werden die Wörter »Arbeits- und Berufsförderung Schwerbehinderter« durch die Wörter »Teilhabe schwerbehinderter Menschen am Arbeitsleben« ersetzt.

10. § 18 wird wie folgt geändert:

a) Absatz 1 wird wie folgt geändert:
aa) In Satz 1 wird nach der Angabe »§ 17 Abs. 1« die Angabe »und Abs. 1a« eingefügt.
bb) Satz 2 wird wie folgt gefasst:
»Der Nachrang der Träger der Sozialhilfe gemäß § 2 des Bundessozialhilfegesetzes und das Verbot der Aufstockung von Leistungen der Rehabilitationsträger durch Leistungen der Integrationsämter (§ 102 Abs. 5 Satz 2 letzter Halbsatz des Neunten Buches Sozialgesetzbuch) bleiben unberührt.«
b) Absatz 2 Satz 1 wird wie folgt geändert:
aa) Das Wort »Schwerbehinderte« wird durch die Wörter

»schwerbehinderte Menschen« und die Wörter »Arbeits- und Berufsleben« werden durch das Wort »Arbeitsleben« ersetzt.

bb) In Nummer 1 werden die Wörter »Eingliederung in das Arbeits- und Berufsleben« durch die Wörter »Teilhabe am Arbeitsleben« ersetzt.

cc) In Nummer 2 wird das Wort »Schwerbehinderten« durch die Wörter »schwerbehinderten Menschen« ersetzt.

11. In der Überschrift des Zweiten Abschnitts 2. Unterabschnitt I. wird das Wort »Schwerbehinderte« durch die Wörter »schwerbehinderte Menschen« ersetzt.

12. In § 19 wird das Wort »Schwerbehinderten« durch die Wörter »schwerbehinderten Menschen« ersetzt.

13. In § 20 wird das Wort »Schwerbehinderte« durch die Wörter »Schwerbehinderte Menschen« ersetzt.

14. § 21 wird wie folgt geändert:

 a) In Absatz 1 wird nach dem Wort »Schwerbehinderte« das Wort »Menschen« eingefügt.

 b) In Absatz 4 wird das Wort »Schwerbehinderten« durch die Wörter »schwerbehinderten Menschen« ersetzt.

15. § 22 wird wie folgt geändert:

 a) In Absatz 1 wird das Wort »Schwerbehinderte« durch die Wörter »Schwerbehinderte Menschen« ersetzt.

 b) In Absatz 3 wird das Wort »Schwerbehinderten« durch die Wörter »schwerbehinderten Menschen« ersetzt.

16. § 23 wird aufgehoben.

17. In § 24 Satz 1 wird nach dem Wort »Schwerbehinderte« das Wort »Menschen« eingefügt und das Wort »Schwerbehinderten« durch die Wörter »schwerbehinderten Menschen« ersetzt.

18. In § 25 werden die Wörter »Arbeits- und Berufsleben« durch das Wort »Arbeitsleben«, das Wort »Schwerbehinderte« durch die Wörter »schwerbehinderte Menschen« und die Wörter »Eingliederung in das Arbeits- und Berufsleben« durch die Wörter »Teilhabe am Arbeitsleben« ersetzt.

19. § 26 wird wie folgt geändert:

 a) In der Überschrift wird das Wort »Schwerbehinderte« durch die Wörter »schwerbehinderte Menschen« ersetzt.

Art. 57 **SGB IX**

    b) Absatz 1 wird wie folgt geändert:

        aa) in Nummer 2 wird nach der Angabe »18 Stunden« die Angabe »wenigstens aber 15 Stunden,« eingefügt und das Wort »Schwerbehinderte« durch die Wörter »schwerbehinderte Menschen« ersetzt.

        bb) In Nummer 3 wird das Wort »Schwerbehinderten« durch die Wörter »schwerbehinderten Menschen« ersetzt.

        cc) In Nummer 4 wird das Wort »Schwerbehinderter« durch die Wörter »schwerbehinderter Menschen« ersetzt.

    c) In Absatz 2 wird die Angabe »§ 14 Abs. 2 Satz 1, Abs. 3 Satz 1 Nr. 4 und 5 und Abs. 4 Satz 1 des Schwerbehindertengesetzes« durch die Angabe »§ 81 Abs. 3 Satz 1, Abs. 4 Satz 1 Nr. 4 und 5 und Abs. 5 Satz 1 des Neunten Buches Sozialgesetzbuch«, das Wort »Schwerbehinderte« durch die Wörter »schwerbehinderte Menschen«, die Angabe »(§ 5 des Schwerbehindertengesetzes)« durch die Angabe »(§ 71 des Neunten Buches Sozialgesetzbuch)« und die Angabe »im Arbeits- und Berufsleben besonders betroffenen Schwerbehinderten (§ 5 Abs. 1 Satz 2 und § 6 des Schwerbehindertengesetzes)« durch die Angabe »bei der Teilhabe am Arbeitsleben besonders betroffenen schwerbehinderten Menschen (§ 71 Abs. 1 Satz 2 und § 72 des Neunten Buches Sozialgesetzbuch)« ersetzt.

20. § 27 wird wie folgt geändert:

    a) In Absatz 1 wird das Wort »Schwerbehinderten« durch die Wörter »schwerbehinderten Menschen«, die Angabe »§ 6 Abs. 1 Nr. 1 Buchstabe a bis d des Schwerbehindertengesetzes« durch die Angabe »§ 72 Abs. 1 Nr. 1 Buchstabe a bis d des Neunten Buches Sozialgesetzbuch« und die Angabe »§ 9 Abs. 2 des Schwerbehindertengesetzes« durch die Angabe »§ 75 Abs. 2 des Neunten Buches Sozialgesetzbuch« ersetzt.

    b) In Absatz 2 wird das Wort »Schwerbehinderten« durch die Wörter »schwerbehinderten Menschen« ersetzt.

21. Vor § 28 wird folgender § 27a eingefügt:

»§ 27a
Leistungen an Integrationsfachdienste

Träger von Integrationsfachdiensten im Sinne des Kapitels 7 des Teils 2 des Neunten Buches Sozialgesetzbuch können Leistungen nach § 113 des Neunten Buches Sozialgesetzbuch zu den durch ihre Inanspruchnahme entstehenden notwendigen Kosten erhalten.«

22. § 28 wird wie folgt geändert:

   a) In der Überschrift und in Absatz 1 wird jeweils das Wort »Schwerbehinderter« durch die Wörter »schwerbehinderter Menschen« ersetzt.

   b) In Absatz 2 werden in Satz 1 Nr. 2 Buchstabe a das Wort »Schwerbehinderter« durch die Wörter »schwerbehinderter Menschen« und in Satz 2 das Wort »Schwerbehinderte« durch die Wörter »schwerbehinderte Menschen« ersetzt.

23. Nach § 28 wird folgender § 28a eingefügt:

»§ 28a
Leistungen an Integrationsprojekte

Integrationsunternehmen im Sinne des Kapitels 11 des Teils 2 des Neunten Buches Sozialgesetzbuch sowie öffentliche Arbeitgeber im Sinne des § 71 Abs. 3 des Neunten Buches Sozialgesetzbuch, soweit sie Integrationsbetriebe und Integrationsabteilungen führen, können Leistungen für Aufbau, Erweiterung, Modernisierung und Ausstattung einschließlich einer betriebswirtschaftlichen Beratung und besonderen Aufwand erhalten.«

24. § 29 wird wie folgt geändert:

   a) In Absatz 1 werden die Wörter »Vertrauensmänner und Vertrauensfrauen der Schwerbehinderten« durch die Wörter »Vertrauenspersonen schwerbehinderter Menschen« und die Angabe »§ 31 Abs. 2 Satz 5 des Schwerbehindertengesetzes« durch die Angabe »§ 102 Abs. 2 Satz 6 des Neunten Buches Sozialgesetzbuch« ersetzt.

   b) Absatz 2 wird wie folgt geändert:
      aa) In Satz 1 werden die Wörter »Eingliederung Schwerbehinderter in das Arbeits- und Berufsleben« durch die Wörter »Teilhabe schwerbehinderter Menschen am Arbeitsleben« ersetzt.
      bb) In Satz 2 wird das Wort »Schwerbehindertengesetz« durch die Wörter »Neunten Buch Sozialgesetzbuch« ersetzt.

25. In der Überschrift des Zweiten Abschnitts 3. Unterabschnitt werden die Wörter »Eingliederung Schwerbehinderter in das Arbeits- und Berufsleben« durch die Wörter »Teilhabe schwerbehinderter Menschen am Arbeitsleben« ersetzt.

26. § 30 wird wie folgt geändert:

a) Absatz 1 wird wie folgt geändert:
- aa) In Nummer 1 werden das Wort »Behinderten« durch die Wörter »behinderten Menschen« und die Wörter »Eingliederung in das Arbeits- und Berufsleben« durch die Wörter »Teilhabe am Arbeitsleben« ersetzt.
- bb) In Nummer 2 wird das Wort »Behinderter« durch die Wörter »behinderter Menschen« ersetzt.
- cc) In Nummer 3 werden das Wort »Behinderte« durch die Wörter »behinderte Menschen«, die Wörter »medizinischer Rehabilitationsmaßnahmen« durch die Wörter »von Leistungen zur medizinischen Rehabilitation« und die Wörter »Eingliederung in das Arbeits- und Berufsleben« durch die Wörter »Teilhabe am Arbeitsleben« ersetzt.
- dd) Nummer 4 wird wie folgt gefasst:
  »4. Werkstätten für behinderte Menschen im Sinne des § 136 des Neunten Buches Sozialgesetzbuch,«.
- ee) In Nummer 6 werden das Wort »Behinderte« durch die Wörter »behinderte Menschen« und das Komma durch einen Punkt ersetzt.
- ff) Nummer 7 wird gestrichen.

b) Absatz 2 wird wie folgt geändert:
- aa) In Satz 1 wird das Wort »Behinderte« durch die Wörter »behinderte Menschen« ersetzt.
- bb) In Satz 2 wird das Wort »Schwerbehinderter« durch die Wörter »schwerbehinderter Menschen« ersetzt.

c) In Absatz 3 wird das Wort »Behinderte« durch die Wörter »behinderte Menschen« ersetzt.

27. § 31 wird wie folgt geändert:

a) Absatz 1 wird wie folgt geändert:
- aa) In Nummer 1 werden das Wort »Behinderte« durch die Wörter »behinderte Menschen« ersetzt und die Wörter »oder eines Trägers der Sozialhilfe« gestrichen.
- bb) In Nummer 2 wird das Wort »Behinderten« durch die Wörter »behinderten Menschen« ersetzt.
- cc) In Nummer 3 werden die Wörter »Eingliederung in das Arbeits- und Berufsleben« durch die Wörter »Teilhabe am Arbeitsleben« ersetzt.

b) Absatz 2 wird wie folgt geändert:
- aa) In Nummer 1 wird das Wort »Behinderten« jeweils durch die Wörter »behinderten Menschen« ersetzt.

ab) In Nummer 2 Buchstabe a wird die Angabe »§ 48« durch die Angabe »§§ 48 und 48a« und die Angabe »§ 42b« durch die Angabe »§§ 42b und 42c« ersetzt.

bb) In Nummer 2 Buchstabe b werden das Wort »Behinderte« durch die Wörter »behinderte Menschen« und das Wort »Behinderten« durch die Wörter »behinderten Menschen« ersetzt.

cc) In Nummer 3 werden die Wörter »medizinischen und berufsfördernden Maßnahmen zur Rehabilitation« durch die Wörter »Leistungen zur medizinischen Rehabilitation und zur Teilhabe am Arbeitsleben« und die Wörter »Arbeits- und Berufsleben« durch das Wort »Arbeitsleben« ersetzt.

dd) In Nummer 4 werden das Wort »Behinderte« durch die Wörter »behinderte Menschen« und die Angabe »§ 57 des Schwerbehindertengesetzes« durch die Angabe »§ 142 des Neunten Buches Sozialgesetzbuch« ersetzt.

ee) In Nummer 6 werden das Wort »Behinderten« jeweils durch die Wörter »behinderten Menschen«, die Wörter »Arbeits- oder Berufsleben« jeweils durch das Wort »Arbeitsleben«, das Wort »Schwerbehinderten« jeweils durch die Wörter »schwerbehinderten Menschen« und das Wort »Behinderte« durch die Wörter »behinderte Menschen« ersetzt.

ff) Nummer 7 wird gestrichen.

28. In § 33 Abs. 2 wird das Wort »Schwerbehinderten« durch die Wörter »schwerbehinderten Menschen« ersetzt.

29. § 35 wird wie folgt geändert:

a) In Satz 1 werden die Wörter »Maßnahmen zur Eingliederung Schwerbehinderter in Arbeit, Beruf und Gesellschaft« durch die Wörter »Vorhaben zur Teilhabe schwerbehinderter Menschen am Arbeitsleben« ersetzt.

b) In Satz 3 werden die Wörter »der Bundesminister« durch die Wörter »das Bundesministerium« ersetzt.

30. In § 36 Abs. 1 Satz 1 wird das Wort »Bundesminister« durch das Wort »Bundesministerium« ersetzt.

31. In § 39 werden die Wörter »Der Bundesminister« durch die Wörter »Das Bundesministerium«, das Wort »Bundesminister« durch das Wort »Bundesministerium« und die Wörter »Rehabilitation der Behinderten« durch die Wörter »Teilhabe behinderter Menschen« ersetzt.

Art. 57 **SGB IX**

32. In § 40 werden die Wörter »dem Bundesminister« jeweils durch die Wörter »dem Bundesministerium« und die Wörter »der Bundesminister« durch die Wörter »das Bundesministerium« ersetzt.
33. In der Überschrift des Dritten Abschnitts 2. Unterabschnitt werden die Wörter »Eingliederung Schwerbehinderter in das Arbeits- und Berufsleben« durch die Wörter »Teilhabe schwerbehinderter Menschen am Arbeitsleben« ersetzt.
34. § 41 wird wie folgt geändert:
    a) Absatz 1 Satz 1 wird wie folgt geändert:
       aa) In Nummer 1 wird das Wort »Schwerbehinderter« durch die Wörter »schwerbehinderter Menschen« ersetzt.
       bb) In Nummer 2 werden das Wort »Schwerbehinderter« durch die Wörter »schwerbehinderter Menschen«, das Wort »Schwerbehinderten« durch die Wörter »schwerbehinderten Menschen«, die Angabe »(§ 6 des Schwerbehindertengesetzes)« durch die Angabe »(§ 72 des Neunten Buches Sozialgesetzbuch)« und das Wort »Schwerbehinderte« durch die Wörter »schwerbehinderte Menschen« ersetzt.
       cc) In Nummer 3 werden nach dem Wort »Integrationsfachdiensten« die Wörter »durch die Bundesanstalt für Arbeit« eingefügt, die Angabe »Siebten Abschnitt des Schwerbehindertengesetzes« durch die Angabe »Kapitel 7 des Teils 2 des Neunten Buches Sozialgesetzbuch« ersetzt, nach den Wörtern »Integrationsbetrieben und -abteilungen« die Angabe »mit Ausnahme derjenigen, die von öffentlichen Arbeitgebern im Sinne des § 71 Abs. 3 geführt werden,« eingefügt und die Angabe »Elften Abschnitt des Schwerbehindertengesetzes« durch die Angabe »Kapitel 11 des Teils 2 des Neunten Buches Sozialgesetzbuch« ersetzt.
    b) Absatz 2 wird wie folgt geändert:
       aa) In Nummer 2 werden die Wörter »Arbeits- und Berufsförderung Schwerbehinderter« durch die Wörter »Förderung der Teilhabe schwerbehinderter Menschen am Arbeitsleben« ersetzt.
       bb) In Nummer 4 werden die Wörter »Eingliederung Schwerbehinderter in das Arbeits- und Berufsleben« durch die Wörter »Teilhabe schwerbehinderter Menschen am Arbeitsleben« ersetzt.
    c) In Absatz 3 wird das Wort »Schwerbehinderter« durch die Wörter »schwerbehinderter Menschen« ersetzt.

35. § 42 wird wie folgt geändert:

   a) Satz 1 wird gestrichen.

   b) Satz 2 wird wie folgt gefasst:

   »Leistungen aus dem Ausgleichsfonds sind vom Träger der Maßnahme schriftlich beim Bundesministerium für Arbeit und Sozialordnung zu beantragen, in den Fällen des § 41 Abs. 1 Nr. 3 zweite Alternative und des § 41 Abs. 2 Nr. 1 nach vorheriger Abstimmung mit dem Land, in dem der Integrationsbetrieb oder die Integrationsabteilung oder die Einrichtung ihren Sitz hat oder haben soll.«

   c) In Satz 3 werden die Wörter »Der Bundesminister« durch die Wörter »Das Bundesministerium« ersetzt.

36. In § 44 Abs. 1 werden die Wörter »Der Bundesminister« durch die Wörter »Das Bundesministerium« ersetzt.

37. In der Überschrift des § 45 und in § 45 wird das Wort »Bundesministers« jeweils durch das Wort »Bundesministeriums« ersetzt.

38. In der Überschrift des Zweiten Abschnitts, § 14 Abs. 1 und Abs. 3, § 16, § 18 Abs. 1, § 28 Abs. 1, Abs. 2 Satz 1 Nr. 2 Buchstabe c und Satz 2 und Abs. 3 Satz 2, § 29 Abs. 1 Satz 1 und 2, § 36 Abs. 1 Satz 1 und 2 und Abs. 2 und § 41 Abs. 4 werden die Wörter »die Hauptfürsorgestellen«, »Die Hauptfürsorgestellen«, »der Hauptfürsorgestellen«, »die Hauptfürsorgestelle« und »der Hauptfürsorgestelle« durch die Wörter »die Integrationsämter«, »Die Integrationsämter«, »der Integrationsämter«, »das Integrationsamt«, »dem Integrationsamt« und »des Integrationsamtes« ersetzt.

Artikel 63

Aufhebung des Schwerbehindertengesetzes und des Gesetzes über die Angleichung der Leistungen zur Rehabilitation

Das Schwerbehindertengesetz in der Fassung der Bekanntmachung vom 26. August 1986 (BGBl. I S. 1421, 1550), zuletzt geändert durch Artikel 20 des Gesetzes vom 20. Dezember 2000 (BGBl. I S. 1827), und das Gesetz über die Angleichung der Leistungen zur Rehabilitation vom 7. August 1974 (BGBl. I S. 1881), zuletzt geändert durch Artikel 10 des Gesetzes vom 21. März 2001 (BGBl. I S. 403), werden aufgehoben.

Artikel 67

Übergangsvorschriften

(1) Auf Leistungen zur Teilhabe sind bis zum Ende der Leistungen oder der Maßnahme die Vorschriften in der vor dem Tag des Inkrafttretens dieses Gesetzes geltenden Fassung weiter anzuwenden, wenn vor diesem Tag

1. der Anspruch entstanden ist,
2. die Leistung zuerkannt worden ist oder
3. die Maßnahme begonnen hat, wenn die Leistung bis zum Beginn der Maßnahme beantragt worden ist.

(2) Ist eine Leistung nur für einen begrenzten Zeitraum zuerkannt worden, richtet sich eine Verlängerung nach den zum Zeitpunkt der Entscheidung über die Verlängerung geltenden Vorschriften.

Artikel 68

Inkrafttreten

(1) Dieses Gesetz tritt am 1. Juli 2001 in Kraft, soweit in den folgenden Absätzen nicht etwas anderes bestimmt ist.

(2) Mit Wirkung vom 1. Juli 2000 treten in Kraft:

Artikel 1 § 56 und Artikel 15 Nr. 10 Buchstabe b Doppelbuchstabe aa (§ 43 Abs. 2 Satz 1 Nr. 1).

(3) Mit Wirkung vom 1. Oktober 2000 treten in Kraft:

Artikel 3 Nr. 38 Buchstabe d Doppelbuchstabe bb und Buchstabe e Doppelbuchstabe bb sowie Nr. 39.

(4) Am Tag nach der Verkündung treten in Kraft:

Artikel 1 § 50 Abs. 3 und § 144 Abs. 2.

(5) Am ersten Tag des auf die Verkündung folgenden Monats treten in Kraft:

Artikel 1 §§ 155 und 156.

SGB IX **Art. 68**

(6) Am 1. August 2001 treten in Kraft:

Artikel 3 Nr. 1 Buchstabe t und Nr. 62.

(7) Am 1. Januar 2002 treten Artikel 15 Nr. 17, Artikel 47 Nr. 17 und Artikel 66 in Kraft.

Stichwortverzeichnis

(Die Zahlenangaben ohne § beziehen sich auf die Seiten des vorliegenden Buches)

Abweichende Regelungen
- Vorbehalt § 7; 23

Alterssicherung der Landwirte Art. 44

Arbeitsentgelt
- für schwerbehinderte Menschen § 123

Arbeitgeber
- Beschäftigungspflicht §§ 71 ff.
- Leistungen an § 34
- Pflichten §§ 80 ff.

Arbeitsbereich
- in Werkstatt § 41

Arbeitsförderungsgeld § 43

Arbeitsgerichtsgesetz Art. 23

Aufstiegsfortbildungsgesetz Art. 19

Ausführung
- von Leistungen zur Teilhabe § 17

Ausgleichsabgabe § 77
AusgleichsabgabeVO Art. 57
Ausgleichsfonds § 78
AusweisVO Art. 56
Ausweise
- für behinderte Menschen § 69

Behinderung
- Begriff § 2; 17
- Feststellung § 69

Beirat
- für Teilhabe behinderter Menschen § 64

Beratung
- behinderter Menschen § 61; 49

Bericht
- über Lage behinderter Menschen § 66

Berufliche Rehabilitation
- Einrichtungen § 35

Berufsbildungsgesetz Art. 41

Beschäftigungspflicht
- der Arbeitgeber §§ 71 ff.

Betriebshilfe § 54
Blindenwerkstätten § 143
Bundesanstalt für Arbeit
- Aufgaben § 104
- gutachterliche Stellungnahme § 38

Bundessozialhilfegesetz Art. 15

Bundesversorgungsgesetz Art. 47

Bußgeldvorschriften § 156

Dauer der Leistungen
- der Leistungen der Teilhabe am Arbeitsleben § 37

DurchführungsVO § 76
BSHG Art. 17

Stichwortverzeichnis

DurchführungsVO § 88
BSHG Art. 18

Eingangsverfahren
– in Werkstatt § 40
Eingliederungshilfe-VO
 Art. 16
Einkommensanrechnung
– Übergangsgeld § 52
Entstehungsgeschichte 1
Ergänzende Leistungen
 §§ 44 ff.

Früherkennung und Früh-
 förderung § 30

Geheimhaltungspflicht § 130
Gemeinsame Empfehlungen
 § 13
Gemeinschaftliches Leben
– Teilhabe § 58

Haushalts- oder Betriebshilfe
 § 54
Heilpädagogische Leistungen
 § 56
Heimarbeit § 127
Hilfsmittel § 31

Inkrafttreten Art. 68
Integrationsvereinbarung § 83
Integrationsämter §§ 101 ff.
Integrationsfachdienste
 §§ 109 ff.
Integrationsprojekte §§ 132 ff.

Kinderbetreuungskosten
 § 54

Koordinierung
– der Leistungen § 10
KraftfahrzeughilfeVO Art. 53
Krankenbehandlung
– und Rehabilitation § 27
Krankenversicherung
– der Landwirte Art. 45
KriegsopferfürsorgeVO
 Art. 48
Kulturelles Leben
– Teilhabe § 58
Kündigungsschutz §§ 85 ff.

Landesärzte § 62
Lebenspartnerschaftsgesetz
 Art. 25
Lebensunterhalt
– Leistungen § 45
Leistungsgruppe § 5
Leistungsart § 17

Medizinische Rehabilitation
 §§ 28 ff.
Mehrarbeit § 124
Mehrfachanrechnung § 76

Nachteilsausgleich § 126

Personensorgeberechtigte
– Pflichten § 60
Persönliches Budget 33
Prävention §§ 3, 84

Qualitätssicherung § 20

Rechtstellung
– der Teilnehmenden § 36
Regelentgelt §§ 47 ff.

Stichwortverzeichnis

Rehabilitationsdienste und -einrichtungen § 19
Rehabilitation
– Begriff 15
Rehabilitationsleistungen
– Anpassung und Sicherung 45
Rehabilitationsträger § 6
– Zusammenarbeit §§ 12, 13; 45
Rehabilitation vor Pflege 27
Rehabilitation vor Rente 27
Reisekosten § 53

Schwerbehinderte Menschen
– Beendigung der Teilhabe §§ 116 f.
– Rechte § 81
Schwerbehindertenrecht §§ 68 ff.
Schwerbehindertenvertretung §§ 93 ff.
Selbstbeschaffte Leistungen
– Erstattung § 15; 41
Selbstbestimmung § 1
Selbsthilfe
– Förderung § 29
Servicestellen §§ 22 ff.; 49
Sozialgerichtsgesetz Art. 24
Sozialgesetzbuch I Art. 2
Sozialgesetzbuch III Art. 3
Sozialgesetzbuch IV Art. 4
Sozialgesetzbuch V Art. 5
Sozialgesetzbuch VI Art. 6
Sozialgesetzbuch VII Art. 7
Sozialgesetzbuch VIII Art. 8
Sozialgesetzbuch X Art. 9
Sozialgesetzbuch IX § 23
Sozialgesetzbuch XI Art. 10
Stadtstaatenklausel § 157
Strafvorschriften § 155
Stufenweise Wiedereingliederung § 28

Teilhabe
– am Leben in der Gesellschaft § 1
– Ausführung von Leistungen § 17
– Begriff 25
– Leistungen § 4; §§ 55 ff.
– Vorrang von Leistungen § 8; 25
Teilhabe am Arbeitsleben
– Leistungen §§ 33 ff.

Übergangsgeld § 46
Übergangsvorschriften Art. 67
Unentgeltliche Beförderung §§ 145 ff.
Unterhaltssichernde Leistungen §§ 44 ff.
Verbände
– Klagerecht § 63; 53
Verständigung
– Förderung der § 57
Vorbehalt
– abweichender Regelungen § 7; 23
Vorläufige Leistungen 40
Vorrang
– schwerbehinderter Menschen § 122
Wahlordnung Schwerbehindertengesetz Art. 54

Stichwortverzeichnis

Weiterzahlung
– Übergangsgeld § 51
Werkstätten
– Anerkennungsverfahren § 142
– Arbeitsentgelt § 138
– Aufnahme § 137
– Begriff, Aufgaben §§ 136 ff.
– Leistungen § 39
– Mitwirkung § 139
– Rechtsstellung Beschäftigte § 138
– Zuständigkeit § 42
WerkstättenVO Art. 55

Widerspruchsverfahren § 118
Wunsch- und Wahlrecht
– des Leistungsberechtigten § 9; 28

Zielsetzung SGB IX 13
Zusammenarbeit
– der Rehabilitationsträger §§ 12, 13; 35
Zusammenwirken
– der Leistungen § 11; 45
Zusatzurlaub § 125
Zuständigkeitserklärung § 14; 47